Sé un HÉROE

WESLEY CAMPBELL & STEPHEN COURT

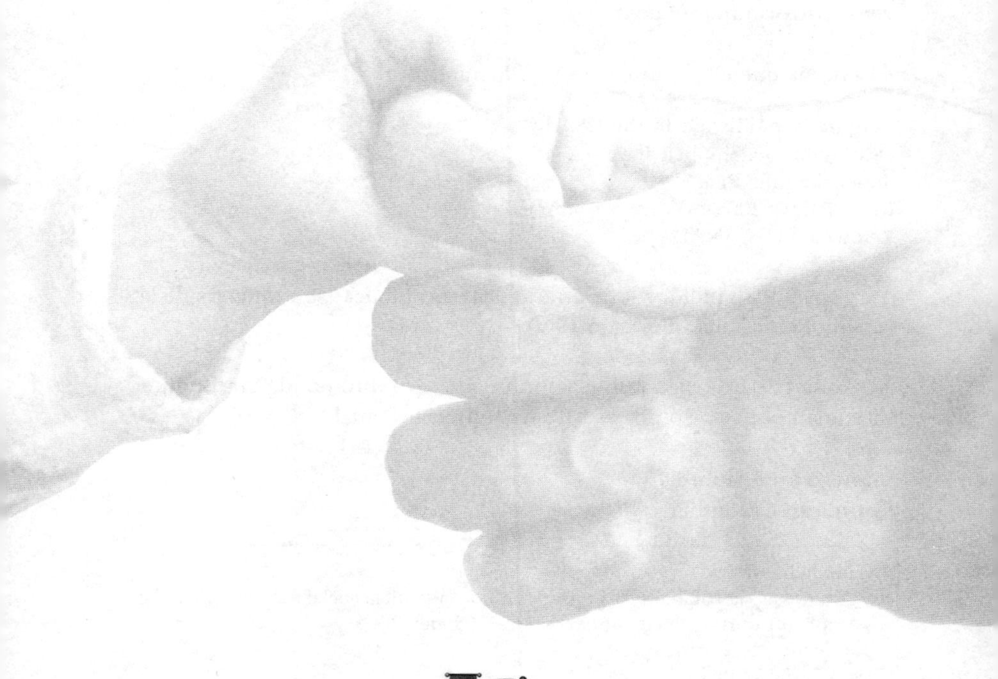

Peniel

Buenos Aires - Miami - San José - Santiago

www.editorialpeniel.com

Sé un héroe
Wesley Campbell y Stephen Court

Publicado por:
Editorial Peniel
Boedo 25
Buenos Aires C1206AAA - Argentina
Tel. (54-11) 4981-6034 / 6178
e-mail: info@peniel.com

www.editorialpeniel.com

Diseño de cubierta e interior: arte@peniel.com

Originally published in the USA by
Destiny Image, Shippensburg, PA
under the title: *Be a Hero*

A menos que se indique lo contrario, las citas bíblicas son tomadas de la versión Reina Valera Revisión 1960.

Impreso en Colombia
Printed in Colombia

Campbell, Wesley.
Sé un héroe : la batalla por la misericordia y la justicia social / Wesley Campbell y Stephen Court. – 1a ed. – Buenos Aires : Peniel, 2005
Traducido por: Karin Handley.
ISBN 987-557-064-8
1. Cristianismo-Sociedad. I. Court, Steven. II. Handley, Karin, trad. II. Título
CDD 261.1
288 p. ; 21x14 cm.

Dedicatoria

Con amor en la camaradería de esta eterna batalla, a Stacey y Danielle.

Con humildad, a las personas que sufren hoy bajo los siete pecados mortales.

Con esperanza, a los guerreros del Ejército de Héroes de los Últimos Tiempos, que se preparan para movilizarse y ganar al mundo entero para Jesús.

¡Nuestro saludo a ustedes!

Agradecimientos

Dios ha estado revolviendo los contenidos de este libro dentro de nosotros durante varios años ya. Predicarlo solo ha hecho que las convicciones se afianzaran aún más. Esta ha sido una tarea de necesidad, más que un trabajo de amor y, sin embargo, agradecemos el legado de los ejércitos de héroes de la historia. Nos mueven al amor y a las buenas obras.

El resultado de la colaboración es mejor que la suma de sus partes. Nos entusiasma trabajar con Destiny Image en este proyecto. Hemos tenido la colaboración de un puñado de camaradas: Ralph Bromley, Patrick McDonald, Doug Hammond y John Norton, todos ellos héroes que modelan, alientan y nos ayudan a dar forma a las cosas. Leerá más sobre Ralph Bromley, el fundador de Hope For The Nations (Esperanza para las naciones), más adelante en este libro.

Patrick McDonald es fundador y presidente de Viva Network, líder cristiano en el frente mundial de la confrontación contra los enemigos de los niños en riesgo.

Viva Network surgió en respuesta a esta necesidad, y opera hoy en cuarenta y tres países, conectando a más de cuatro mil organizaciones y ayudando a ciento cincuenta y siete mil niños. Escribió el prólogo y el epílogo de este libro.

Doug Hammond trabaja dentro de la comunidad cristiana en las líneas del frente de África, con El Ejército de Salvación. John Norton es un pensador y practicante, que aboga por los marginados, en tanto vive con ellos y los evangeliza.

Reconocemos que el Espíritu Santo, el hacedor de héroes, trabaja detrás de bambalinas para que todas las páginas buenas sean para bien. La culpa de las páginas que no son tan buenas, es nuestra.

Reconocemos a los pioneros de PSN en el Concejo de Guerra de 2001 en Williams Lake, Canadá, donde surgió el concepto del libro y la conexión entre los autores. ¡Más!

¡Alabado sea Dios!

Wesley Campbell y Stephen Court
1 de julio de 2004.

Comentarios

Wesley Campbell y Stephen Court son héroes, porque muestran que la misericordia y la justicia social no son opciones para el Cuerpo de Cristo, ni para la renovación ni para el reavivamiento. Son prueba de la calidad del Reino de Dios en la Tierra, y la medida de nuestra calificación para la vida eterna según Mateo 25. En manos del Espíritu Santo, ***Sé un héroe*** moverá a la Iglesia al amor y a las buenas obras mediante la íntima obediencia a Jesús, y avivará las llamas del reavivamiento en todo el mundo.

Rolland y Heidi Baker
Autores de There Is Always Enough

Después de treinta y cinco años de trabajar tiempo completo en el ministerio, uno llega a poder reconocer la importancia de ciertos hombres y su ministerio. En ***Sé un héroe*** Wesley Campbell y Stephen Court claramente nos muestran que a pesar de que el reavivamiento comienza en la Iglesia, el propósito final es que el Cuerpo de Cristo dé a conocer esta experiencia con el resto del mundo. Se trate de la ciudad de Nueva York, de los basurales de Manila o de las calles de América Central, encuentro que el amor de Dios por la humanidad trasciende la cultura, la raza y la posición económica. Como cristianos debemos darnos cuenta de que somos elegidos para llegar a los perdidos, para avanzar en la fe. Este libro le presentará el desafío de que "una persona puede marcar una diferencia" y que usted puede "ser un héroe" para otra persona que sea menos afortunada.

Pastor Bill Wilson
Metro Ministries, Brooklyn, Nueva York

¡Cuidado! Este libro le romperá el corazón. Wesley Campbell y Stephen Court claramente describen el alcance mundial del abuso, el abandono y la devaluación de los niños, enfocado en la destrucción de una generación de jóvenes. El libro, sin embargo, brinda un mensaje de esperanza, con un modelo de respuesta definido y aplicable para quienes estén dispuestos a seguir firmemente a Aquel que desafió a sus discípulos a ser como niños.

David Boyd
Rector, Universidad de las Naciones / Kona

Le urjo a leer este libro y dejar que su corazón se conmueva con lo que le rompe el corazón a Dios. Los niños deben recibir nuestra atención en la oración y en nuestro compromiso apasionado, no solo porque el Señor los ama tanto, sino también porque en sus manos está la esperanza de nuestro mundo tan desesperado y quebrado.

JOHN ROBB
PRESIDENTE. CONCEJO DE ORACIÓN INTERNACIONAL
DIRECTOR DE PRAYER MOBILIZATION FOR WORLD VISION INTERNATIONAL.

Sé un héroe desafía la complacencia de la iglesia occidental ante la injusticia y la pobreza. Nos sacude a quienes nos conformamos con ver desde afuera el sufrimiento innecesario de los pequeños de Dios. Campbell y Court nos muestran que la Iglesia puede y debe marcar una diferencia. Todos podemos ser héroes.

PAUL STEPHENSON
GERENTE DE CHILDREN AT RISK, TEARFUND, REINO UNIDO

Creo, con todo mi corazón, que *Sé un héroe* es no solo palabra de la boca de Dios, sino mucho más, del corazón de Dios. Es un libro profético, un llamado a este generación. Sin embargo, a pesar de ser profético es intensamente práctico, en cuanto no solo da la visión sino también las herramientas con las que podemos llevar a cabo la visión. Recomiendo este libro con todo mi corazón.

MIKE PILAVACHI
FUNDADOR Y LÍDER DE EQUIPO, SOUL SURVIVOR ENGLAND

Así como "El llamado" transformó la nación a través de reuniones de oración y ayuno, *Sé un héroe* es una trompeta fuerte y clara que movilizará a esta generación a "hacer justicia y amar la misericordia".

CHE AHN
PASTOR PRINCIPAL, HARVEST ROCK CHURCH
CEO Y PRESIDENTE, THE CALL

Hay pocos temas que mostrarán que estamos alineados con el corazón de Dios para la iglesia del siglo XXI; uno es dónde estamos los creyentes respecto de Israel; y el otro, cómo respondemos a los pobres y necesitados del mundo. En este libro Wesley Campbell y Stephen Court revelan secretos de la cosecha global de los últimos tiempos, y demuestran cómo cada creyente en Jesús puede causar un impacto en la Tierra, para gloria del Reino de Dios.

ROBERT STEARNS
DIRECTOR EJECUTIVO, EAGLES' WINGS NEW YORK

Bendígase. Ubíquese donde las aguas del Río de Gracia de Dios le lleguen a bañar por completo. Porque está fluyendo hacia los niños que mueren de hambre, los huérfanos del SIDA y los refugiados perseguidos. Y al bendecirse, puede potencialmente bendecir a innumerable cantidad de queridas personas por las que murió el Salvador.

DUTCH SHEETS
PASTOR PRINCIPAL, SPRINGS HARVEST FELLOWSHIP, ESCRITOR

Dios ha movido a su pueblo con todo poder hacia una transformación radical de la sociedad en todos los niveles. ***Sé un héroe*** le enseñará cómo avanzar y hacer su parte para contribuir a que esto suceda.

C. PETER WAGNER, RECTOR
WAGNER LEADERSHIP INSTITUTE

Contenido

SECCIÓN TRES

TABLA DE GRÁFICOS

Prefacio

Durante años nos preguntamos por qué no lográbamos encontrar un recurso único que contuviera un llamado bíblico claro para todo el evangelio del reino de Dios, incluyendo la misericordia y la justicia social. Al ver la necesidad, nos esforzamos por crear un recurso que ubicara este llamado en el contexto del reavivamiento bíblico histórico, además de la experiencia del reavivamiento moderno. El resultado es un llamado: ***Sé un héroe***, para movilizar la misericordia y la justicia social hacia el cumplimiento de la Gran Comisión mundial.

Estamos convencidos que para la llegada de la cosecha de los últimos tiempos, y para que el Evangelio sea de significado en nuestro tiempo, la proclama del Evangelio de la buena nueva debe combinarse con la acción profética de la buena nueva: la misericordia y la justicia.

A causa de que la niñez y la pobreza conforman una gran proporción de la población mundial, nuestro análisis y las soluciones que presentamos se concentran en estos sectores.

Hemos hablado sobre estos temas durante años, y siempre nos preguntan: ¿Hay alguna publicación sobre esto? Pues sucumbimos a la presión y hemos producido un recurso único que trata sobre la base bíblica de la misericordia y la justicia social. Básicamente, es un resumen de los registros y ejemplos históricos, una lista actualizada de estadísticas y datos de nuestro mundo de hoy; ofrecemos una guía sobre lo que usted, un héroe en formación, puede hacer al respecto.

Sé un héroe brinda todos estos elementos en un texto de fácil lectura que presenta modelos aplicables. La hermosa imagen que pintamos en el lienzo es la del concepto bíblico del Ejército de Héroes, el vehículo que Dios ha utilizado a lo largo de la historia para establecer su Reino en la Tierra.

Sé un héroe está compuesto de tres secciones. La Sección Uno presenta la intención del libro con ejemplos de héroes de la vida real que marcan una diferencia en la vida de los demás y, por ello, cambian el mundo. Un capítulo se dedica a probar que la aplicación de la misericordia y la justicia social no es solo responsabilidad de unos pocos "hacedores del bien", sino una característica del reino de Dios, parte importante del mensaje del evangelio. Luego de establecer la base teológica de la interacción entre Dios y las personas –el plan de Dios para redimir a la gente "invisible" a través de la misericordia, la rectitud, la justicia y la compasión– rastreamos la implementación de este plan a lo largo de la historia, revisamos lo que han hecho diversos héroes en las guerras bíblicas del Señor, los reavivamientos históricos contenidos en la Biblia.

En detalle se presentan los informes de reavivamiento del Antiguo Testamento, nuestro capítulo sobre "Los héroes en las guerras del Señor". Esta es nuestra historia, perspectiva y enseñanza, que en muchísimos casos la mayoría de los cristianos no ha conocido jamás.

Sugerimos que hay cuatro tipos de personas:

"**Persona persona**". Los individuos que nos importan por el tipo de relación que tenemos con ellos; gente por quienes sentimos afecto naturalmente

"**Persona máquina**". Las personas que nos benefician con su esfuerzo.

"**Persona paisaje**". Los extras en la película de nuestras vidas... y peculiar reconocimiento judeo cristiano de las

"**Personas invisibles**", a quienes la Biblia describe como marginadas por la sociedad: los pobres, viudas, extranjeros, huérfanos, necesitados, ubicados convenientemente fuera de la vista y el pensamiento de las "Personas personas" de todas las culturas. La gran idea de Dios es que las personas invisibles puedan convertirse en "personas personas".

La Sección Dos ubica el plan divino en un contexto histórico extra-bíblico, sobre cómo Dios da poder a los héroes para cambiar al mundo. Una de las manifestaciones más poderosas en la historia del Ejército de los Héroes es el primitivo Ejército de Salvación. Dentro del contexto de la era victoriana, los héroes William y Catherine Booth enfrentaban a una sociedad muy alejada de Dios. Al leer sobre sus muchas batallas en el capítulo titulado "La oscura Inglaterra y la salida", se regocijará al comprender el gran plan visionario implementado por los Booth.

A pesar de que no es un éxito total, el plan se casa con la realidad de un reavivamiento espiritual con la responsabilidad por la justicia social, de modo que no tiene precedente. Al hacerlo nos brinda un plano de acción y coraje profético que tiene por intención movilizar a la próxima generación del ejército de héroes.

La Sección Tres nos ubica en el tercer milenio. Presentamos nuestro último paisaje, el de nuestro mundo; enfocamos nuestra versión de los siete pecados mortales: extrema pobreza, huérfanos sin techo, niños encadenados, sexo en la ciudad, SIDA y plagas, niños afectados por la guerra y persecución religiosa. Los pecados, en este caso, no son cosas de las que sean culpables las personas, sino males que se perpetran en contra de las víctimas. Nuestros "Siete pecados mortales" son pecados en contra de la humanidad. En esta sección empapamos al lector con datos de la actualidad y estadísticas de la situación mundial. Es un ataque a los sentidos.

Sin embargo, por medio de generosas porciones de ilustración e historia, también logramos presentar una respuesta bíblica. Presentamos historias de gente común, convocada y puesta a trabajar por el Dios héroe, que hoy pelean en las filas del Ejército de Héroes. Ofrecemos una guía práctica para que el lector convencido pueda marcar una diferencia en el mundo. Presentamos las cinco características de un héroe y sugerimos cómo adoptarlas.

Los apéndices incluyen información de contactos útiles para organizaciones cristianas que ya batallan en las filas del frente, en contra de algunos de los siete pecados mortales. La idea es transformar al cristiano interesado en un héroe, que movilice la misericordia y la justicia para la cosecha de los últimos tiempos.

¡*Sé un héroe* tiene el potencial de enlistar los corazones, las imaginaciones, el tiempo, los recursos y las vidas de millones de cristianos occidentales que quieren pelear la guerra más grande de la historia, por el Señor!

¡Venga con nosotros y únase el Ejército de Héroes!

Palabras preliminares

No hay cosa más noble, nada más valioso, nada más importante que consumirse con las preocupaciones de Dios. Y nada apena más a Dios que la destrucción global y sin precedentes de la niñez en todo el mundo de hoy. ¡Los niños de hoy sufren más que nunca! Estamos frente a un genocidio silencioso. Es nuestro Auschwitz moderno. Es la vergüenza de nuestra generación. ¡Un desastre espantoso!

Más que ningún otro segmento de la humanidad, los niños de hoy sufren la maldad humana y la negligencia y abuso de nuestras familias y comunidades. Son millones los que viven en las condiciones más inhumanas, en cloacas de nuestras ciudades, en burdeles y bares, encerrados en casillas calurosas de los barrios más pobres, obligados a trabajar, desperdiciados a causa de enfermedades fácilmente curables.

Cuando murieron trágicamente tres mil ciudadanos de clase media en el atentado a las torres gemelas en la ciudad de Nueva York, vimos el poder del mundo libre movilizarse: miles de millones de dólares se gastaron en una guerra contra el terror, y se enviaron los ejércitos mejor entrenados a pelear la guerra. Pero cada día, casi treinta mil niños vulnerables e indefensos mueren de enfermedades prevenibles y de hambre, y nosotros, los ciudadanos del mundo, no nos enfurecemos lo suficiente como para hacer que esto termine. Por favor, observe la palabra *prevenible*.

Sé un héroe moviliza a un ejército para marcar una diferencia. ¿Quiere unirse a nuestras filas?

Usted, mi amigo, está llamado a seguir a Cristo y hacer su obra. Dios rescata a los débiles de quienes son demasiado fuertes para ellos, y a los pobres y necesitados de quienes les roban. La religión pura es cuidar del que no tiene padres y de las viudas en su aflicción. Dios oye el deseo del afligido. Les da aliento y escucha su clamor, defiende al huérfano y al oprimido.

Esto es asunto de Dios. Él es el Dios héroe supremo, el principal Abogado de la Infancia, la mayor inspiración detrás del tipo de las Naciones Unidas que busca luchar contra el ignorante, el apático y el malicioso que busca su propio beneficio. Él es el Dios de compasión… a quien le importamos. Nuestro Dios nos ama. Está allí en los burdeles, por la noche, cuando la niñita de ocho años recibe a su primer cliente. Está allí en los basurales cuando llega la cena con el último camión de basura que servirá de alimento a cientos de niños. Está allí en las cloacas de la ciudad y en las alcantarillas, cuando los niños se abrazan entre sí buscando calor y protección, y ahuyentan a las ratas que quieren morderles las orejas.

Está allí en el piso de tierra de un rancho, donde los niños crecen débiles, pálidos y callados. Es nuestro Dios de amor, y somos llamados a seguirlo, a ser como Él, a ocuparnos de sus asuntos y a seguir allí donde Él sigue estando. Como dice Efesios 5:1: "*Sed, pues, imitadores de Dios como hijos amados*".

Winston Churchill describió un mandato que podría ser un lema para cada uno de nosotros: "Lo tenemos; que lo usemos o no, dependerá de nosotros. ¡Pero todos lo tenemos!"

La Iglesia tiene un mandato, uno más que glorioso. El tipo de mandato que hace de Ricardo Corazón de León y de Aragorn en el Señor de los Anillos, una insignificancia. ¡Es un mandato, un maravilloso ofrecimiento de poder divino para eliminar el mal, promover la justicia, reconciliar a los enemigos, brindar esperanza, devolver la vista al ciego y liberar al cautivo! ¡Para traer luz, vida y amor allí donde reina la muerte, la oscuridad y la condena! Un llamado a traer orden, paz y comunidad allí donde triunfan el caos, la guerra y las peleas.

Matrix, la Guerra de las Galaxias o el Centro de la Tierra, todo eso es ficción. Pero esto es fatalmente real. En juego está el destino de multitudes, de naciones, el legado de nuestra generación, el futuro de nuestros hijos. En juego está la bondad, el honor y todo lo que verdaderamente vale.

Amigos, esta es una batalla feroz, furiosa y agotadora. Es la batalla, nuestra batalla. Pero ¿está dispuesto a pelear?

Jesús no es solamente el Alfa y la Omega de la historia, el principio y el fin. No es solamente el Señor del universo, un histórico carpintero de Nazaret, ni es tampoco solo el "Señor de las huestes" que regresará. Jesús confronta a nuestro año presente con una agenda llena de objetivos, metas y tareas que buscan lograr que su voluntad se cumpla. Totalmente. Completamente. En todo.

Una sola roca que se mueve puede iniciar una avalancha. Este libro busca iniciar una avalancha y le invita a ser una roca. Léalo, adóptelo, practíquelo, hágalo, compártalo. ¡Compre varios ejemplares y repártalos a otras personas!

Vamos, le presento este desafío. ***Sé un héroe***, únase a nosotros para cambiar el mundo, hágalo de a un precioso niño a la vez.

PATRICK MCDONALD
FUNDADOR/PRESIDENTE, VIVA NETWORK
JUNIO DE 2004

SECCIÓN UNO

CAPÍTULO UNO

SÉ UN HÉROE

Increíbles historias de héroes y de por qué los necesitamos

– Heidi, ¿oíste eso? ¡Están haciendo explotar camiones de la Cruz Roja en Mozambique! –dije mientras leía un artículo en la revista Time sobre la guerra civil en ese país; no podía creer que existiera tanta maldad.

– Oh –dijo ella–. Vayamos. Necesitan ayuda.[1]

Los héroes como Heidi y Rolland Baker acuden corriendo hacia una crisis cuando todos los demás huyen.

Algo dentro de cada uno de nosotros grita "¡Amén!" ante tal convicción. Nuestro Dios, el "poderoso" Dios, el heroico Dios, lo instila en nosotros y luego extrae la urgencia de la acción heroica.

La historia está llena de héroes. Nos inspiran, estimulan y desafían los relatos de personas normales que hicieron cosas extraordinarias por propósitos nobles.

Hace mucho tiempo la alegría de un pueblo en las provincias se vio suprimida por un poder foráneo. El miedo era tal que hasta los que cosechaban se escondían para que sus opresores no pudieran atacar las cosechas. Uno de estos cobardes, el hijo menor de una familia poco importante en la tribu más pequeña, se llamaba Gedeón.

En la agobiante monotonía de la persecución Gedeón se alzó de entre las cenizas para liderar al remanente hacia la liberación. Venció enormes obstáculos y derrotó a un ejército armado y muy superior. Fue un héroe. ¿Cómo lo logró? ¿Cómo es que un granjero anónimo llega a ser un héroe reconocido?

EL ESPÍRITU SANTO: HACEDOR DE HÉROES

Rolland y Heidi Baker no están solos. Gedeón, Sansón, Samuel y otros surgieron de humildes orígenes para lograr grandes cosas para Dios. Surgieron de entre las masas anónimas, como héroes.

¿Cómo sucedió esto? Cada uno de ellos encontró al Espíritu Santo. El Espíritu Santo es el hacedor de héroes.

> *Y en los postreros días, dice Dios, derramaré de mi Espíritu sobre toda carne, y vuestros hijos y vuestras hijas profetizarán; vuestros jóvenes verán visiones, y vuestros ancianos soñaran sueños; y de cierto sobre mis siervos y sobre mis siervas en aquellos días derramaré de mi Espíritu, y profetizarán. Y daré prodigios arriba en el cielo, y señales abajo en la tierra, sangre y fuego y vapor de humo; el sol se convertirá en tinieblas, y la luna en sangre, antes que venga el día del Señor, grande y manifiesto; y todo aquel que invocare el nombre del Señor, será salvo* (Hechos 2:17-21).

Ahora, recuerde que el Espíritu Santo es el hacedor de héroes. Aunque hay héroes en todas las culturas y todas las épocas, el Espíritu Santo es el hacedor de héroes por supremacía. Como es derramado sobre todo tipo de personas, cualquiera puede llegar a ser héroe. Los héroes no necesitan nacer de manera milagrosa ni tener una crianza llena de bendiciones. No necesitan maestros de la divinidad ni cofres con tesoros, como recurso. Todos podemos llegar a ser héroes.

Como descubrió sin desearlo el primer rey de Israel, Dios puede llenarnos y derramarse sobre nosotros y podemos cambiar para ser personas diferentes (ver 1 Samuel 10:10). El Espíritu Santo puede utilizar a una persona normal como usted o como yo para que haga cosas extraordinarias para su gloria. ¿Lo intriga esto?

VIDA SOLITARIA

Aquí tiene un modelo: Nació en una aldea ignota, hijo de una campesina. Creció en otra aldea ignota donde trabajó como carpintero hasta cumplir los treinta años. Luego durante tres años fue predicador itinerante.

Nunca tuvo familia ni hogar. Nunca entró en una gran ciudad. Nunca se alejó más de trescientos sesenta kilómetros del lugar en donde nació. Nunca escribió un libro, nunca ocupó un puesto público. No hizo ninguna de las cosas que por lo general acompañan a la grandeza.

Cuando era todavía joven, la opinión popular se volvió en su contra. Sus amigos lo abandonaron. Fue entregado a sus enemigos y debió pasar por un juicio falso. Lo clavaron en una cruz, entre dos ladrones. Mientras moría, sus verdugos apostaron por la única cosa de su propiedad: su manto.

Cuando murió, lo bajaron y lo pusieron en un sepulcro prestado.

Han pasado veinte siglos y sigue siendo la figura central para gran parte de la raza humana. Todos los ejércitos, todas las flotas, todos los parlamentos y todos los reyes juntos no han afectado la vida del hombre sobre esta Tierra de manera tan poderosa como lo hizo esta "vida solitaria".[2]

Jesús es el héroe de héroes, el prototipo de todos los que lo han seguido. Pero aún Jesús dijo que no podía hacer nada por sí mismo. Lo que hacía, lo hacía por el poder del Espíritu Santo (ver Juan 5:19, 30).

Los héroes no son siempre personajes exóticos que encontramos en libros viejos y llenos de moho.

HÉROES DE LOS HUÉRFANOS

Heidi Baker obtuvo su Ph.D (título de Doctor en Filosofía y Ciencia), en teología sistemática en la Universidad de Londres, King's College. Quizá sea este el dato menos significativo sobre su persona. Llamada junto a su esposo Rolland para ir a Mozambique, Heidi está en contacto con el hacedor de héroes. Ese país sufre. La mitad de los niños muere antes de cumplir los cinco años. Dos tercios de los hogares carecen siquiera de una letrina. Solo el cinco por ciento tiene electricidad. No hay vacunas. La sequía, la guerra civil y el SIDA han despojado y desplazado a millones.[3]

Es cautivante la historia de su vida, presentada en *There Is Always Enough* [Siempre hay suficiente]. Heidi conoció al Espíritu Santo de manera energizante, y Él, el hacedor de héroes, hizo su obra en la vida de esta mujer. Los Bakers se dirigieron a la devastada Mozambique con poco más que este poder del Espíritu Santo, y desde el principio el Espíritu Santo los utilizó para transformar vidas, una a la vez. Aquí va el relato de una de ellas.

Heidi Baker dice:

> La semana pasada mi hija, Crystalyn, y yo, salimos a comprar pan y en la calle encontramos a un niño vestido con harapos, muy quieto, lleno de llagas. Pensamos que el precioso niño estaba muerto. Me acerqué y puse mis manos sobre sus hombros. Despertó y parecía asustado. Le di pan y comencé a preguntarle sobre su vida. Everista no sabía hablar muy bien. No había hablado durante mucho tiempo. No sabía cuántos años tenía. Nunca había ido a la escuela. Sabía que sus padres habían muerto, y que él estaba solo y tenía hambre... su cuerpito llevaba las marcas de años de abuso... se desplazaba más como un animalito asustado que como un ser humano. Le pregunté a Everista si quería venir a vivir con nosotros. Lo llevé a casa y lavé sus heridas. Crystalyn con alegría le dio ropa y cosas para jugar. Lo abrazamos y oramos por él y le hicimos saber que era amado.[4]

Everista es uno de los muchos huérfanos a quienes Heidi y su comunidad cristiana han decidido no ignorar ni dejar de lado. Y siguen sumando niños. Aquí van los números que nos gusta citar sobre el trabajo de los Baker:

• 8 • 2.000 • 10.000 • 20 • 5.000 • 5

Son la cantidad de huérfanos que han adoptado personalmente, la cantidad de huérfanos que viven con ellos en la casa de sus hijos, la cantidad de personas a las que alimentan con regularidad, la cantidad de personas muertas vueltas a la vida por los líderes en sus iglesias, la cantidad de iglesias que han abierto y la cantidad de años durante los cuales las han abierto.[5] ¿Lo entiende? Se hicieron cargo de la administración de un hogar para niños que estaba dilapidado: se les unieron quinientos niños. Un puñado de estos niños vino a vivir bajo su techo. Se cultivó una auténtica comunidad cristiana, y esto contagió y se expandió hasta abrir cinco mil iglesias al día de hoy. ¡Y Dios ha acompañado este explosivo crecimiento con señales y milagros!

Han tocado a multitudes. Son héroes para cada una de estas personas.

Ubuntu

Paul Hewson es una de las personas más famosas del planeta. Durante veinticinco años él y sus compañeros han escrito éxitos musicales. Hijo de un matrimonio mixto, católico y protestante, buscó guía espiritual a comienzos de los '80s con un grupo llamado *Shalom*. Tiempo antes eligió un sobrenombre que creció junto con él por lo acertado de su elección. Lo llamaban Bono Vox, o "Buena voz".

Bono es el cantante principal de la banda de rock U2, que ha vendido más de cien millones de álbumes y ganado catorce Grammys. U2 ha avanzado sobre una línea extremadamente rara, porque ha alcanzado popularidad en dos generaciones.

Bono eligió su rumbo temprano, a mediados de la década de 1980, con Band Aid y *"Do They Know It's Christmas?"* [¿Saben que es Navidad?] (que vendió cincuenta millones de copias simples). Band Aid recaudó más de ciento cuarenta y cuatro millones de dólares durante los siete años de su existencia,[6] y Live Aid (el concierto en vivo que vieron 1,9 mil millones de personas) recaudó US$ 70 millones.[7] Lo recaudado se destinó a la lucha contra la hambruna en Etiopía.

Después de Live Aid, Bono fue a Etiopía, donde la hambruna mataba a miles de personas. Pasó seis semanas en unas "vacaciones de héroe"; trabajó en un orfanato de Wello, Etiopía.[8] "Uno se levantaba por la mañana y la niebla aún lo cubría todo. Salías de tu tienda y contabas los muchos cadáveres de niños muertos, y los muchos otros que estaban abandonados",[9] recuerda Bono.

Un día, un etíope le pidió a Bono que se llevara a su hijo para criarlo. "Seguramente morirá. Pero si usted se lo lleva, vivirá", le dijo el padre del niño a Bono. En ese momento África ya no fue una causa para Bono. Se convirtió en una vocación, en un llamado.[10]

Desde entonces ha liderado la iniciativa del *Jubileo 2000 Condonen la Deuda*, y creado un grupo llamado Debt, AIDS and Trade in Africa (DATA), para organizar sus esfuerzos por África. Con toda efectividad utiliza su atractivo masivo como plataforma para hacer que estas crisis se conviertan en temas de interés mundial. Su *Jubileo 2000* fue un llamado a las naciones occidentales a cancelar la deuda que tienen los países de África. Cerca de veinticuatro millones de personas firmaron el petitorio. Sorprendentemente, esto llamó la atención de los países del G8, que acordaron perdonar las deudas de los Países Altamente Pobres y Endeudados (HIPC)[11], por un total de US$ cien mil millones.[12] DATA hace referencia a la crisis del SIDA, del Comercio, de la Deuda y de la Asistencia para el Desarrollo.[13] Se ha dado en llamar a Bono "el abogado número uno de África en Occidente".[14]

Hace un tiempo Bono expresó su convicción sobre el papel esencial de la fe en la resolución del problema.

> Realmente siento, viendo que este problema está tan fuera de control, que las sinagogas, los templos y las capillas son a fin de cuentas mi única esperanza en África. Al ver esto, si no es algo que hagan las iglesias, será muy difícil que lo haga el gobierno.[15]

No siempre sintió entusiasmo por su reacción: "Si recuerdan la historia del Buen Samaritano, bien, cuando hablamos de África, no solamente cruzamos el camino para evitar al hombre que necesita ayuda, sino que alcanzamos un autobús hacia la dirección contraria".[16]

En 2002 su crítica sobre la Iglesia fue directa:

> El ejemplo de Cristo es disminuido por la iglesia si ignoran la nueva lepra, que es el SIDA. La iglesia duerme en grande aquí. Si despierta para lo que realmente sucede en el resto del mundo, tiene un verdadero rol para interpretar. Si no despierta, será irrelevante.[17]

¡Qué diferencia marca un año! En 2003 Bono admitió: "Realmente estoy sorprendido y hasta un poco desilusionado también de que no pueda continuar estimulando a la iglesia, porque han respondido verdaderamente".[18]

Luego continuó: "El gigante durmiente parece haber despertado y está interpretando un verdadero rol al intentar que el trabajo se haga. Estoy fascinado y conmovido por esto, en verdad".[19]

Bono enfatizó que "No estoy aquí como un hacedor del bien. Esto no es una causa; es una emergencia".[20]

Bono también dijo:

> El Arzobispo Tutu me dijo una palabra: ubuntu. Esencialmente, lo que significa es: "Yo soy porque nosotros somos". Y es sobre la interdependencia, como nos necesitamos uno al otro y tenemos algo en juego unos con otros. Una parte de la comunidad no puede florecer mientras la otra parte está en el polvo.
>
> Al atender sus necesidades, nos haremos mejores. Es así de simple. *Ubuntu.*[21]

Hace algunos años Bono renunció a su apodo imaginario, Vox, y se dejó el nombre "Bien". Y lo es. Es un héroe para las víctimas del SIDA en África.

HÉROE PARA EL HAMBRE

El club de desayuno de Quebec y la ONG internacional *Mundo desayuno,* buscan darle a los niños una oportunidad equitativa para triunfar en la vida. El fundador, Daniel Germain, es un héroe.

Hace algunos años Daniel viajó a la Haití francoparlante en misiones de corto período con su iglesia. Más tarde reflejó sus pensamientos antes del viaje y comentó: "Apasionado pero sin experiencia, creo, ¡vayamos a salvar al mundo! Irónicamente el día que llegué fue el día del desastre marítimo donde el barco comercial *Neptuno* naufragó en la costa de Haití".

Daniel se encontró conscripto para recuperar los cientos de cuerpos muertos que flotaban en el océano y eran arrastrados hacia las playas. ¡Qué comienzo para sus "vacaciones heroicas!"

> No es solo que lo que vimos en esos tiempos que nos rompió el corazón. La miseria era increíble. Vi niños encargados del trabajo de revolver la basura, y como salario recibían una bolsa de "basura buena". Su situación me conmovió profundamente, y quizás fue esta experiencia más que cualquier otra lo que me abrió los ojos a las condiciones de los niños. ¡Me propuse hacer algo! [22]

La siguiente línea en el coro de esta maravillosa historia provino de Jackie Pullinger. Ella ha invertido su vida en los adictos a la heroína de Walled City, en Hong Kong. Luego de escuchar la preocupación de Daniel por los niños del mundo ella cuestionó que él estuviera contribuyendo para el bienestar de los niños en su país. "Sí, es malo en todo el mundo, ¿pero has hecho algo en tu propio pueblo?" preguntó.

Daniel descubrió que 1,5 millones de niños canadienses viven por debajo del límite de la pobreza. Esta necesidad se volvió la base del *Club del desayuno de Quebec.*

El primer *Club de desayuno* nació en noviembre 1994, en *Lionel-Groulx de Longeuil School* en Montreal. Hoy, gracias a la ayuda de más de mil cuatrocientos voluntarios, el *Club de desayuno de Quebec* sirve más de 1,5 millones de desayunos en el año, en ciento sesenta y seis escuelas de la provincia; alimenta a un total de doce mil quinientos niños cada día escolar.

En octubre de 2000 Daniel fue reconocido como la Persona del año. Es un héroe para los niños que necesitan desayunar.

¿UNA VIDA VALE TREINTA Y UN DÓLARES?

Sridhar vive en el sur de India. Cuando tenía diez años su familia vendió su labor a un *mudalali* local (prestamista de dinero) para así comprar provisiones para vivir. Su libertad fue vendida por mil quinientas rupias (aproximadamente treinta y un dólares) y, por un año, Sridhar pasó todo el día sentado en un piso sucio enrollando cigarros *beedi*. Debía completar un mínimo de mil cigarros al día, seis días a la semana y le pagaban el magro sueldo de diez rupias al día (aproximadamente diez centavos de dólar), lo cual era muy por debajo de lo legalmente requerido. Sridhar reportó que el *mudalali* le pegaba con un palo si su objetivo no era alcanzado. Su deuda debía ser pagada a este de golpe, lo cual sería imposible, ya que su familia necesitaba desesperadamente el dinero para vivir y comprar víveres. Entonces el *mudalali* le prohibía trabajar para otra persona que no fuera él hasta que la deuda se cancelara.

Es a través de este sistema que muchos niños son puestos en depósitos, para trabajar mientras se transforman en adultos para pagar sus deudas, y eventualmente pasar estas deudas a sus hijos. Es un círculo vicioso virtualmente imposible de escapar: el destino de empobrecer junto a sus familias.

En julio de 2001, investigadores cristianos junto a la *Misión de Justicia internacional* oyeron de la esclavitud de Sridhar, y luego de determinar que estaba ilegalmente puesto en un depósito, lo ayudaron a llenar una certificación legal que le daba acceso a oficios locales gubernamentales. Sridhar fue librado de su deuda y cursa ahora el séptimo grado; ya no pasa más sus días enrollando *beedis*.[23]

A alguien le importó –una persona no identificada– pero un héroe es la vida de Sridhar y de otros niños encadenados.

COMER TIERRA

Chrissie Chapman estaba en su lecho de muerte. Aquí hay una historia que le volará la mente. En sus propias palabras ella dice:

> "Yo estaba conectada a un aparato que me mantenía viva, en terapia intensiva durante varias semanas, y se me paralizó la parte derecha del cuerpo. Cuando más tarde fui desconectada de la máquina, estaba en agonía y no podía moverme. Mis pulmones estaban llenos de fluidos y quitarlos requería un procedimiento que duraba unas horas. Mi pelo se había caído. En este estado pregunté: '¿Voy a morir?'
>
> "El doctor dijo: 'Hemos hecho todo lo posible, pero sus pulmones están muy dañados, es probable que sobreviva solo unos pocos meses'.
>
> "Fui transferida a la sala de un hospital... para morir. Ya que me había hecho cristiana hacía solo dos años, no sabía realmente mucho sobre la sanación, ¡ni de cualquier otra cosa! Empecé a leer libros sobre sanación, pero llegué a la conclusión de que Dios solo curaba a las personas que pudieran escribir un libro... nunca había conocido a alguien que hubiera sido curado.
>
> "Entonces un día escuche la voz de Dios. No había nadie en el cuarto; yo sé que era el Señor. Él dijo: 'Es hora de ir a casa, Chrissie, voy a curarte'.

"Me las arreglé para convencer a algunos amigos para que les preguntaran a los doctores si podía irme. Luego de muchas consultas aceptaron dejarme ir por un fin de semana, ¡pensaban que volvería mucho antes! Me sacaron del hospital en una silla de ruedas, aún con mi parte derecha paralizada, sin pelo, y mis articulaciones en agonía. Tenía un collar ortopédico y seguía teniendo muchos problemas con la respiración.

"Varias horas después de llegar a casa empecé a sentir que quizás estaba equivocada. Quizás lo que el Señor quería decir era que Él me llevaría a 'casa' para darme un nuevo cuerpo, que era hora de irme y estar con Él. De pronto 1 Pedro 2:24 me vino a la mente. Forcé mi mano buena para darme vuelta y leer. Mientras leía *"quien llevó él mismo nuestros pecados en su cuerpo sobre el madero, para que nosotros, estando muertos a los pecados, vivamos a la justicia; y por cuya herida fuisteis sanados"*. Empecé a tener un encuentro con el Espíritu Santo. Mi cabeza comenzó a sentir alfileres y clavos hincados en ella. Con mi brazo bueno, quise sentir qué sucedía –era como agarrar un cepillo de baño– ¡mi cabello estaba creciendo! Me arrastré por el piso del cuarto para intentar ver lo que pasaba; cuando al fin tuve un espejo, la primera cosa que noté no fue mi cabello, sino mi cara. Estaba rosada y con aspecto saludable, ¡luego de tanto tiempo de verme tan pálida y con labios azules de muerte!

"Durante las siguientes cuarenta y ocho horas mi cabeza se llenó de cabello, y la sensibilidad volvió a mis miembros. El dolor dejó mis articulaciones, y mi respiración se volvió normal, por primera vez en años. Me saqué el collar y bailé ante el Señor. Tenía veintinueve años y me sentía como si tuviera dieciséis. Desde ese día, hace veintitrés años, nunca más tuve otro ataque asmático.

"El joven doctor que me había cuidado por tantos meses vino a visitarme a la sala del hospital. Impactado, alcanzó a tocarme el pelo, luego cayó de rodillas y comenzó a hablar en lenguas. Yo le dije que no podía hacer eso, que necesitaba ser salvado antes. ¡Dicen que la ignorancia es dicha! Ese joven doctor se volvió cristiano y terminó sirviendo al Señor en la India. Durante las siguientes semanas diecisiete de los integrantes del hospital le dieron sus vidas a Jesús como resultado de mi milagrosa curación."[24]

Chrissie tuvo un encuentro con Dios que la dejó con nuevos pulmones y una curación completa, ¡incluyendo el asma! Una mujer sencilla, milagrosamente curada de enfermedades fatales, no solo recibió su propia sanación, sino que ahora también la disemina a otros que tienen necesidades.

No es de extrañar, pues ella tenía el propósito de invertir su redimida vida en redimir a otros. Entonces, luego de un entrenamiento bíblico, fue a Burundi en misiones de corto período, y muy pronto se enamoró del pueblo.

Chrissie retornó a Burundi para quedarse en 1990, y abrir una clínica de maternidad y dispensario. Burundi tiene alrededor de cinco millones de habitantes, de los cuales veintidós mil son huérfanos de guerra, y una asombrosa cantidad de seiscientos mil son huérfanos a causa del SIDA. Chrissie dejó un hospital ocupado en Londres lleno de doctores y equipamiento, para ir a una solitaria y pequeña clínica en la cima de una montaña, sin agua ni electricidad, a la cual solo van los casos más complicados. Allí es donde aprendió a orar.

Los niños fueron algunas de las principales bajas en las guerras que hacía poco habían comenzado. ¡A un bebé le dispararon mientras estaba en las manos de Chrissie! Ella, a quién se la forzó a evacuar la clínica por completo desde la montaña, comenzó a servir entre las personas desplazadas. Recuerda: "Me encontré con muchos bebés y niños que habían sido abandonados luego de que sus familias habían sido asesinadas. Fueron dejados en los basureros y en los costados de los caminos, para que murieran. Yo simplemente hice lo que mis manos encontraron para hacer, y comencé a levantarlos y traerlos a casa".

El genocidio de Ruanda la puso en contacto con orfanatos. Esta no fue la única vez que vio "niños *comiendo tierra* para intentar sacarse el hambre, así 'podrían' dormir". Una noche Chrissie tomó diecisiete de estos traumatizados tesoros, todos por debajo de la edad de un año. Bromea con que, con docenas de bebés viviendo en su casa, ¡no pudo tener una buena noche en dos años!

Dios ha reclutado gente de todo el mundo para ayudar a Chrissie, quien ahora tiene cinco casas llenas de vibrantes niños que aman a Jesús y que saben que Dios los ha salvado porque Él tiene un plan para sus vidas. Ella afirma: "Ellos no son pobres huérfanos, no actúan como tales. ¡Son niños del Rey y es así como actúan!" Casi todos los niños en su escuela dan sus vidas a Jesús.

El gobierno le ha dado a Chrissie su orfanato, para seguir con el programa de alimentación para los niños de la calle, las dos escuelas y el centro para luchar contra el SIDA que ha comenzado. Y aún no ha terminado:

> "Seguiré buscando maneras para llegar a los niños en esta tierra. No creo que Dios haya tenido el propósito de tener bebés durmiendo en las calles, cientos de niños que nunca tuvieron la experiencia de sentir los brazos de una madre alrededor de ellos, a quienes nunca se les dijo que son amados... yo soy madre. Continuaré usando mis brazos para abrazar a estos niños, para amarlos y alimentarlos y, más importante aún, para presentarles a su Padre Celestial. Eso es lo que soy, solo una madre, eso es lo que hago, amar niños".[25]

Eso no es completamente verdad. Antes afligida, Chrissie representa ahora la curación de los afligidos. Esta mujer soltera ahora tiene una enorme familia, de la cual ella es "mamá". Aquellos plagados por SIDA y otras pestes en Burundi son los beneficiarios de su heroísmo. No solo madre, Chrissie es una heroína de los huérfanos y los afligidos.

PARAÍSO PEDÓFILO

Shuvaloy Majumdar es líder del despliegue de *El grupo del futuro*, una organización sin fines de lucro con base en Calgary, que pelea contra el comercio de sexo. Trabaja en la capital de Camboya, Phnom Penh.

Mientras *El grupo del futuro* representa una valiente e informativa página de Internet llamado youwillbecaught.com (teatraparemos.com), Majumdar y sus socios en la Tierra son las tropas de choque en esta guerra contra la prostitución infantil.[26] Probablemente el 80% de los niños callejeros de Phnom Penh han sido sexualmente abusados.[27] En la revista *Maclean's* la reportera Susan McClelland dice:

> "Él se apoya contra la ventana y miente, diciendole a un niño que quiere una niña mucho más joven que aquellas que ve en la calle. Majumdar me ha traído a Svay Pak para mostrarme la escala de intercambio de sexo infantil, y él sabe que niños pequeños como de cuatro años están disponibles pero escondidos por sus proxenetas en un intento por evitar los patrulleros de la policía. Luego de una breve conversación en vietnamita con un gerente de burdel de apariencia ruda, el niño guía a Majumdar y tres otros por un estrecho pasillo hacia una pequeña cabina.
>
> Ya adentro, Majumdar toma asiento en una silla de metal rechinante al lado de un colchón destartalado. En segundos, dos niñas, que dicen ser de 6 y 8 años, lo acompañan. Recién despiertas, vestidas con pijamas de algodón y frotándose el sueño de sus ojos. Al principio, las niñas se quedan de pie en silencio y pegadas una a otra. El proxeneta le pega a una en la nuca y las niñas comienzan a coquetear con Majumdar de una manera torpe y sin entusiasmo. Temblando, la niña de 6 años murmura, "sin boom-boom, solo *ngam-ngam*" (jerga vietnamita para decir sexo oral). Pero cuando un fotógrafo que ha acompañado a Majumdar comienza a sacar algunas fotografías, el proxeneta y sus guardaespaldas sacan unas armas, pensando que Majumdar y el fotógrafo son informantes encubiertos. Pensando rápidamente, los visitantes calman la situación diciendo al furioso proxeneta que las fotografías son para su trabajo –organizando tours sexuales fuera de Tailandia–. El truco funciona y el peligro pasa.[28]

Majumdar y sus socios salvarán decenas de cientos de niños como estas dos niñitas. Él y *El grupo del futuro* son una impresionante cantidad de personas. Nacida en el año 2000 por algunos jóvenes que encontraron "algo por qué morir, y vivir", la edad promedio de los miembros de esta organización es de 23 años.[29]

Majumdar es un héroe del paraíso pedófilo.

Héroe para aquellos sin hogar

En los años 90 había por lo menos 3,5 millones de afganos refugiados en Pakistán. Esto fue antes del tristemente célebre 11 de septiembre de 2001. Fue un resultado de la guerra de 1979-1989 entre rusos y afganos. Fueron desplazados por la guerra.

¿Lo suficientemente hombre?

Cuando la noche viene puedo hacer la fría y dura tierra
desaparecer.
Puedo soñar mi sueño especial que hace que todo
esté bien otra vez.
Mi corazón está lleno de risas
una vez más
mientras juego con mis amigos
subiendo y bajando por una colina gateando,
robando frutas y tirando de las trenzas a mis hermanas.
Somos tan felices
mis hermanos y hermanas y yo,
hasta que llegó la guerra
y papá se fue,
y mamá, "Bibi" lloró mucho,
y diez soldados vinieron
con grandes armas y bombas de juguete.
Nosotros éramos ocho.
Ahora somos tres.
Tengo miedo de acercarme a "Bibi" ahora
tan anciana y asustada, no llora más;
solo mira y mira.
Yo espero estar lejos de aquí,
ser un mujahid
como mi hermano.
Pelear junto a él.
Por mi país,
mi Afganistán.
Tengo doce años.
Lo suficientemente hombre como para ser un soldado
si tan solo pudiera caminar.[30]

Hay 80.000 historias como esta, quizás no todas así de elocuentes, de gente afgana desarraigada y atrapada en un campo, que cruza el límite de Pakistán, y son alcanzadas por el Ejército de Salvación en Pakistán. En el nombre de Jesús, el coronel Joyce Ellery y una banda de héroes dieron casa, alimento, entrenamiento, servicio y medicamentos a los autores de cada historia.

La Barbie con un solo brazo

David Waines es un amigo. Es también el embajador de la Comunidad de Salud de EQUIP en Canadá, que sirve en la posguerra de Liberia. Profundiza diariamente en lo heroico mientras sirve a los desplazados de Liberia. El día antes de dirigirse al centro de una zona de guerra, David nos pidió que oráramos:

> "Por favor oren por mi viaje detrás de las fronteras en Ganta mañana [13 de octubre de 2003]. Hay una pelea cerca de Duo y ninguna ley u orden en Nimba. Los helicópteros militares de las Naciones Unidas han accedido a llevarme a mí y nuestras 'cajas frías' de vacunas, para apoyar a nuestro EQUIP CHA (equipos de salud de emergencia) y comenzaron de vuelta a cubrir la vacunación. Hay 350.000 personas en Nimba aisladas de Monrovia, y sin ninguna otra asistencia humanitaria. Cientos de niños mueren en Nimba porque las medicinas, vacunas y comida no pueden pasar. Como la pelea continúa en Nimba, virtualmente la población del país se desplaza internamente, y se encuentran en desesperada necesidad de cuidado y comida.
>
> "Admiro la dedicación de nuestros cuatro EQUIP Liberia CHA, equipos de salud de emergencia de la frontera que con convicción y fe hacen aparentemente lo imposible. Arriesgan sus vidas en frágiles balsas para llevar medicinas a través del poderoso río St. John de Guinea. Soportan las amenazas y los abusos en los puestos de control, mientras compran proteínas locales y pescado Corn Soya Blend, maní, porotos y semillas de sésamo para alimentar a aproximadamente a cien niños moderada y severamente desnutridos todos los días, en cuatros zonas."[31]

¡El día probó por qué orar es necesario!

> "13 de octubre del 2003, ¡triunfo de vacunas! Tuvimos vacunas preciadas para llevar a los niños del condado de Nimba. Sin embargo, nuestro MI-8 ruso no arrancó a las 08:45 como estaba planeado. Quizás estuve en Liberia mucho tiempo, porque recomendé que empujáramos y saltáramos en él al arrancar. Ninguno de los soldados de las UN rió. Los técnicos pasaron tres horas y utilizaron grandes cantidades de combustible tratando de que el motor de arranque funcionara bien. Para la 13:00 estábamos en camino hacia Gbangar. En Gbatala unos combatientes LURD comenzaron a tirar con AK-47s a nuestro helicóptero. El piloto viró bruscamente y se zambulló hacia la derecha. Oímos el sonido de las armas de fuego. Hasta lo que yo sé, no nos dieron. Aterrizamos en Gbangar; luego el General, todos nosotros y el convoy de militares de las NU manejamos treinta y cinco kilómetros por Ganta hasta el Puente Balia sobre el río St. John, donde comienza el condado de Nimba.

Esto se suponía que eran las líneas del frente de batalla, pero ha habido pelea activa hoy y ayer donde los LURD han atacado más villas en Nimba. Los niños soldados LURD, subidos en la caja de una camioneta con sus enormes BZDs, quieren lograr un rápido contraataque cuando nuestro convoy de soldados de la UN llega al puente; cómicamente deben darle arranque cinco veces para que la vieja camioneta Ford arranque. Hay cantidad de tiros al aire. El comandante de la Fuerza de la UN se está poniendo nervioso. Oímos armas y explosiones de pelea en acción, no muy lejos del puente.

En el camino de vuelta hacia Gbangar él me dijo que no hay suficiente tiempo, suficiente combustible ni suficiente seguridad en el área para ir a Ganta y dejar las vacunas como estaba planeado. Yo le suplico:

– General O'Pande, llamaré a mi próximo hijo con su nombre, *por favor* lleve por lo menos las vacunas a los niños.

Él me hace señas diciendo que no diga otra palabra sobre el tema; que ya ha decidido que no iremos. Yo oro intensamente los siguientes veinte minutos. Justo cuando el helicóptero está despegando se anuncia que iremos a Ganta. Festejo con los brazos en el aire.

Dejamos las vacunas rápidamente pero ni Ruth ni Joseph estaban ahí. ¿Dónde están? Las órdenes indican dejar los motores en funcionamiento, las aspas en movimiento, dejar las cajas y volver una vez más al aire. Tengo dinero para Ruth, para que se ocupe de niños carentes. Dinero para Joseph para que comience el trabajo de salud. Llega un jeep, luego una camioneta. Ninguna Ruth. Ningún Joseph. El soldado de la UN se apura y toma mi brazo:

– ¡El comandante dice que si no subes al helicóptero en este momento nos vamos sin ti!

– Ya estaré allí... ¡un minuto!

Entonces veo a Ruth que corre hacia mí. Le doy un gran abrazo, el dinero y otros regalos, corro y me subo al helicóptero. Despegamos antes de que llegue a mi asiento. Misión cumplida. El general dijo que NO primero, pero Dios lo cambió a SÍ.[32]

¡Se necesita ayuda!

"Tenemos más de trescientas cincuenta mil personas para cuidar en este mes, NECESITAMOS AYUDA"

"19 de septiembre de 2003: El mortero detonó cuando entró en contacto con el techo de la casa contigua a la nuestra [casa de Waines] en Punto Mamba. Todos los integrantes de la familia de seis estaban en casa y fueron dañados por los rojos y ardientes fragmentos de la bomba de metal. Alpha, el marido, levanta su camiseta para mostrarme dónde un pedazo de metal está enterrado en su hombro. Musu, su hija de seis años, con una deliciosa y tímida sonrisa, quedó con su

> antebrazo derecho hecho pedazos. Debió ser amputado por debajo del codo. Ella me saluda varias veces al día, cuando voy hacia mi casa.
> – Hola, hombre blanco –dice ella suavemente, moviendo su brazo derecho sin mano a causa del hábito, y luego recuerda que no es lo mismo, y entonces saluda luego con su mano izquierda.
> Musu tiene una muñeca Barbie a la que abraza fuertemente. Su Barbie tampoco tiene brazo derecho."[33]

David Waines y sus socios son héroes para la gente desplazada por la guerra de Liberia.

Caso cerrado

Radha era mantenida en prostitución forzada detrás de una puerta cerrada con candado, en un burdel de Bombay. Ella era de Calcuta, pero fue vendida para la prostitución. Fue forzada a proveer de sexo a los clientes del burdel, o le pegarían en la cara. Bombay tiene los más altos porcentajes de SIDA en el mundo.[34]

La Misión de Justicia internacional no tenía propósitos de dejar que Radha continuara sufriendo.

> "Jim" se infiltró en el burdel y encontró a Radha: vio que la mantenían en la prostitución forzada. Usando equipos de vigilancia, "Jim" pudo documentar su situación apremiante y referir la información a un contacto policíaco. "Jim" asistió a la policía en hacer una redada en el burdel, y así se aseguró la libertad de Radha. Sin embargo, Radha no pudo volver a casa, "Jim" pudo encontrarle un hogar del gobierno, a salvo del abuso diario.[35]

"Jim" se ocupó como Jesús se ocupa. Se tomó el trabajo de hacerlo. Hasta se puso él mismo en el camino del dolor. Y lo hizo para rescatar a una joven y atrapada niña. Él es un héroe para las prostitutas, pues pelea por la justicia bíblica en situaciones no bíblicas.

Héroe para los perseguidos

El Pastor Richard Wurmbrand fue "prisionero Nº 1" en Rumania. Fuera de la prisión y del país era conocido como la "Voz de la Iglesia Subterránea" y la "Cortina de Hierro San Pablo". Luego de más de una docena de años de golpes, fue liberado. Comenzó un grupo llamado *La voz de los mártires (LVM)* para pelear por los que son víctimas de la persecución religiosa.

En naciones restringidas, muchas veces cuando pastores o evangelistas –usualmente el proveedor de la familia– es puesto en prisión por sus actividades, sus familias son dejadas con poco sostén financiero. Cuando un ministro como el Pastor pakistaní Emanuel Ditta es asesinado por su fe en Jesús, sus hijos a menudo deben dejar la escuela porque no pueden pagar más la cuota escolar. La familia de un mártir también contrae pesadas deudas, con el funeral y gastos médicos. LVM de Wurmbrand mantiene a la familia Ditta.[36] Él es un héroe para los perseguidos.

¿Qué hay de usted?

Estas no son historias viejas. Y la mayoría de la gente que describí no son superestrellas. Son gente normal con nombres como Gedeón, David, Daniel, Chrissie, Heidi, Joyce, Jim y Richard. Son gente normal inspirados por el Espíritu Santo, el hacedor de héroes. Y ellos son héroes. Han mezclado misericordia y justicia para cambiar las condiciones y circunstancias, para introducir amor y paz, para hacer despegar la redención en las vidas de los marginados alrededor del mundo. Usted puede agregar su nombre a la lista. Usted, ¿un héroe? ¿Está intrigado? Continúe leyendo.

Capítulo dos

Rostros y corazones

Delinear el paisaje heroico

La faz de la Tierra cambiará cuando veamos transformados los corazones de sus personas. Nuestro Padre Celestial no quiere que nadie perezca (ver 2 Pedro 3:9). Y los medios para lograr el propósito de Dios son tan endebles como cuando Jesús puso su confianza en los primeros once... esta vez somos *nosotros*.

Nuestros héroes no usan sus calzoncillos afuera. No aparecen en televisión un sábado por la mañana. La mayoría no salta sobre un alto edificio de un solo brinco.[1] La Biblia a veces los llama campeones, guerreros, hombres valientes, "los poderosos" u hombres poderosos.[2] A pesar de que la palabra hebrea *gibbowr* puede ser traducida como "héroe", es generalmente traducida como "poderoso", "fuerte" o "valiente".[3] Estas palabras aparecen ciento cincuenta y nueve veces en el Antiguo Testamento.[4] Y estos héroes cambiaron la forma de sus paisajes espirituales y sociales.

Las personas son héroes, ¡y hasta Dios es un héroe! Se lo describe como el *Gibbowr:* "Fuerte" o "Héroe" Dios (Isaías10:21). La mesiánica esperanza de Israel era: *"Porque un niño nos es nacido, hijo nos es dado, y el principado sobre su hombro; y se llamará su nombre Admirable, Consejero, Dios Fuerte, Padre Eterno, Príncipe de Paz"* (Isaías 9:6). Y a través del poder del Espíritu Santo, el héroe Dios hace surgir héroes.

El diccionario de Vine explica este fenómeno de héroe:

> En el contexto de guerra, estos *héroes* fueron literalmente "todos los valientes y fuertes" (Ejemplo: Josué 1:14). David, un probado vencedor en el campo de batalla, ha atraído héroes mientras era perseguido por Saúl (2 Samuel 23). Cuando David fue rey, personificó el poder de su reinado. Como comandante de las fuerzas israelitas, se esperaba que fuera un héroe. El rey es descrito como un "héroe" (Salmos 45:3).

Hasta hubo una *Casa de los héroes* (ver Nehemías 3:16).

Entonces es el Dios héroe y su Hijo héroe, con el Espíritu Santo, el hacedor de héroes, que crean héroes de las cosas de la humanidad de manera tal que, al igual que Dios, alcancen a cambiar la vida de otro.

Con esta pauta, "La religión cristiana presupone un intenso interés en la transformación, tanto en uno mismo como en la sociedad. *'Venga a nosotros tu reino, hágase tu voluntad así en la tierra como en el cielo'* es una oración aún no respondida".[5] El hacedor de héroes, el Espíritu Santo, se les prometió a los discípulos, y Él es quien redimirá al mundo de su culpa respecto del pecado, la rectitud y el juicio por medio de estos discípulos.[6] Tenemos entonces una gran carga de responsabilidad, para los trabajadores, socios y colaboradores de Dios; sus héroes –nosotros– que implica obedecer y ver que su voluntad se haga en la Tierra así como en el cielo.

Es inconcebible que pudiera disputarse la preeminencia del cristianismo como fuerza del bien en la humanidad. Aquí incluimos una lista muy corta de los cambios positivos realizados por los héroes de esta fe:

- Hospitales.
- Universidades.
- Alfabetización y educación para las masas.
- Libre empresa.
- Libertades civiles.
- Abolición de la esclavitud.
- Ciencia moderna.
- Derechos de las mujeres.
- Caridad y beneficencia.
- Parámetros de justicia más elevados.
- Condena de la perversión sexual.
- Santidad de vida.
- Codificación de muchos idiomas del mundo.
- Inspiración y desarrollo del arte y la música.
- Salvación.[7]

El protestantismo probó ser un vehículo con mucha potencia para efectivizar cambios en todo el mundo. "Max Weber, uno de los fundadores de la sociología moderna, la sociedad lo llamó 'líder' de nuestra era. La razón es que todas las otras sociedades, de manera voluntaria o involuntaria, han seguido su estilo y adoptado sus valores"[8] ¿Será esta adopción precursora esencial de la adopción de nuestra fe? Al pertenecer, ¿creerán? ¿Será el cristianismo catalizador de la respuesta?

En el amanecer de este nuevo milenio, la cultura liderada por el protestantismo se ha expandido por los hemisferios, dejando al resto del mundo fuera de la *"Ética protestante"* de Weber y su consiguiente bendición económica.[9]

Borrachera altruista

A pesar del cinismo de los intelectuales occidentales post-modernos, el Wall Street Journal aún piensa que la moral espiritual genera valor social.[10] Estamos de acuerdo. El cristianismo genera un amor compasivo que impulsa a la acción. Por lo cual es tanto un estilo de vida como un instrumento para misionar. La fe genera obras. Como escribió Santiago: "*...la fe sin obras está muerta*" (2:26). Afirmamos que el cristianismo sin compasión yace en una tumba junto a la fe sin obediencia.

A pesar de que la sociedad occidental de hoy se considera postcristiana, la borrachera del "activismo altruista" del protestantismo perdura, en esfuerzos como el del *"Teletón de los héroes"* del 11 de septiembre que recaudó ciento cincuenta millones de dólares dos semanas después de la tragedia de 2001;[11] la obra *"Somos familia"*;[12] Live Aid;[13] la maratón televisiva de Jerry Lewis, entre otros.[14] La ironía es que esta borrachera de altruismo ha dejado a los no creyentes sin sentido de la fuerza que impulsa sus obras de caridad. Un aviso para la línea de llamadas gratuitas de una organización, que en su nombre incluía la palabra "Samaritano", explícitamente requería que se acercaran al grupo personas no religiosas. ¡Ni siquiera se daban cuenta de que el Buen Samaritano era una de las grandes ideas de Jesús![15] ¿Cómo llegamos a esta situación? No ha sido sin pena ni dolor.

El gran divorcio

A medida que se expandió la cultura protestante, un grave cáncer envenenaba al cuerpo del movimiento. Subsiguiente al período de Iluminación europea, todo se puso bajo el escrutinio del método científico, incluyendo la fuerza misma que dio origen a la iluminación: la Biblia. Se denostó a Dios, al punto de rebajarlo al estado de fuerza no personal que solo podía percibirse por medio de la razón o en la naturaleza.

El entronizado racionalismo veía con desdén los relatos bíblicos de la creación, la resurrección y los milagros. El cáncer atacó al gobierno de Dios y la autoridad de las Escrituras, usurpó ambos poderes y los entregó a personas "con raciocinio".

Una de las primeras víctimas fatales fue la verdad, erradicada por la razón y el sentimiento. Pronto se derribó al pecado, ya que los humanos pasaron a ser meramente "incompletos, necesitando perfeccionarse". En esencia, se creó una nueva religión a partir de la antigua. Como escribiera H. Richard Niebuhr, criticando el "evangelio" liberal del siglo XIX: "Un Dios sin ira llevó a los hombres sin pecado a un reino sin juicio por medio del ministerio de un Cristo sin cruz".[16]

En este entorno, la disciplina de la crítica bíblica germinó, haciendo que se llenara el vacío cuando se exterminó la autoridad bíblica. El grito de batalla de la "*sola scriptura*" de los reformadores que habían dado origen al protestantismo, se reemplazó con un murmullo egoísta. "La Biblia según la entiendo yo". Fue un tiempo en que muchas de las grandes universidades protestantes rechazaron sus raíces, y el protestantismo comenzó su implosión.

Las consecuencias fueron enormes. Quienes compraron esta reforma humanística quedaron sin otra cosa que su dedicación a los elementos no sobrenaturales de un evangelio social; es decir, fe en el mejoramiento de la humanidad y la solidaridad hacia los necesitados. El arrepentimiento, la conversión, el discipulado y la misión se evitaban como si fueran peste.

Por otra parte, el elemento conservador sintió alarma y se congeló hasta llegar a ser aún más conservador fundamentalista de derecha, que reaccionaba a la controversia del modernismo. Si los modernistas rechazaban la autoridad de la Biblia, los fundamentalistas se harían expertos en esta. Si los liberales rechazaban los milagros y la santidad, surgía el protagonismo del "pentecostalismo". Si los liberales reemplazaban la misión por la misericordia, los conservadores rechazaban la misericordia para concentrarse casi exclusivamente en la misión. Todo lo que hicieran los liberales, los conservadores no lo harían.

Como en todo divorcio, los que más sufrieron fueron los niños, los hijos. Las iglesias liberales eventualmente comenzaron a morir, y sus programas sociales murieron con ellas. El llamado a la moralidad y la justicia social seguía presente, pero el poder interno y la virtud para mantenerlas se desintegraban. También, antes del gran divorcio, jamás se le ocurrió a la Iglesia que la proclama sería la separación entre la compasión y la acción.

De hecho, fueron los grandes evangelistas como Wesley, Whitefield y Wilberforce los que hicieron tanto, por medio de la presentación del evangelio completo –palabra y obra– para que se estableciera el título de "evangélicos". El cristianismo occidental se ha transformado en algo que, por primera vez desde los días de Roma, se desarrolla como grupo que bordea el tejido social. Los mismos programas nacidos con el reavivamiento protestante quedaron bajo la tutela del Estado o gobierno, y hasta los predicadores renunciaron a la responsabilidad de liderarlos. Esta terrible división dentro del cristianismo protestante duró casi cien años. Hace poco tiempo que muchos cristianos evangélicos y carismáticos llegaron al reconocimiento de su responsabilidad de salvar el alma y ministrar al cuerpo, para que se diera la transformación en la faz de la Tierra.

Cambios extremos

Una vez admitido esto, y dentro del escenario más amplio de la historia, vemos que tanto el corazón como la faz han sido moldeados por la Iglesia. Una búsqueda exhaustiva en antiguos documentos históricos no revela que haya habido esfuerzo organizado alguno por la caridad antes del nacimiento de Cristo.[17] ¡Es asombroso! Y entonces llegó Jesús.

La comunidad cristiana destacaba la necesidad de cuidar de sus viudas, huérfanos, enfermos y discapacitados, y de aquellos que habían perdido su empleo o libertad a causa de su fe. Pagó el rescate de muchos que habían sido hechos esclavos a causa de su fe. Se ocupó de los viajeros. Una iglesia enviaba ayuda a otra, cuyos miembros sufrían hambre o persecución. En teoría y también en la práctica, la comunidad cristiana era una hermandad, unida por el amor, donde la ayuda material recíproca era la regla.[18]

¡Nuestra heredad!

No es solo una buena idea. ¡Funciona! Escuche lo siguiente: "Los cristianos se oponían fuertemente a la exposición de los niños, rescataron activamente a los abandonados y deploraron abortos que no consideraban defendibles, con excepción de argumentos que subyacían al infanticidio".[19] No hablamos de la Mayoría Moral Norteamericana, ni de la Derecha Republicana; es la descripción de la comunidad cristiana primera, en tiempos del imperio romano. ¡Y hay más!

Mientras hoy solemos tratar la teología como un lujo o una irrelevancia, ¡los cristianos del siglo primero encontraban en las realidades de la misión a la "madre de la teología!"[20]

A mediados del siglo III una iglesia de Roma tenía a su cuidado a mil quinientas viudas. Una iglesia en Antioquia, Siria, de fines del siglo IV, es recordada por haber alimentado a tres mil personas que sufrían hambre.[21] ¿Cómo llegó a ser el cristianismo la religión elegida en una sociedad completamente pagana, como la del imperio romano? Fue porque ganaron el lugar de supremacía a través de la moral y la compasión.

Misericordia

Aún la mirada menos profunda sobre la historia de la Iglesia nos revela su íntima relación con la demostración de misericordia. Hay numerosos ejemplos. Los primeros cristianos rescataban bebés romanos abandonados y los criaban como propios. Los huérfanos y los pobres sabían que siempre encontrarían ayuda en la Iglesia (ver Santiago 1:26). Durante siglos los monjes y monjas se reunían en comunidades llamadas monasterios. Estos monasterios eran centros donde se brindaba enseñanza, se cuidaba de los pobres, se les daba alojamiento, se ofrecía cuidado de la salud y se evangelizaba. En la Edad

Media hubo muchas órdenes religiosas cuya principal atención era la predicación del evangelio y la asistencia a los pobres. Entre los más famosos se cuenta la Orden de los Franciscanos, fundada por San Francisco de Asís, y la de las Pobres Clarisas, una orden femenina iniciada por Santa Clara de Asís.

Además de las órdenes religiosas estrictamente de monjes y monjas, había movimientos laicos voluntarios conformados por cristianos dedicados totalmente a predicar el evangelio y servir a los pobres. Un masivo movimiento de mujeres llamado las Beguinas, causó su impacto en la Europa cristiana durante siglos. Hubo épocas en que la cantidad de mujeres voluntarias llegaba al diez por ciento de la población femenina en las ciudades; comprendía estructuras semicomunitarias que trabajaban para servir a sus semejantes.[22]

El equivalente moderno del diez por ciento de la población de una ciudad en un contexto de comunidad sería, por ejemplo, una organización como *Youth With A Mission* [Juventud con una Misión, JUCUM], o alguna otra similar, que sirve a los pobres. La célebre Catalina de Siena pertenecía a uno de estos movimientos laicos que practicaban el servicio desinteresado a los pobres, los enfermos y los moribundos.

Reavivamiento y misericordia

Muchos ejemplos de reavivamientos a lo largo de los últimos doscientos cincuenta años identifican un patrón similar. Un repaso histórico de las reformas sociales y de reavivamiento, efectuado por Earle Cairns sostiene: "El reavivamiento va de la mano de la aplicación de principios cristianos de gobierno y de actividades en contra de la esclavitud, la guerra, y a favor de la templanza".[23] El historiador J. Edwin Orr revisó los reavivamientos y encontró lo mismo. Todos los reavivamientos más importantes –a partir de John Wesley– dieron como resultado grandes impulsos de evangelización y acción social.[24]

En Inglaterra primero fueron los cuáqueros y luego Wesley, seguido por los metodistas, quienes primeramente se opusieron a la esclavitud de los negros. Wesley y sus conversos ministraban en las prisiones, hospitales y albergues de trabajo, intentando abolir la esclavitud. A los 88 años, seis días antes de morir, Wesley escribió su última carta, dirigida a William Wilberforce, un miembro evangélico del parlamento. Con mano temblorosa, Wesley le exhortaba a seguir luchando contra "la execrable suma de toda villanía, la esclavitud" hasta que desapareciera por completo.

Willberforce continuó la lucha, y con la ayuda del resto de la Secta Clapham –líderes de negocios y política, evangélicos– logró presentar muchos proyectos de ley en la Cámara de los Comunes. Durante cuarenta años pelearon contra el sistema, y Willberforce perdió en ello mucho dinero y salud. Pero durante el último año de su vida vio la recompensa a todo su sufrimiento, con "El acta de emancipación de 1883", que daba la libertad a setecientos ochenta y un mil esclavos en todas las colonias británicas.[25]

La lista de obras de caridad, organizaciones y logros de estos cristianos que obedecían el mandamiento de Jesús de "mostrar misericordia" de manera literal, es tan larga que confundiría nuestra mente.

John Howard, fundador de la John Howard Society, fue alentado por John Wesley para lograr la reforma carcelaria de Inglaterra.

Elizabeth Fry, madre de once niños, llegó a ser predicadora cuáquera, además de reformista carcelaria.

La YMCA (Asociación Cristiana de Jóvenes), se fundó para brindar servicios religiosos y de cultura en los "hogares lejos del hogar propio".

Florence Nightingale creyó que Dios la había llamado con voz audible a ayudar a los enfermos. Causó impacto en un evangélico llamado Henri Dunant, que fundó la Cruz Roja.

Hasta la Sociedad de Lucha por Prevención contra la Crueldad hacia los Animales (RSPCA) fue fundada por un clérigo anglicano, Arthur Blomme, con la ayuda de Willberforce y otros amigos.[26]

La misericordia hacia los niños fue siempre motivo de acción en la Iglesia. Lord Shaftesbury llegó a formar parte del parlamento en 1826, y en su diario escribió que fundaría su "política en la Biblia", y que pondría en práctica "la benevolencia activa en la vida pública", para promover la religión y "aumentar la felicidad humana".[27]

Shaftesbury pasó la mayor parte de su tiempo peleando los males de la explotación de niños en las fábricas, minas, fábricas de ladrillos y servicios de deshollinadores. Todo esto se conocía, justamente, como "el comercio de los esclavos blancos". Había niños de cuatro años que trabajaban entre doce y catorce horas diarias, en las oscuras minas. También se recogían huérfanos en las calles y se los obligaba a trepar por dentro de las chimeneas, en la claustrofóbica oscuridad, para trabajar como deshollinadores. Shaftesbury introdujo el "Acta de las Diez Horas", que prohibía que las fábricas hicieran trabajar trece a dieciséis horas a los niños. Presentó leyes para que se prohibiera que los niños trabajaran como deshollinadores, y para impedir que se hiciera trabajar a niños menores de diez años en las minas. Shaftesbury hizo que el gobierno se comprometiera a proteger a los oprimidos.

George Müller se sumó al reavivamiento y dedicó su atención a cuidar de los huérfanos. Llegó a albergar a dos mil cincuenta niños al mismo tiempo.

Thomas J. Barnardo fue producto del reavivamiento de 1859. Lord Shaftesbury influyó para que Barnardo se hiciera misionero en los suburbios de Londres. Barnardo comenzó a abrir hogares para niños abandonados por sus padres alcohólicos. Durante su vida albergó a sesenta mil niños.[28]

Rival del presupuesto de los EE.UU.

En Norteamérica, el "Segundo reavivamiento" que comenzó bajo el ministerio de Francis Asbury y los líderes de circuito, además de las reuniones de campo y su continuación en el ministerio de Charles Finney, creó un tsunami virtual de ministerios de misericordia. La esclavitud, el vicio, la paz mundial, los derechos de la mujer, la observancia del sábado, la reforma carcelaria y la profanidad –versión del siglo XIX de nuestros "siete pecados mortales"–[29] se vieron atacados por esta red de sociedades cuyos ingresos anuales totales en 1834 rivalizaban con el presupuesto nacional de los EE.UU.[30] El *Imperio Benevolente* estaba compuesto por ocho grandes instituciones: La Sociedad Bíblica Norteamericana, la Junta Norteamericana de Comisionados de Misiones en el Extranjero, la Asociación de Escuelas Dominicales Norteamericanas, la Sociedad de Enseñanzas Bíblicas de Norteamérica, y la Sociedad Misionera Norteamericana.[31] Cada una de estas entidades estaba liderada por un héroe.

Este grupo y otros conformaban una vasta red de sociedades voluntarias unidas bajo una misma bandera, conocida como *El Imperio Benevolente*.

> Para 1834 el ingreso anual total del Imperio Benevolente equivalía aproximadamente a lo que hoy serían ciento treinta millones de dólares norteamericanos, ¡casi lo mismo que el presupuesto del gobierno federal en aquella época!

Lograron traer valores cristianos a la vida de la sociedad norteamericana. Se dice que:

> Este reavivamiento tuvo mayor impacto sobre la sociedad secular que cualquiera de los demás en la historia estadounidense, a causa de su enorme preocupación por la sociedad. Laicos cristianos organizaban miles de sociedades que se ocupaban de cada fase de la vida de los norteamericanos.[32]

Examine los frutos del protestantismo en el Nuevo Mundo. A pesar de que su acción tuvo altibajos, durante los cuarenta años posteriores a su desembarco, los puritanos se dedicaron a educar al "clérigo y al pueblo, ya alfabetizados".[33] "El celo misionero de esta 'raza de líderes' (...) llevó el Evangelio a innumerable cantidad de personas en todo el mundo. La compasión de los miembros de la burguesía llevó a la creación de un programa de salud global que bajó las tasas de mortalidad infantil y extendió la expectativa de vida de los adultos."[34]

Piense en lo siguiente: de las primeras ciento diecinueve universidades creadas en la joven nación estadounidense, ciento cuatro nacieron de organizaciones cristianas, con el propósito expreso de que se fomentara el conocimiento de Dios.[35] De los cuarenta mil graduados en 1885, diez mil fueron ministros, ¡más de un veinticinco por ciento![36]

En las sociedades postmodernas de Occidente ha habido un decaimiento obvio, luego de que se abandonaran los fundamentos cristianos. El presidente de la Johns Hopkins University, Steve Müller, describió el estado actual de la educación en Occidente: "El hecho de que ya no trabajemos en pos de un conjunto de valores, significa que las universidades producen solamente potenciales bárbaros, altamente calificados".[37]

Los héroes tienen pecho

C. S. Lewis anticipó lo siguiente en un artículo escrito para un seminario, titulado: *"Hombres sin pecho"*, en donde preveía los efectos de este alejamiento de los valores cristianos.

> Este proceso de reforzar la virtud con emoción produjo "sentimientos" en las personas, lo cual les proveía de "pechos" que los salvaguardaban de lo salvaje. Al declarar todo sentimiento como algo meramente subjetivo, sin embargo, los críticos modernos generaron una raza de "hombres sin pecho", seres humanos incapaces de resistirse a los apetitos más bajos, porque se les han quitado los medios para resistirse a estos. La situación, dice Lewis, ha hecho que la civilización no sea sostenible. "Hacemos hombres sin pechos y esperamos de ellos emprendimiento y virtud –observó–. Castramos, y luego pretendemos que los potros sean reproductores."[38]

Sin la base de la virtud cristiana producimos hombres y mujeres que carecen de la convicción y el coraje para ser los héroes que el mundo necesita. Los héroes necesitan tener pecho.

En el siglo XX, Frank Lauback, misionero de los maranao en las Filipinas, creó programas de lectura basados en "palabras clave", el "método del cuento" y cuadros con "palabra-imagen-sílaba", que enseñaban a la gente a leer "en muchos países y cientos de idiomas".[39] Este líder espiritual es conocido por su *"Juego con Minutos"*, en el que cuenta sus esfuerzos para mantener comunión consciente con Jesús cada minuto del día. La revista LIFE, veintiún años después que muriera, reconoció que ha enseñado a leer a sesenta millones de personas.[40]

Y esto continúa hoy. En solamente un Estado de la India –Tamil Nadu– ya hay mil quinientos proyectos de servicios a la infancia, liderados por cristianos.[41] El tema es que se trate de escuelas, hospitales o política, los cristianos nacidos de nuevo siempre hacen que su fe fluya por las calles de la misericordia.

Quizá le sorprenda saber, como le sorprendió a Patrick McDonald, fundador de la Red Viva, que la Iglesia hace más por los niños en riesgo que cualquier otro grupo en el planeta. La Iglesia Cristiana hace que estas cosas sucedan hoy. Por ejemplo, el Ejército de Salvación, que es solo una tajadita de lo que es la Iglesia Mundial, es el segundo proveedor de servicios sociales en el mundo –el primero son las Naciones Unidas–.

¿Prolongar la agonía?

No malentienda esto. No abogamos simplemente por ayudar a los pobres, aunque sea una actividad noble. La salvación no viene de hacer obra por los niños, ni tampoco se salvan los niños solo porque hagamos obra por ellos. Ayudar a las personas a subir un peldaño probablemente solo prolongue su agonía. El problema principal aquí es el pecado. A menos que se transforme el corazón de las personas, la faz de la Tierra no cambiará. Podremos preguntarnos por qué. ¿Por qué hay pobres, y cómo llegaron a esa situación? Como sugiere una antigua parábola china: "De las treinta y seis maneras de salir de un problema, la mejor es: salir".[42] Y en tanto buscamos servir a los necesitamos en el nombre de Jesús, habrá más y más que escuchen y *salgan* de su problema y se arrepientan de sus pecados.[43]

La *faz de la Tierra* cambiará en la medida en que se transformen los *corazones de las personas*. Necesitamos predicar la Buena Nueva en toda su extensión si queremos agradar a nuestro Padre, para que nadie perezca. Este evangelio incluye el arrepentimiento de los pecados y la fe en nuestro Señor Jesucristo. Se requiere la rendición completa de nuestra voluntad, y la movilización del Ejército de Héroes de Dios. Aunque el evangelio incluye la compasión, la santidad es la solución a todos los problemas.

Hay consecuencias tangibles de nuestro fracaso en este frente. El presidente Dwight D. Eisenhower afirmó: "Cada rifle que se fabrica, cada barco de guerra que se bota, cada misil que se dispara, significa en última instancia un robo a quienes tienen hambre y no reciben alimento, a quienes tienen frío y no reciben abrigo".[44]

Los choques entre religiones han hecho surgir al terrorismo que cambió nuestro mundo después del 11 de septiembre. De solo dos guerras en Afganistán e Irak, el cálculo de la Oficina de Presupuesto de los EE.UU. calcula el costo de la guerra, a 16 de diciembre de 2003, en noventa mil millones de dólares.[45] Esto sobrepasa en mucho los doce mil millones que se calculaban inicialmente para Afganistán.[46] Se aprobó el gasto de ochenta y siete mil millones adicionales en el Congreso de los EE.UU. para el conflicto, y la reconstrucción de Irak y Afganistán.[47] Y Gran Bretaña ha calculado un gasto de mil cuatrocientos millones de dólares más en Afganistán[48], además de nueve mil seiscientos mil millones en Irak.[49] ¡Un total de doscientos mil millones de dólares!

La afirmación del presidente Eisenhower, aplicada a estas guerras, significa que este dinero podría brindar servicios de salud a sesenta millones de niños durante un año, dos millones de unidades de viviendas[50], o treinta y siete mil setecientos misioneros durante cien años, a cincuenta mil dólares por año. Si los misioneros armados con misericordia se hubieran movido hace algunas generaciones, quizá los rifles hoy ya no tendrían importancia. Como sostiene Bono:

> Lo decimos crudamente; sostenemos que es un tema de seguridad y finanzas para los Estados Unidos. Hay diez Afganistanes potenciales en África, y es mucho más económico impedir que suceda, que apagar el incendio.[51]

Estamos convencidos de que el reavivamiento revoluciona a la sociedad, que la *faz de la Tierra* cambiará en la medida en que se transformen los *corazones de las personas*. La tentación es la de separar al cristianismo en dos sectores: espiritual y social. "El patrón bíblico consiste en que ambas partes trabajen al unísono, con ministerios de compasión en el contexto de la pasión por la persona, y la presencia de Cristo".[52]

En verdad, aún Newsweek, al reconocer la creciente popularidad del cristianismo en Oriente, observa: "Para la mayoría de los asiáticos (...) lo que hace que Jesús sea atractivo es su identificación con los pobres y los que sufren".[53] Philip Jenkins ha mostrado que el evangelio que está floreciendo y atrayendo a la gente en el sur, es un evangelio que incluye a los pobres.[54] La identificación casada con el poder del hacedor de héroes, el Espíritu Santo, es el catalizador de la metamorfosis. Y la *faz* cambia, cuando los *corazones* se transforman.

LA IMAGEN COMPLETA

Ahora occidente no lo es todo. Quizá miremos alrededor de nosotros y cuestionemos algunas de las afirmaciones presentadas anteriormente. Pero la mayoría de los cristianos hoy no viven en occidente. Y así, a pesar de que la cultura que profesan ha dejado un admirable legado de ética, educación y santidad de vida, los herederos de dicho legado han descartado muchos de sus tesoros. No sugerimos que todo lo que han hecho los gobiernos occidentales esté bien. Es difícil, mientras estamos tranquilos, en templos con aire acondicionado, ver la realidad de que "hay más personas que asisten a servicios cristianos los domingos en China, de los que hay en toda Europa occidental. Lo mismo vale para India, Brasil, y aún para el país con más cantidad de musulmanes, Indonesia".[55]

ADVERTENCIA: ESTE LIBRO CONTIENE INFORMACIÓN QUE LO ABRUMARÁ

Existe el riesgo de que usted sienta pesar después de leer partes de este libro. Sin embargo, no pierda el aliento ni el coraje. Mantenga la perspectiva de la Madre Teresa, quien al ser felicitada por un senador del Capitolio por su maravillosa obra, lo corrigió, diciendo: "Es la obra del Dios".[56]

Sí, es verdad que la situación actual apesta y, desde la perspectiva humana, está cada vez peor. "Los cuarenta y ocho países menos desarrollados, que comprenden a unos cincuenta y cinco millones de personas con ingresos *per cápita* de menos de quinientos dólares anuales, tendrán destinos muy divergentes en la Era Informática. La mayoría llegará a estar aún más marginada y desesperada".[57]

Sin embargo, el presidente del Banco Mundial, James Wolfensohn, indica que la proporción de presupuestos mundiales destinados a la asistencia, jamás ha sido tan baja como ahora.[58] El misiólogo Patrick Johnstone ha rastreado el problema a la falta de marco teológico en las misiones.[59] El Concejo Británico de Iglesias, en una encuesta de 1986, concluye que la misiología "o es virtualmente desconocida en las instituciones teológicas, o es relegada a una posición de sub-sección de poca importancia en la teología pastoral".[60]

El Ejército de Héroes está iniciando su regreso en este último cuarto de final, transformando corazones, cambiando la faz de la Tierra, a medida que el reavivamiento revoluciona a la sociedad.[61] La aceleración de victorias hacia fines del siglo XX es asombrosa. Hoy el evangelio que se apoya en los dos pilares del arrepentimiento y la fe, a la derecha, y la fe en acción por medio de la misericordia y la justicia, a la izquierda, vuelve a tomar impulso. La Gran Comisión es "hacer discípulos de todas las naciones", y se verá acompañada de un saludable Ejército de Héroes que camina con las dos piernas de un evangelio integral.

Definición de términos

Queremos convencerlo de que esto es más que un llamado a la emoción o una buena idea. El Ejército de Héroes, movilizado por Dios y desplegado en las líneas del frente de la agonía de este mundo, nació en la mente de Dios. El concepto no es moderno. Este Ejército es Heroico. Se eleva desde las raíces, y a ellas vuelve, a la fuente. No se apoya en la última tendencia de moda, ni en el sabor del mes. Busca conseguir un cambio revolucionario, extremo, total, fundamental.

La palabra clave aquí es "Ejército". La fuerza armada y entrenada de Dios. El Ejército de Héroes ha prevalecido y vivido los reavivamientos que han revolucionado a las sociedades a través de las Escrituras. Pero es solo en los anales de la historia bíblica que ha triunfado el Ejército de Héroes.

Le mostraremos en las páginas que siguen no solo el precedente bíblico, sino la manifestación más poderosa del Ejército de Héroes en la historia, el primitivo Ejército de Salvación que transformó la faz de la Tierra en algunos lugares, viendo cómo Jesús transformaba los corazónes de las personas. Luego nos ensuciaremos las manos, le mostraremos el estado de la guerra de hoy. Encogeremos su corazón al mostrarle la abrumadora y triste realidad de un mundo arrasado por lo que llamamos "los siete pecados mortales": la extrema pobreza, los huérfanos sin hogar, la esclavitud infantil, el sexo y la ciudad, el SIDA y las plagas, los niños afectados por las guerras y la persecución religiosa.

No lo dejaremos sumido en la desesperanza. Porque le propondremos un paradigma de la cosecha de los últimos tiempos, un marco donde podrá ver cómo se cumple la voluntad del Padre, de que nadie perezca y de que todos lleguemos al arrepentimiento. Así como el paisaje histórico se ve marcado por esfuerzos benevolentes de parte de personas valientes, usted y su grupo, o usted individualmente, podrán aplicar el mandato bíblico para marcar una diferencia en su mundo. "Todos queremos ser héroes, y Dios lo sabe: es uno de los impulsos más nobles que ha plantado en los seres humanos".[62]

Como observara Thomas Long en su artículo: "Beavis y Butt-Head se salvan":

> La palabra heroico nos hace sonrojar. Parece demasiado grande, romántica y triunfante. Sin embargo, nuestra vergüenza no puede ocultar la verdad de que el esforzarnos por ser héroes, lograr elevarnos por sobre la mediocridad para verdaderamente conseguir algo extraordinario que sobrepase en brillo a la muerte, ser capaces de la mayor generosidad y autosacrificio, es lo que más deseamos y necesitamos.[63]

Está usted llamado a esta vida. Todos podemos ser héroes. No hace falta ser famoso, ni elocuente, ni encantador ni profesional. Solo hay que comprometerse. ¡Queremos depositar en su espíritu la inspiración y la parte práctica que le movilicen a **ser un héroe** en el Ejército de Héroes de los últimos tiempos!

CAPÍTULO TRES

LA GRAN IDEA DE DIOS

Los ingredientes del heroísmo: justicia, rectitud y compasión

Según el Centro Ambedkar para la justicia y la paz: "En agosto de 1995 una niña paria de cinco años quedó ciega como resultado de un castigo impuesto por su maestro. El maestro se enojó porque la niña había utilizado una taza que estaba reservada para que la usaran los alumnos de las castas superiores"[1]

El juez P. N Bhagavati, se refirió a los parias:

> Son exiliados de la civilización, no existen, viven peor que los animales, porque los animales al menos pueden andar por donde lo deseen y pueden buscar comida cuando tienen hambre. Sin embargo, estos parias de la sociedad viven esclavizados, sin libertad, atados a una existencia que los obliga a vivir en casuchas o al aire libre, contentándose con comer algo de comida desechada que logren conseguir por allí, aunque no sirva para llenarles el estómago. Sin otra opción, están destinados a vivir en la pobreza y el hambre, en la esclavitud, en un pozo oscuro sin fin del que no pueden ser rescatados por una sociedad cruel que los explota.[2]

Hoy los parias, "víctimas del abuso, la violación y la violencia"[3], se conocen como Dalits. Este nombre significa "quebrados". En resumidas cuentas, el juez quizá esté cercano a la verdad cuando los categoriza como "no existentes, exiliados de la civilización". Hoy representan uno de los grupos de población más grandes de la historia –doscientos cincuenta millones de personas– que comprende al grupo que se prepara para convertirse masivamente a una religión diferente. ¿Qué es lo que buscan? ¿Con qué desean reemplazar al hinduísmo? La respuesta es bastante pragmática y no tan descabellada: ¡lo que sea que funcione! Para ellos, lo que no funciona, no sirve. ¡*Ámennos, trátennos como seres humanos, y bríndennos educación para nuestros hijos*!

Lo que doscientos cincuenta millones de personas afirman, es que una religión que no funciona, no sirve. Por el contrario, si un sistema de creencias tiene las respuestas a la vida y funciona en nuestra vida cotidiana, entonces vale la pena tomarlo en cuenta. Los Dalits de la India buscan héroes como Gedeón, Sansón y los demás, que oigan su clamor y los rescaten. Buscan héroes. Esta es la religión de Yahvé. Esta es la historia del cristianismo, la de brindar héroes.

Así ha sido durante milenios, en todas partes y no solo en la India. La gente ha sido subyugada, oprimida, cuando "el poder tiene razón".

Millones de intocables, de parias "que no existen y están exiliados de la civilización", han sido maltratados. Si se puede dominarlos, se puede maltratarlos. La violación, el saqueo, la tortura, la crueldad y la violencia, todo esto se acepta si la gente no es gente. La gran idea de Dios descarta este pecado en el basurero de la historia ética.

> "*No oprimáis a la viuda, al huérfano, al extranjero ni al pobre; ni ninguno piense mal en su corazón contra su hermano*" (Zacarías 7:10).

Dios se preocupa por los marginados, los oprimidos, los "no existentes, exiliados de la civilización". Al establecer su forma de soberanía basada en el libre albedrío, Dios hace hincapié en su compromiso por la imperativa protección de este grupo de personas, en todo el mundo. Y los héroes son su estrategia. El Espíritu Santo, hacedor de héroes, transforma a las personas comunes como usted y como yo, las convierte en héroes.

¿Cuáles son las manifestaciones de la presencia del Hacedor de héroes?

> "*Pero a cada uno le es dada la manifestación del Espíritu para provecho. Porque a éste es dada por el Espíritu palabra de sabiduría; a otro, palabra de ciencia según el mismo Espíritu; a otro, fe por el mismo Espíritu; y a otro, dones de sanidades por el mismo Espíritu. A otro, el hacer milagros; a otro, profecía; a otro, discernimiento de espíritus; a otro, diversos géneros de lenguas; y a otro, interpretación de lenguas. Pero todas estas cosas las hace uno y el mismo Espíritu, repartiendo a cada uno en particular como él quiere*" (1 Corintios 12:7-11).

"Llenos del Espíritu" y "la presencia de Dios"

En el Antiguo Testamento se presenta la demostración primaria de lo que es estar lleno del Espíritu, como el *descenso* del Espíritu Santo sobre ciertos individuos.[4] En forma gradual, la enseñanza revela que se aproxima un nuevo día, en que el Señor pondrá su Espíritu en nosotros (ver Números 11:29).[5] Y no se trata de "unos pocos elegidos", sino de "todos". Al final del ministerio de Jesús, el gran evento que se ha anticipado no está en el futuro lejano.

Inmediatamente después de la crucifixión y resurrección, Jesús apareció por primera vez ante sus discípulos, y *"habiendo dicho esto, sopló, y les dijo: Recibid el Espíritu Santo"* (Juan 20:22).

Esta "promesa del Padre", indicaba *"hasta que seáis investidos de poder desde lo alto"* (Lucas 24:49). El poder del que hablaba Jesús seguiría al "descenso del Espíritu Santo sobre ellos", y por lo tanto haría que los discípulos fueran sus testigos.[6] El tan esperado "bautismo del Espíritu" fue Pentecostés, y la misma promesa se extendió a todos los que creyeran, sin importar cuán lejos estuvieran (ver Hechos 2:38-39). Hoy el "Consolador" que se nos prometió habita en cada una de las personas que conforman el pueblo de Dios (ver Juan 14:14-17). El Espíritu Santo es el hacedor de héroes.

Como prototipo de todo lo que seremos, Jesús fue el hombre lleno de Espíritu por excelencia, el héroe supremo. Por cierto, Jesús estaba dotado con todo lo que nos prometió. Dijo que seríamos llenos del Espíritu, y *"Dios no da el Espíritu por medida"* (Juan 3:34). Lucas dice: *"Aconteció un día, que él estaba enseñando, y estaban sentados los fariseos y doctores de la ley, los cuales habían venido de todas las aldeas de Galilea, y de Judea y Jerusalén; y el poder del Señor estaba con él para sanar"* (Lucas 5:17). *"Y toda la gente procuraba tocarle, porque poder salía de él y sanaba a todos"* (Lucas 6:19). *Jesús echaba demonios "por el dedo de Dios"* (Lucas 11:20).

Toda esta actividad del Espíritu se parece mucho en cada ocasión, tanto se la encuentre en el Antiguo como en el Nuevo Testamento. *"La mano de Jehová vino sobre Eliseo, quien dijo: Así ha dicho Jehová"* (2 Reyes 3:15).[7] El modo en que Eliseo fue lleno del Espíritu, y obró bajo control del Espíritu en el Antiguo Testamento, es el mismo modo en que Jesús echó a los demonios en la inauguración del *"reino de Dios"*.[8] Muchos sienten confusión ante la curiosa historia de los huesos de Eliseo:

> *Y murió Eliseo, y lo sepultaron. Entrado el año, vinieron bandas armadas de moabitas a la tierra. Y aconteció que al sepultar unos a un hombre, súbitamente vieron una banda armada, y arrojaron el cadáver en el sepulcro de Eliseo; y cuando llegó a tocar el muerto los huesos de Eliseo, revivió, y se levantó sobre sus pies* (2 Reyes 13:20-21).

¿Cómo fue posible esto? La presencia del Espíritu era tan potente en Eliseo que aún después de muerto el Espíritu Santo seguía presente sobre sus huesos. La presencia de Dios en algo tangible e inanimado. Cuando el cadáver de este hombre tocó los huesos de Eliseo, donde seguía estando la gloria de Dios, el hombre resucitó.

El modo en que Jesús operaba con poder que provenía de Él y que lo rodeaba, es similar a la descripción de la unción de Pedro, ya que "*...tanto que sacaban los enfermos a las calles, y los ponían en camas y lechos, para que al pasar Pedro, a lo menos su sombra cayese sobre alguno de ellos*" (Hechos 5:15). El modo en que la sanación de transfirió por medio de los huesos de Eliseo, es similar al modo en que se transmitió la sanación por medio de los pañuelos y delantales de Pablo (ver Hechos 19:12). ¿Por qué? Porque el Espíritu Santo no está atado a nuestros cuerpos. El hacedor de héroes está *en* nosotros y desciende *sobre* nosotros. Se mueve a través de nosotros, y llega a otros, independientemente de nosotros.

Advertencia

Resístase a la tentación de pasar por alto la base teológica de esta presentación. ¡Todos necesitamos leer esto! La Biblia está repleta de instancias como estas. No es que somos reiterativos: son todos versículos diferentes. Hablamos del corazón de Dios respecto de este tema. Esto es lo que Él piensa. Así que, ajústense los cinturones y prepárese para aterrizar, con la Biblia y el corazón abiertos.

"Máquina", "Paisaje" y gente "Invisible"

Jesús sí dijo que siempre habría pobres entre nosotros (ver Marcos 14:7). Este aparente *lapsus linguae* ha sido malinterpretado y mal utilizado por los cristianos a lo largo de la historia. Lo hemos utilizado mal para rechazar nuestra participación en la gran operación que se inició cuando Jesús aterrizó en territorio enemigo: la Tierra. Pensamos: "¿Qué puedo hacer yo por los niños que mueren de hambre en África? Jesús dijo que siempre seguiría habiendo pobres". Y lo hemos malinterpretado a veces, lo hemos torcido para hacer que la pobreza pareciera noble, cuando en realidad apesta.

Si bien el cristianismo oriental y la tradición monástica han reconocido los beneficios espirituales de ser libre de las "cosas", hay cristianos occidentales que parecen haber santificado a la pobreza, en parte porque se opone tan obviamente a la ética del consumismo, que afecta al mundo moderno. ¿Qué es lo tan bendito que hay en ser pobre? No lo entendemos, así que lo categorizamos junto al celibato, la condición de mártir y algunos otros dones que respetamos, ¡pero que no queremos para nosotros mismos! La bendición no llega como regalo, claro. Los pobres, no son intrínsicamente benditos por ser pobres. Son benditos cuando son pobres porque su pobreza gráficamente les grita la necesidad de algo más.

> Jesús no dijo "benditos los pobres de espíritu *porque* son pobres de espíritu". No pensó: "Qué bueno es estar despojado de toda cualidad y logro espiritual. Hace que merezcamos el reino". Los pobres en espíritu son llamados "benditos" por Jesús, no porque su condición sea

meritoria, sino precisamente, a pesar de y en vista de su deplorable condición, porque el gobierno de los cielos se ha movido sobre y a través de ellos, por gracia de Cristo.[9]

Sí, aparentemente siempre tendremos pobres entre nosotros, pero esto es más una llamada de clarín para luchar contra el mal, que una excusa para la carnalidad cómoda.

La gran idea de Dios es que los marginados son también personas. Ralph Neighbour Jr. ofrece tres categorizaciones de personas en *The Arrival Kit:* Personas personas, personas máquina y personas paisaje.[10]

La personas personas son aquellas a las que conocemos y amamos como personas; las personas máquina son aquellas cuyos esfuerzos apreciamos por cuánto nos ayudan; y las personas paisaje son solo extras en la película de nuestra vida. La iglesia occidental debiera agregar otra categoría, porque hemos sido muy exitosos en esconder a una gran cantidad de personas de nuestra vista, y el resultado ha sido "ojos que no ven, corazón que no siente". ¿Podríamos llamarlos 'intocables'? Oh, espere... esa palabra ya ha sido usada antes. Quizá, debiéramos llamarles 'invisibles'.

La gran idea de Dios es que las personas invisibles –los frágiles, marginados, dolientes, desposeídos y oprimidos, los más malditos nacidos en este mundo– lleguen a ser personas personas. Por ejemplo, piense en la mujer desconocida –una invisible– que durante dieciocho años había sufrido hemorragias, a quien Jesús la sanó y la llamó hija de Israel: la hizo persona persona. Dios nos brinda una manera para que las personas invisibles se vuelvan personas personas. ¡Qué buena noticia!

Hace que las personas invisibles se vuelvan personas personas, con tres acciones esenciales: justicia, rectitud, y compasión y misericordia.

El significado de las palabras hebreas para justicia, rectitud y compasión nos dibuja nuestro entendimiento de estas palabras religiosas, que han muerto casi por falta de uso. Son como los sentidos de Dios. Parecen ser la manera en que Dios compromete al mundo. Sin hacer un estudio demasiado exhaustivo, nos comprometeremos con estos términos, con la esperanza de provocar nueva conciencia y apreciación de la intensidad del amor de Dios y de la naturaleza integral de sus expectativas respecto de nosotros. Una experiencia del corazón de Dios sobre estos temas, nos permitirá saborear su bondad.

El corazón de Dios por las personas invisibles

El siguiente cuadro, en la figura 1, nos muestra con qué frecuencia se utilizan ciertas palabras. Esto nos da una pauta de su significado.

El corazón de Dios por las personas invisibles
Cantidad de veces en que aparece la palabra en las Escrituras:

Cuadro 1

Palabra aparecida en las Escrituras	Reina Valera 1960	Nueva Versión Internacional
•Pobre(s) (za)	192	200
•Huérfano(s)	44	44
•Viuda (s)	86	100
•Extranjero (s)	125	149
•Hambriento (s)	18	18
•Hambre	164	164
•Mueren	11	24
•Oprimido (s)	25	25
•Necesitado (s)	22	22
•Compasión	123	123
•Piedad	103	103
•Recto/rectitud	122 / 51	122 / 51
•Misericordia	52	52
•Misericordioso	6	6
•Justicia	441	391

Justicia: la vista de Dios

Salaam era una refugiada de Eritrea, un país pequeño y arrasado por la guerra en el Cuerno de África, cuya participación política le dejó dos opciones: el exilio o la muerte. Había sido detenida, interrogada, amenazada y violada. El gobierno australiano le denegó cuatro veces su pedido de asilo. Entonces Ange, que no es abogada, decidió ocuparse. Apeló directamente al Ministro de Inmigración y generó una carta campaña para que se hiciera justicia por Salaam.[11]

Ange aseguró la justicia bíblica. Para Salaam, era una heroína.

La palabra hebrea para "justicia" es *mishpat,* que significa "veredicto".[12] Este concepto extremadamente importante aparece más de cuatrocientas veces en las Escrituras.[13] Si la justicia, la rectitud y la compasión son sentidos de Dios, entonces la justicia es su vista, sus ojos.

La justicia se simboliza tradicionalmente como ciega e imparcial, como vemos en las estatuas que adornan los tribunales. Aún así, Dios es más que ciego a la parcialidad, porque quita la venda para percibir y ver las penurias de los marginados. Dios ve por medio de la justicia. A diferencia de la división de gobierno que hay en los Estados Unidos –legislativo, ejecutivo y judicial–

el significado de esta palabra comprende todas las funciones del gobierno, además del significado integral de la palabra "justicia".[14]

Pero corra el juicio como las aguas, y la justicia como impetuoso arroyo (Amós 5:24).

La justicia comprende las ideas relacionadas de la ley (Éxodo 21:1)[15], las normas (Números 9:3), la reglamentación, igualdad de ley para nativos y extranjeros (Levítico 24:22), demandas y casos (Números 27:5)[16], el reclamo de lo que corresponde debidamente (Deuteronomio 18:3), de lo que se merece (Deuteronomio 19:6), de lo que es justo (Deuteronomio 32:4), la causa de disputas (Jueces 4:5) y el juicio (Salmos 1:5). La ley debe ser igual para el pobre y para el rico, la misma justicia debe aplicarse al débil y al fuerte.

Dios hasta nos permite hacerlo a Él responsable en este tema. Al contemplar la destrucción de Sodoma y Gomorra, Abraham desafió a Dios en cuanto a la justicia; preguntó: "*El Juez de toda la tierra, ¿no ha de hacer lo que es justo?*" (Génesis 18:25).

Y de este concepto de justicia como lo que es justo, emerge la noción de los derechos.[17] Aún así, Dios no tolerará que torzamos sus prioridades y le hagamos parecer injusto a la luz de los derechos de las personas: "*Habéis hecho cansar a Jehová con vuestras palabras. Y decís: ¿En qué le hemos cansado? En que decís: Cualquiera que hace mal agrada a Jehová, y en los tales se complace; o si no, ¿dónde está el Dios de justicia?*" (Malaquías 2:17).

Es la falta de justicia lo que enoja a dios. Donde "*Y la verdad fue detenida, y el que se apartó del mal fue puesto en prisión; y lo vio Jehová, y desagradó a sus ojos, porque pereció el derecho*" (Isaías 59:15).[18] Específicamente, Dios busca instancias en que se niega la justicia (ver Lamentaciones 3:36).

La justicia está íntimamente conectada con el segundo de los tres medios que Dios tiene para convertir a las personas invisibles en personas personas: la rectitud. La justicia aparece frecuentemente en conjunción con la rectitud , en las indicaciones de Dios. Un padre "*mandará a sus hijos y a su casa (...) que guarden el camino de Jehová, haciendo justicia y juicio*" (Génesis 18:19). Los Proverbios fueron escritos para instruir a la persona "*para recibir el consejo de prudencia, justicia, juicio y equidad*" (Proverbios 1:3). Después de todo, "*Jehová es justo, y ama la justicia; el hombre recto mirará su rostro*" (Salmos 11:7).

Como si se tratara de pedales que se mueven en tandem, "*Por vereda de justicia guiaré, por en medio de sendas de juicio*" (Proverbios 8:20). Y ambos conceptos están activos en la salvación: "*Sion será rescatada con juicio, y los convertidos de ella con justicia*" (Isaías 1:27) La justicia es parte integral de lo que concebimos como nuestra civilización occidental. Es esencial que entendamos el concepto, para poder apreciar los sentimientos de Dios hacia las personas invisibles.

La rectitud: el gusto de Dios

Cuando mi esposa Danielle tenía siete años, en su clase había un par de mellizos. No eran populares, porque eran lentos, no usaban ropa a la moda y a veces olían mal. La situación de su familia era de pobreza. Era obvio. Un día, para diversión de todos los otros alumnos, el maestro les dio una paliza frente a toda la clase. Danielle se lo contó a su padre. A la mañana siguiente este hombre de Dios se llegó hasta la oficina del director exigiendo que se presentaran también los mellizos y su maestro. Insistió en que el maestro les pidiera disculpas delante de toda la clase. Cuando el director le dijo que no era asunto suyo, le respondió: "¡Yo hice que fuera asunto mío!"

Mi suegro llevó la rectitud a esa escuela. Fue un héroe para los mellizos.

La palabra hebrea para rectitud es *tsedaqah*, que significa, lo moralmente recto.[19] Si estos son los sentidos de Dios, la rectitud es su gusto. La sal, la bondad moral enriquecedora que Él deposita en el mundo a través de sus seguidores, mejora ese sabor. En su forma femenina, la palabra rectitud aparece en el Antiguo Testamento ciento cincuenta y siete veces.[20] Es esencialmente un término legal que define las responsabilidades de justicia y honestidad en las partes de una relación.[21]

A lo largo de las Escrituras se reconoce el amor en la obediencia.[22] Las Escrituras también definen la fe en términos de obediencia (ver Juan 3:36).[23] Esta percepción de la fe, el amor y la obediencia, se fundamenta en la respuesta de Abraham a Dios, cuando "... *creyó a Jehová, y le fue contado por justicia*" (Génesis 15:6). Además, "*tendremos justicia cuando cuidemos de poner por obra todos estos mandamientos delante de Jehová nuestro Dios, como él nos ha mandado*" (Deuteronomio 6:25).

El término se usa para caracterizar el reinado de David: "*Reinó David sobre todo Israel, y juzgaba con justicia a todo su pueblo*" (1 Crónicas 18:14). La defensa de Job lo capta desde una perspectiva diferente: "*Mi justicia tengo asida, y no la cederé; no me reprochará mi corazón en todos mis días*" (Job 27:6).

El carácter santo de Dios se define y prueba mediante este término: "*Pero Jehová de los ejércitos será exaltado en juicio, y el Dios Santo será santificado con justicia*" (Isaías 5:16).

Entonces: "*el efecto de la justicia será paz; y la labor de la justicia, reposo y seguridad para siempre*" (Isaías 32:17).

La compasión: Dios y su sentido del tacto

No discutimos la compasión -Bono, U2.

El acto más simple de compasión es no mirar hacia otro lado.[24]

Los zulúes se saludan tradicionalmente diciendo: "Te veo". Y la respuesta es "Aquí estoy". Es el reconocimiento lo que nos hace verdaderamente humanos.[25] Es el simple acto de no mirar hacia otro lado, apartando la vista de la deformidad, la fealdad, lo repulsivo, lo que conforma el acto más simple de la compasión.

En una reunión de una escuela para discapacitados, un padre desesperado se puso de pie y gritó:

– ¿Dónde está la perfección en mi hijo Shay? Todo lo que Dios hace lo hace a la perfección. Pero mi hijo no puede entender las cosas como lo hacen los otros niños. Mi hijo no recuerda datos y cifras como lo hacen los otros ¿Dónde está la perfección de Dios?

La audiencia se sintió impactada por esta pregunta, apenada por la angustia del padre y acallada por su punzante cuestionamiento.

– Creo –dijo el padre– que cuando Dios trae al mundo a un niño como mi hijo, la perfección que busca en el modo en que las personas reaccionan ante el niño.[26]

El padre de Shay era uno de esos héroes, sí. Miremos a Shay. Que ya no sea invisible.

La palabra hebrea para compasión es *racham*.[27] Si la justicia, la rectitud y la compasión son sentidos de Dios, entonces la compasión es su sentido del tacto. Sí, Él habita un lugar alto y santo, pero también habita con los contritos y humildes de espíritu (ver Isaías 57:15).

Dos palabras íntimamente relacionadas significan "acariciar" y "entrañas" o "vientre". Y cuando tocamos, sentimos. Con la compasión –que en latín significa *sufrir con*– la entrañas se conmueven, el vientre acaricia al feto. Hay una fuerte connotación de intimidad, ternura, amor y emoción que toca las entrañas.

Más que un mero sentimiento, sin embargo, es una palabra activa que posee el sentido de "amar arremangados".

La versión Reina Valera de la Biblia se inclina a traducir la compasión de manera colorida:

- *Entonces José se apresuró, porque se conmovieron sus entrañas a causa de su hermano, y buscó dónde llorar; y entró en su cámara, y lloró allí* (Génesis 43:30).

- *Bueno es Jehová para con todos, y sus misericordias sobre todas sus obras* (Salmos 145:9).

Nuevamente, estas palabras claves se interrelacionan para indicar activación de alguien por el bien de las personas invisibles:

- *Así habló Jehová de los ejércitos, diciendo: Juzgad conforme a la verdad, y haced misericordia y piedad cada cual con su hermano* (Zacarías 7:9).

Recuerde, la gran idea de Dios es que las "personas invisibles" se vuelvan "personas personas". Y Dios invierte mucho espacio en la Biblia para establecer su verdad en lo referente a los diversos sabores de las personas invisibles que Él redime. Vea cómo Dios toma a los pobres, los necesitados, los extranjeros, las viudas y los huérfanos, y los llena de derechos, justicia, sentido de pertenencia y dignidad, por medio de un despliegue irrefrenable de justicia, rectitud y compasión.

PERSONAS INVISIBLES: LOS POBRES

Vivo en Vancouver Downtown Eastside. Permítame contarle sobre mis vecinos de la calle East Hastings:

> Los sueños de cualquier niño se hacen polvo aquí en El Guantillo, Honduras.
> Sueños como ganar lo suficiente como para construir una casa para la familia, en reemplazo de la que el huracán Mitch destruyó hace dos años.
> Sueños como jeans nuevos y una camisa de moda.
> Sueños como comer hasta sentir el estómago lleno.
> En El Guantillo, y en media docena de otros pueblos que salpican el paisaje polvoriento del estado de Francisco Morazán, los granjeros intentan cultivar plantas de café, aunque la única cosecha garantizada es la pobreza.
> A El Guantillo se llega después de andar durante cuatro horas por una ruta de tierra. El último tramo de lo que podría llamarse ruta, bordea dos arroyos y serpentea por entre los bosques de las montañas, y allí hay que evitar los frecuentes incendios. En la estación seca, la subsistencia de los granjeros se hace humo, y con ello, su cosecha se pierde.
> No hay otro modo de vida en estas aldeas: Cedros, Agua Caliente, Porvenir, Quebrada, El pedernal. Hace unos años, dicen los más antiguos allí, unos muchachos dejaron la región y volvieron meses después con ropa nueva y cadenas de oro alrededor del cuello. Parecía un milagro.
> Así que ahora las aldeas envían a su futuro a la calle East Hastings. Los jóvenes desesperados por algo mejor, parten en multitud. Esta es su Tierra de Nunca Jamás, una franja escuálida donde abunda la prostitución infantil y el ruido de las sirenas. Los niños venden crack y cocaína a diez dólares el paquete, en las calles de Vancouver donde más azota el crimen.
>
> Aquí, en la calle East Hastings, los niños perdidos de Honduras persiguen su visión de una vida mejor.[28]

Cada uno de ellos necesita un héroe.

El pobre

A veces se utiliza también la palabra "necesitado". Ambos términos connotan destitución. La palabra del Nuevo Testamento proviene de otro término que significa "agacharse", como lo hace un mendigo que pide en la calle.[29] Son los que están en cuclillas, los intocables, los invisibles. Le ponemos una etiqueta a estos tres mil millones de personas y nos sentamos a mirar con atención otro canal, si el Fondo Cristiano de Ayuda, o World Vision se atreven a interrumpir el partido del domingo con algún aviso de treinta segundos que grafica su desolación, su inequívoca destitución, para despertar nuestra conciencia.

Justicia para el pobre

• *Yo sé que Jehová tomará a su cargo la causa del afligido, y el derecho de los necesitados* (Salmos 140:12).

Dios los ve y los defiende.

• *Juzgará a los afligidos del pueblo, salvará a los hijos del menesteroso, y aplastará al opresor* (Salmos 72:4).

• *Yo alabaré a Jehová en gran manera con mi boca, y en medio de muchos le alabaré. Porque él se pondrá a la diestra del pobre, para librar su alma de los que le juzgan* (Salmos 109:30-31).

• *Cantad a Jehová, load a Jehová; porque ha librado el alma del pobre de mano de los malignos* (Jeremías 20:13).

Como verá, ¡todo esto es causa de gran alabanza y regocijo! No es solo que Dios lo hace, sino que nos instruye a hacerlo también.

• *No pervertirás el derecho de tu mendigo en su pleito* (Éxodo 23:6). *No oprimirás al jornalero pobre y menesteroso, ya sea de tus hermanos o de los extranjeros que habitan en tu tierra dentro de tus ciudades* (Deuteronomio 24:14).

• *Abre tu boca, juzga con justicia, y defiende la causa del pobre y del menesteroso* (Proverbios 31:9).

Cuando Dios parece no estar moviéndose según nuestros tiempos, nos alienta a unirnos a Él, "recordándoselo".

• *Porque no para siempre será olvidado el menesteroso, ni la esperanza de los pobres perecerá perpetuamente. Levántate, oh Jehová; no se fortalezca el hombre; sean juzgadas las naciones delante de ti* (Salmos 9:18-19).

• *Librad al afligido y al necesitado; libradlo de mano de los impíos* (Salmos 82:4).

De ambas formas, el resultado final es que "*Así libra de la espada al pobre, de la boca de los impíos, y de la mano violenta; pues es esperanza al menesteroso, y la iniquidad cerrará su boca*" (Job 5:15-16).

Rectitud para el pobre

Él juzgó la causa del afligido y del menesteroso, y entonces estuvo bien. ¿No es esto conocerme a mí? (Jeremías 22:16).

¡La rectitud hacia el pobre es sinónimo de la reverencia a Dios! "*El que oprime al pobre afrenta a su Hacedor; mas el que tiene misericordia del pobre, lo honra*" (Proverbios 14:31).

La rectitud, el gusto de Dios, se manifiesta en el endulzamiento de las relaciones sociales. Dios estableció reglas respecto de que los esclavos pobres fueran liberados después de servir durante siete años (ver Deuteronomio 15:9). En relación a la cancelación de deudas y la esclavitud, Moisés instruyó: "*...no haya en medio de ti mendigo; porque Jehová te bendecirá con abundancia (...) si escuchares fielmente la voz de Jehová tu Dios, para guardar y cumplir todos estos mandamientos que yo te ordeno hoy*" (Deuteronomio 15:4-5). Dios instruyó a su pueblo: "*Mas el séptimo año la dejarás libre, para que coman los pobres de tu pueblo; y de lo que quedare comerán las bestias del campo; así harás con tu viña y con tu olivar*" (Éxodo 23:11).

El impío se identifica por su tratamiento hacia el pobre: "*Las armas del tramposo son malas; trama intrigas inicuas para enredar a los simples con palabras mentirosas, y para hablar en juicio contra el pobre*" (Isaías 32:7). Y Jeremías critica al gordo y elegante: "*Se engordaron y se pusieron lustrosos, y sobrepasaron los hechos del malo; no juzgaron la causa, la causa del huérfano; con todo, se hicieron prósperos, y la causa de los pobres no juzgaron*" (Jeremías 5:28). Dios aplica su medida a las naciones: "*Así ha dicho Jehová: Por tres pecados de Israel, y por el cuarto, no revocaré su castigo; porque vendieron por dinero al justo, y al pobre por un par de zapatos*" (Amós 2:6); y a las ciudades, más escandalosamente: "*He aquí que esta fue la maldad de Sodoma tu hermana: soberbia, saciedad de pan, y abundancia de ociosidad tuvieron ella y sus hijas; y no fortaleció la mano del afligido y del menesteroso*" (Ezequiel 16:49).

¡Imagine esto! Dios ve la apatía hacia el pobre como maldad, merecedora de castigo, ¡como es pecado también la sodomía! Esto quizá ofenda a algunos cristianos. ¡Y hasta condene a muchos otros!

Amós, el pastor de ovejas de Tecoa, retó al pueblo de Israel por su impiedad respecto de este tema:

- *Oíd esta palabra, vacas de Basán, que estáis en el monte de Samaria, que oprimís a los pobres y quebrantáis a los menesterosos, que decís a vuestros señores: Traed, y beberemos* (Amós 4:1).
- *Porque yo sé de vuestras muchas rebeliones, y de vuestros grandes pecados; sé que afligís al justo, y recibís cohecho, y en los tribunales hacéis perder su causa a los pobres* (Amós 5:12).

• *Oíd esto, los que explotáis a los menesterosos, y arruináis a los pobres de la tierra* (Amós 8:4).

• *Para comprar los pobres por dinero, y los necesitados por un par de zapatos, y venderemos los desechos del trigo* (Amós 8:6).

¡Qué manera de hacer amigos e influir en la gente! ¡Ah! No es de extrañar que Amós afirmara que no era profeta, ni hijo de profeta. Pero sí veía la maldad y la impiedad a través de los ojos de Dios, y se sentía enojado a causa de ello.

Como los profetas del Antiguo Testamento, Jesús medía la rectitud a través del trato hacia los pobres: *"Jesús le dijo: Si quieres ser perfecto, anda, vende lo que tienes, y dalo a los pobres, y tendrás tesoro en el cielo; y ven y sígueme"* (Mateo 19:21).

Los apóstoles pusieron como condición fundamental la relación correcta en el Ejército de Héroes de Dios del año 33 dC.: *"Solamente nos pidieron que nos acordásemos de los pobres; lo cual también procuré con diligencia hacer"* (Gálatas 2:10). Y al recordar a las personas invisibles, etiquetadas como "pobres", al actuar en rectitud hacia ellos, los convertimos en personas personas.

Compasión por el pobre

• *A los menesterosos era padre, y de la causa que no entendía, me informaba con diligencia* (Job 29:16).

En tanto la rectitud podría tomarse como simplemente el no hacer daño, la compasión debe ponerse en práctica, yendo hacia el desposeído. Porque es cuando uno toca que siente.

Ante todo Dios nos instruye a mostrar compasión hacia el pobre:

• *Cuando haya en medio de ti menesteroso de alguno de tus hermanos en alguna de tus ciudades, en la tierra que Jehová tu Dios te da, no endurecerás tu corazón, ni cerrarás tu mano contra tu hermano pobre, sino abrirás a él tu mano liberalmente, y en efecto le prestarás lo que necesite* (Deuteronomio 15:7-8).

• *Porque fuiste fortaleza al pobre, fortaleza al menesteroso en su aflicción, refugio contra el turbión, sombra contra el calor; porque el ímpetu de los violentos es como turbión contra el muro* (Isaías 25:4).

Segundo, nos da un modelo:

• *Reparte, da a los pobres; su justicia permanece para siempre; su poder será exaltado en gloria* (Salmos 112:9).

• *Levanta de la miseria al pobre, y hace multiplicar las familias como rebaños de ovejas* (Salmos 107:41).

• *Levanta del polvo al pobre, y al menesteroso alza del muladar* (Salmos 113:7).

Tercero, nos promete compasión:

• *Tendrá misericordia del pobre y del menesteroso, y salvará la vida de los pobres* (Salmos 72:13).

• *Los primogénitos de los pobres serán apacentados, y los menesterosos se acostarán confiados; mas yo haré morir de hambre tu raíz, y destruiré lo que de ti quedare* (Isaías 14:30).

• *Los afligidos y menesterosos buscan las aguas, y no las hay; seca está de sed su lengua; yo Jehová los oiré, yo el Dios de Israel no los desampararé* (Isaías 41:17).

Mardoqueo formalizó el ejercicio de la compasión hacia el pobre durante el festival que establece (ver Ester 9:20-22).

Se ruega a Dios que muestre compasión al pobre (ver Salmos 74:21).[30]

Y de manera contundente, Jesucristo define su misión en términos de la compasión al pobre:

• *El Espíritu del Señor está sobre mí, por cuanto me ha ungido para dar buenas nuevas a los pobres; me ha enviado a sanar a los quebrantados de corazón; a pregonar libertad a los cautivos, y vista a los ciegos; a poner en libertad a los oprimidos* (Lucas 4:18).

Y Él defiende su identidad como el Mesías por la medida de la compasión que ejerce hacia el pobre:

Los ciegos ven, los cojos andan, los leprosos son limpiados, los sordos oyen, los muertos son resucitados, y a los pobres es anunciado el evangelio (Mateo 11:5).

PERSONAS INVISIBLES: LOS NECESITADOS

Pobre y necesitado son sinónimos. Y, sin embargo, Dios hace una distinción entre ambas situaciones y habla a los necesitados[31] específicamente, en términos de protección, rectitud y misericordia. Son personas como Annie, que vive en nuestra calle y a veces "adquiere" ropa usada y linda para nuestro pequeño hijo. Tiene algunos desafíos mentales. Su voz es ronca, y se viste un tanto raro. Annie es de las pocas vecinas que tienen ducha en su casa. Pero no trabaja. Se droga con frecuencia. Y está necesitada. Dios le habla a Annie en términos de protección, rectitud y misericordia. Las personas que atraen ese tipo de atención divina son, indudablemente, personas personas.

Justicia para el necesitado

• *Por la opresión de los pobres, por el gemido de los menesterosos, ahora me levantaré, dice Jehová; pondré en salvo al que por ello suspira* (Salmos 12:5).

• *Todos mis huesos dirán: Jehová, ¿quién como tú, que libras al afligido del más fuerte que él, y al pobre y menesteroso del que le despoja?* (Salmos 35:10),

• *Yo sé que Jehová tomará a su cargo la causa del afligido, y el derecho de los necesitados* (Salmos 140:12).
• *No robes al pobre, porque es pobre, ni quebrantes en la puerta al afligido* (Proverbios 22:22).

Rectitud para el necesitado
• *Cuando prestares dinero a uno de mi pueblo, al pobre que está contigo, no te portarás con él como logrero, ni le impondrás usura* (Éxodo 22:25).
• *Y si el hombre fuere pobre, no te acostarás reteniendo aún su prenda* (Deuteronomio 24:12).

Compasión para el necesitado
• *Porque no faltarán menesterosos en medio de la tierra; por eso yo te mando, diciendo: Abrirás tu mano a tu hermano, al pobre y al menesteroso en tu tierra* (Deuteronomio 15:11).
• *Al pobre librará de su pobreza, y en la aflicción despertará su oído* (Job 36:15).

PERSONAS INVISIBLES:
EL POBRE, EL REFUGIADO Y EL EXTRANJERO

Yolande Mukagasana es extranjera. Esta autora y defensora de los derechos humanos tuvo que escapar de su Ruanda natal:

> Ya no tenía marido, ni hijos, ni amigos, ni techo ni pasado. Jamás imaginé que cuando dejara Ruanda me sentiría tan abrupta y profundamente quebrada. Especialmente porque los cuerpos de mi marido y mis hijos yacían en sepulturas comunes, en este país que nunca nos quiso. En lo que a mí concierne, ya no tenía nada que hacer en esa tierra que se había tragado a mi familia en un océano de tortura, humillación, sufrimiento sin igual... perpetrados por nuestros hermanos compatriotas. Me sentía asqueada de mi propio país.
> Europa sería el continente que quizá me aceptaría, donde tendría derecho a vivir simplemente como ser humano. Un ser humano en el peldaño más bajo: el de los refugiados.
> No, pensé, no puedo ser refugiada. Seré turista, para dormir tranquilamente, sin miedo a que un machete me corte el cuello. Sin ver cada mañana a los criminales que amo, a los que me han traicionado. En dos meses volveré.
> Adiós a mi familia.
> ¡La decisión me erizaba la piel! Tres hijos. Abandonar a mi familia, mi pasado, esta vida de cien años en cien días, como si me abandonara a mí misma. Desperté y fui a ver a mis hijos. Es decir, fui a ver su fosa común, allí debajo de la casa de Gaspard, quien los llevó a la muerte. Sentada sobre la tumba, comencé a hablarles.

A los huesos de mis hijos les dije:
– Mis queridos hijos, perdónenme por abandonarlos. Perdónenme por no haber sabido llevarlos a su madurez. Perdón, por haber dejado que murieran tan jóvenes. Perdón, porque no tuve el coraje de derrotar con otro machete al machete que los mató. Perdón por no haber sido una buena madre. Los abandono. Me voy, a vivir a un país que virtualmente no sabe nada acerca de su sufrimiento. Me voy a sonreír ante personas que quizá sean en parte responsables de sus muertes. Me voy, a buscar protección de quienes no supieron o no quisieron protegerlos a ustedes. Soy una madre cobarde, más cobarde que sus asesinos.[32]

Sé que esto suena como una secuela de alguna película de horror, pero en realidad es el reproche que nos llega a todos los que somos patriotas de corazón. De manera real, nuestro nacionalismo que alza banderas simboliza nuestra sumisión ante el enemigo. El diablo ha usado himnos patrióticos para trazar líneas que impiden que nos preocupemos por la justicia, la rectitud y la compasión.[33] Pero Dios no permitirá que persistamos en este pecado. Dios va a mostrarnos que los extranjeros como Yolande Mukagasana son también personas personas.

Justicia para el extranjero, el refugiado, el extraño

El medio principal para lograr este objetivo es establecer un conjunto de reglas para todos.

- *Un mismo estatuto tendréis vosotros de la congregación y el extranjero que con vosotros mora; será estatuto perpetuo por vuestras generaciones; como vosotros, así será el extranjero delante de Jehová. Una misma ley y un mismo decreto tendréis, vosotros y el extranjero que con vosotros mora* (Números 15:15-16).

Y esto funciona en ambas direcciones, no solo para bendición sino también para castigo:

- *El nacido entre los hijos de Israel, y el extranjero que habitare entre ellos, una misma ley tendréis para el que hiciere algo por yerro. Mas la persona que hiciere algo con soberbia, así el natural como el extranjero, ultraja a Jehová; esa persona será cortada de en medio de su pueblo* (Números 15:29-30).
- *Y entonces mandé a vuestros jueces, diciendo: Oíd entre vuestros hermanos, y juzgad justamente entre el hombre y su hermano, y el extranjero.* (Deuteronomio 1:16).

Se considera injusto hacer pasar privación al extranjero (ver Deuteronomio 24:17) y será maldecido todo quien le niegue justicia (Deuteronomio 27:19).

Rectitud para el extranjero, el refugiado y el extraño

La táctica enfática de Dios en cuanto a la rectitud es que los israelitas no tienen que ponerse los zapatos del extranjero, ¡tienen su propio par! Si la rectitud de Dios no es gusto, quizá en esta instancia, ¡sea olfato! Y entonces Dios simplemente les recuerda: *"Y al extranjero no engañarás ni angustiarás, porque extranjeros fuisteis vosotros en la tierra de Egipto"* (Éxodo 22:21); y *"Y no angustiarás al extranjero; porque vosotros sabéis cómo es el alma del extranjero, ya que extranjeros fuisteis en la tierra de Egipto"* (Éxodo 23:9).

La mayoría de las personas no deja su hogar y su tierra a menos que haya un problema. Los extranjeros son extranjeros por causa de la persecución, la guerra, el hambre o alguna otra dificultad. Esta política de rectitud, basada en "una misma ley", se extiende al tema de la preciosa tierra: *"En la tribu en que morare el extranjero, allí le daréis su heredad, ha dicho Jehová el Señor"* (Ezequiel 47:23).

Entonces Dios les mostró a los Israelitas que está bien dejar algo sin recoger, dejar algo detrás: *"Cuando siegues tu mies en tu campo, y olvides alguna gavilla en el campo, no volverás para recogerla; será para el extranjero, para el huérfano y para la viuda; para que te bendiga Jehová tu Dios en toda obra de tus manos"* (Deuteronomio 24:19).

Una interesante aplicación de este principio corresponde al diezmo. Dios enseña que: *"Cuando acabes de diezmar todo el diezmo de tus frutos en el año tercero, el año del diezmo, darás también al levita, al extranjero, al huérfano y a la viuda; y comerán en tus aldeas, y se saciarán"* (Deuteronomio 26:12). ¿Así que el extranjero ha de beneficiarse directamente de nuestro diezmo? Es este un muy buen versículo para mencionar en las reuniones de la iglesia.

Dios define la rectitud en relación a nuestro trato hacia el extranjero:

> *"Así ha dicho Jehová: Haced juicio y justicia, y librad al oprimido de mano del opresor, y no engañéis ni robéis al extranjero, ni al huérfano ni a la viuda, ni derraméis sangre inocente en este lugar"* (Jeremías 22:3).[34]

Y Ezequiel señala lo mismo al pueblo de Dios, que su negación de la justicia al extranjero está mal: *"El pueblo de la tierra usaba de opresión y cometía robo, al afligido y menesteroso hacía violencia, y al extranjero oprimía sin derecho"* (Ezequiel 22:29).

> *"Y no rebuscarás tu viña, ni recogerás el fruto caído de tu viña; para el pobre y para el extranjero lo dejarás. Yo Jehová vuestro Dios"* (Levítico 19:10). *"Cuando segareis la mies de vuestra tierra, no segaréis hasta el último rincón de ella, ni espigarás tu siega; para el pobre y para el extranjero la dejarás. Yo Jehová vuestro Dios"* (Levítico 23:22).

Compasión por el extranjero, el refugiado y el extraño

Mostrar justicia y rectitud es una cosa. Pero sí pedirnos que mostremos compasión hacia el extranjero es mucho más. ¿Queremos tocarlos? ¿Sentir lo que sienten? Jesús lo hizo en la historia del Buen Samaritano. Y Dios llama a Israel a hacer lo mismo.

No seas amable nada más con el extranjero, ámalo. Como preguntó un muchacho del Ejército de Salvación: "No me importa tratar con la gente, pero ¿también quieren que los ame?" ¿Amar a alguien que se ve diferente, se siente diferente, huele diferente, come diferente, habla diferente, se divierte diferente, trabaja diferente y cuyas creencias son diferentes?

- *Porque Jehová vuestro Dios es Dios de dioses y Señor de señores, Dios grande, poderoso y temible, que no hace acepción de personas, ni toma cohecho; que hace justicia al huérfano y a la viuda; que ama también al extranjero dándole pan y vestido. Amaréis, pues, al extranjero; porque extranjeros fuisteis en la tierra de Egipto* (Deuteronomio 10:17-19).
- *Cuando el extranjero morare con vosotros en vuestra tierra, no le oprimiréis. Como a un natural de vosotros tendréis al extranjero que more entre vosotros, y lo amarás como a ti mismo; porque extranjeros fuisteis en la tierra de Egipto. Yo Jehová vuestro Dios* (Levítico 19:33-34).

Personas invisibles: la viuda

Susan creció en la hermosa ciudad histórica de Kabul, Afganistán. Recuerda la libertad de poder salir con sus amigos, de ir de comprar sin que la vigilaran ni la siguieran. Las aguas del río Kabul solían ser limpias. La arquitectura y los jardines del Palacio Real eran una atracción, que hoy está casi en ruinas. Casi la mitad de la ciudad quedó destruida por la lucha entre facciones. Las mujeres temen salir de su casa: "La hermosa ciudad de Kabul es solamente un recuerdo", dice Susan.

"Sufrimos mucho. Perdimos nuestro hogar y dos hermanos. Dos veces mi esposo, mis cinco hijos y yo escapamos a Paquistán. Volvimos hace seis años, pensando que la situación en Kabul se había normalizado. Pero para nuestro pesar, esto no era así. Sufrimos mucho más. Mi esposo no podía encontrar trabajo, y sin la ayuda de nuestros amigos no habríamos podido vivir. No podíamos depender de ellos durante mucho tiempo, porque ellos también estaban pasando por una situación muy difícil."

Susan continuó: "Para poder proveer para nuestra familia, mi esposo se unió a uno de los caudillos locales, que prometió pagarle si peleaba por el poder. No lo vi durante seis meses, y tampoco recibí dinero. Cuando ya no lo soportaba, envié un mensaje al caudillo con un vecino para tener noticias de mi esposo. 'Lo siento, tu esposo murió hace tres meses', fue la respuesta que obtuve.

Miré a mis hijos y no sabía qué hacer. Lloré durante varios días. Los niños lloraban de hambre y hubo momentos en que pensé en

matarme. Después de buscar ayuda, encontré un trabajo haciendo colchas. Me prometieron cincuenta centavos por colcha, y volví a casa intentando hacer tantas como me fuera posible. No sabía coser, así que me lastimé los dedos. Aún con ese dolor, solo pude hacer una en tres días. En dos semanas ya podía hacer dos por día. Con poco dinero, podía dar de comer a mis hijos.
Se me acercaron más viudas que también trabajaban haciendo colchas, y me contaron sus historias, me mostraban sus dedos lastimados. Oré por sabiduría. Sentí que el Señor decía, 'dales de comer'".[35]

En nuestra sociedad también las viudas son dejadas de lado. En la antigüedad, quedaban despojadas. La Biblia nos ofrece asombrosos ejemplos de una contracultura, y de contrahistoria, en que las viudas llegan a protagonizar eventos de importancia. Dos viudas, Tamara y Rut, fueron inmortalizadas en la genealogía de Jesús que hace Mateo (ver Mateo 1). Abigail, la viuda de Nabal, se casó con David, antes de que llegara a ser el rey David (ver 1 Samuel 27:3).

Fue una viuda la que sostuvo y ministró al renombrado profeta Elías durante la sequía, cuando era perseguido (ver 1 Reyes 17). Una viuda fue recordada por Jesús porque le dio a Dios más que toda la gente rica (ver Marcos 12:42-43). Fue Ana, una viuda, la bendecida al reconocer al Mesías en su dedicación en el Templo (ver Lucas 2:36-38). Fue una viuda la que hizo surgir la compasión de Jesús de tal manera que Él hizo levantar a su hijo de entre los muertos (ver Lucas 7:12-16). Y Jesús hace que sea la viuda la que logra que un juez finalmente haga justicia por ella (ver Lucas 18:2-8).

Ahora, muchas de las instancias de Dios en las que aparecen viudas, tienen que ver también con los huérfanos y los extranjeros, pero hay casos en los que ellas son protagonistas únicas.

Justicia para la viuda

El Señor sostiene a la viuda (ver Salmos 146:9). Nos enseña a defender a las viudas y a pedir por ellas (ver Isaías 1:17).

Rectitud para la viuda

Se nos instruye: "*A ninguna viuda ni huérfano afligiréis*" (Éxodo 22:22).

Compasión por la viuda

Job, en defensa de su integridad, asegura: "*Desde el vientre de mi madre fui guía de la viuda*" (Job 31:18).

Personas invisibles: el huérfano

Unos doce millones de niños africanos han quedado huérfanos a causa del SIDA. Y la cantidad está aumentando, según el Fondo Salven a los Niños.

> Teddy vive en una aldea del sur de Uganda. Sus padres murieron a causa de una enfermedad relacionada con el SIDA, cuando ella tenía once años. Hoy vive con sus tres hermanos y hermanas, y ayuda a cuidar a tres niños más cuyos padres también fallecieron a causa de enfermedades relacionadas con el SIDA.
>
> "Mis padres murieron en 1996. Mi padre, en el hospital. Pero mi madre murió aquí, y yo la vi morir. Como yo era un poco mayor que mis hermanos, fui quien la cuidó. Le preparaba comida, lavaba su ropa y hervía hierbas para que bebiera. Me dijo que sufría de SIDA, pero no me dijo cómo había contraído la enfermedad, ni cómo evitarla. Ojalá me hubiera dicho más. Me gustaría saber cómo se transmite. Cuando mi madre murió sufrimos mucho. No había comida, ni nadie que se ocupara de nosotros. Ni siquiera teníamos dinero para comprar jabón y sal. Queríamos irnos para vivir con nuestros abuelos, pero no había medio de transporte que nos llevara. Intenté ser positiva pero era muy difícil. Extrañaba a mi madre, porque la amaba mucho. Cuando mi madre estaba aquí no sufríamos. Teníamos comida y dinero para comprar cosas. Algunos vecinos hablan mal de nosotros: 'Esos niños son tan pobres; no tienen parientes siquiera. No pertenecen a nada. No tienen un clan'.
>
> También hay gente que nos llama 'huérfanos del SIDA', y dicen que nuestros padres nos contagiaron. Nosotros no decimos nada. Al menos, aquí nadie nos oprime. Podemos jugar cuando lo deseamos, y nadie nos dice qué hacer. Hace un tiempo vinieron unos vecinos y nos pidieron que les vendiéramos nuestros árboles. Aceptamos y se los vendimos, pero nunca nos dieron el dinero. Hemos intentado que nos lo den, pero no lo han hecho. A veces viene gente y roba comida de nuestro huerto. El hermano de mi abuelo viene y se lleva el café. Lo roba cuando el fruto está aún en el árbol.
>
> No voy a la escuela. Me gustaría, pero mis abuelos y vecinos me han dicho que debo quedarme en casa para cuidar de mis hermanos. Si pudiera estudiar me gustaría ser enfermera. Quisiera cuidar a los enfermos. Quiero hacerlo, porque cuando mi mamá estaba enferma no había quién la cuidara, porque no teníamos dinero".
>
> Ella es una de los doce millones de niños africanos huérfanos a causa del SIDA.[36]

Como sugiere la historia de Teddy, es deplorable la situación de muchísimos huérfanos, y su voz es acallada. Y aunque Dios nos instruye a la justicia, la rectitud y la compasión hacia el huérfano, así como a las demás personas invisibles, su caso es importante para Él y, al hacerlo, convierte a estas personas invisibles en personas personas.

Justicia para el huérfano

Todos alguna vez hemos oído la expresión: "Es como quitarle un dulce a un niño". ¿Qué significa esto? Significa esto que un bebé, un niño, no sabe que lo que tiene es solo un dulce. Para él es un tesoro. Se lo puede engañar fácilmente. El niño no podrá resistirse, aun si lo desea. A Dios no le gusta esto. Ve y defiende al huérfano (ver Salmos 10:17-18) y nos instruye para que hagamos lo mismo (ver Salmos 82:3). A quienes oprimen al huérfano les espera un "rápido" juicio (ver Malaquías 3:5).

Rectitud para el huérfano

Nuevamente, Dios nos instruye a alejar el mal de los huérfanos: *"No traspases el lindero antiguo, ni entres en la heredad de los huérfanos"* (Proverbios 23:10). No dejemos un sabor amargo en sus bocas.

Compasión por el huérfano

Dios es *"el amparo del huérfano"* (Salmos 10:14), y *"Padre de huérfanos y defensor de viudas es Dios en su santa morada"* (Salmos 68:5). Extiende su mano hacia ellos y siente. Y el profeta declara: *"Porque en ti el huérfano alcanzará misericordia"* (Oseas 14:3).

Registro en el Nuevo Testamento

Hay tres tipos de leyes en el Antiguo Testamento: moral, civil y ceremonial. La ley moral siguió mayormente intacta en la era del Nuevo Testamento; la civil fue la base de gran parte de nuestros códigos legales occidentales; y la ceremonial se cumplió en Cristo.

Jesús endosó la ley en Lucas 10:28. Hay seiscientos trece mandamientos en la Torá.[37]

¿Cómo se compara el Nuevo Testamento con el Antiguo? En casi todo, los personajes principales de la nueva era endosan la moral judía y la base de la ley civil.

Jesús, como veremos luego detalladamente, tiene que ver con los marginados. Su parámetro para la elección en el Reino parece, en Mateo 25, referirse a alimentar a los hambrientos, vestir al desnudo, visitar al enfermo, acompañar al que está solo y asistir a los presos. ¡Ay!

Juan el Bautista también fue contundente. Si tienes dos sacos, dale uno al que tiene solo uno. Si tienes comida, compártela con quien no tiene. No despojes a los demás. No hables mal ni manipules a los demás. Conténtate (ver Lucas 3:10-14).[38]

Santiago, el hermano de Jesús, siguió el ejemplo de su hermano mayor. Afirmó: *"Si alguno se cree religioso entre vosotros, y no refrena su lengua, sino que engaña su corazón, la religión del tal es vana"* (Santiago 1:26). ¿Le suena familiar?

Y Pablo confirma su corazón y su *modus operandi*, y la ética de los apóstoles originales cuando repite su reunión con Pedro, Santiago y Juan, observando que querían que *"nos acordásemos de los pobres; lo cual también procuré con diligencia hacer"* (Gálatas 2:10). Que esta diligencia resulte en justicia, rectitud y compasión por los marginados de nuestro mundo.

Dios no finge. No soporta eso de "no veo, no oigo, no hablo". Dios está vivo. Ve la opresión y trae justicia. Puede sentir la maldad y la lucha por la rectitud. Y siente la agonía, por divina compasión. Todos sus sentidos están alerta. Dios ejerce sus sentidos por medio de la justicia, la rectitud, la compasión y la misericordia para redimir y restaurar a las personas invisibles de este mundo.

Las personas invisibles pueden ser personas personas. Sucede cuando los héroes, bajo el poder del Espíritu Santo, aplican los sentidos de Dios y ejercen la justicia, la rectitud, la misericordia y la compasión hacia ellos en nombre de Jesús. Esta aplicación nos hace estar plenamente vivos, y finalmente sentimos el mundo como Dios lo siente. Cuando Yolande, Susan, Teddy y Annie y los Niños Perdidos sienten el corazón de Dios a través de nosotros, comienza algo sobrenatural. Y es verdad entonces que la faz de la Tierra cambiará a medida que se transformen los corazones de las personas. Es tiempo de que "entendamos" la gran idea de Dios.

CAPÍTULO CUATRO

LOS HÉROES DE LAS GUERRAS DEL SEÑOR

De cómo gente común, inspirada por el Hacedor de héroes, logró hazañas sobrehumanas al servir a otros.

Él está aquí, y no en silencio -Francis Schaeffer

A lo largo de la historia, digamos "Su historia", Dios siempre obró. A menudo lo vemos detrás de grandes batallas, revoluciones y crisis internacionales.

Las guerras del Señor se pelean con las armas de la justicia, la compasión y la rectitud que traen misericordia, justicia, compasión y rectitud a la Tierra. Desde este punto de vista, el reavivamiento es simplemente una guerra del Señor. Las guerras del Señor pavimentan los campos de batalla en que pelean los héroes. Y el reavivamiento real impacta en la sociedad. La faz de la Tierra cambia cuando se transforman los corazones de las personas.

"HÉROES SANTOS"

A lo largo de la historia Dios ha utilizado héroes para lograr su propósito. Una rápida búsqueda de la palabra héroes en el buscador nos mostrará innumerable cantidad de resultados. Nuestra generación también tiene héroes. El siglo XIX produjo literatura como la del evangelista D. L. Moody, *Paul: The Christian Hero[Pablo: el cristiano héroe]*, y el libro de Charlie Coulson: *A Christian Hero of the American War* [Héroe cristiano de la guerra norteamericana]. William Carey y Hudson Taylor dejaron marcas que cambiaron el mundo. Y anteriormente, en 1901, Sir Richard Steel escribió *The Christian Hero.* El Conde von Zinzendorf, líder de los moravos, inició uno de los movimientos misioneros más fenomenales en la historia, en el que casi uno de cada doce miembros salió a hacer misiones. ¡En total iniciaron más misiones en diez años de las que todo el protestantismo llevó a cabo en los doscientos años previos![1]

Dante refinó el concepto del héroe cristiano en el siglo XIV. Francisco Javier lo vivió, al bautizar a setecientos cincuenta mil asiáticos en diez años.[2] En el siglo VII, los de su clase se llamaban "*sacer heros miles Christi*", es decir, "los santos héroes de Cristo". El héroe santo "desea luchar contra sus pasiones, escapa del mundo, se refugia en la soledad, ayuna severamente y hasta llega a ser excéntrico".[3]

Fue en esta época que los heroicos monjes celtas evangelizaron gran parte de Gran Bretaña y Europa Central y del Oeste. San Patricio es el más famoso en un grupo de notables héroes como Niniano, Columbo, Columbano, Aidano y Bonifacio.[4]

Nestóreo y sus seguidores llevaron el evangelio a Siria, Irán, Yemen, Asia Central, Mongolia, Tibet, China, India, Tailandia y Myanmar; sumaron doce millones de cristianos entre los años 430 y 1000.[5]

Con la gradual organización de los monasterios, estos héroes expresaron su convicción en la caridad dirigida hacia el bien común, movilizando el "celo del ferviente para beneficio social de la civilización cristiana: el ejercicio de oficios, la agricultura, la construcción y reconstrucción, el cuidado de los niños abandonados, de los enfermos, los pobres, la redención de los cautivos y el alivio de los prisioneros".[6]

En el siglo VI Walfroy pasó el invierno sobre un pilar, soportando los rigores del clima en sacrificio,[7] y desde San Jorge, del siglo IV y San Simeón Estilita[8] del siglo V, de Santa Catarina hasta San Maximiliano Kolbe en el siglo XX (quien murió voluntariamente en reemplazo de otro prisionero que tenía conexiones familiares), los católicos han llamado santos a sus héroes.[9] A pesar de las diversas perspectivas y experiencias estos héroes hallan su inspiración en la Biblia.

Veamos primero nuevamente el entorno de los campos de batalla de las guerras del Señor.

Job. Proto-reavivamiento (Job 29-31)

La muchedumbre reunida hizo silencio. Todas las cabezas giraron para poder echar un vistazo. En el atardecer el sol pintaba una sonrisa en cada rostro. Los jóvenes sintieron el calor de un gesto amable que se dirigía a ellos. No era solo la rareza de la situación, sino su magnitud lo que atraía las miradas. La multitud abrió un sendero, en respeto de quien pasaría por allí. Uno tras otro, los individuos que se habían reunido recibieron la bendición de parte de este hombre grande y bueno que había rescatado a tal familia en tiempos de sequía, o a esta otra que pasaba aprietos después de la muerte de su padre, o aún de otra más, que había estado bajo su protección cuando el padre murió en batalla. También

> había quienes le debían su subsistencia, ya que se albergaban en un hogar que él había creado para cuidar a los enfermos y los discapacitados. Y se contaban entre los muchos presentes los que habían sido defendidos por él de los ladrones (...) Vestido en rectitud, respaldado por la justicia, el Jefe llegó a la puerta. Job era como un rey en medio de sus tropas.[10]

Nadie sabe con certeza cuándo vivió y gobernó Uz el Jefe Job. Sin embargo, la integridad de este hombre dejó un legado que continúa brillando. Mucho antes de que Dios nos entregara la ley escrita en piedra, Job manifestó la ley escrita en su corazón, y al delinearla nos dejó un código embriónico de la justicia social, un incipiente código para el Ejército de los Héroes.

En la concepción del plan de Dios para la bendición del mundo, posiblemente en tiempos de Abraham, un hombre ignoto y benevolente llamado Job dio forma al Ejército de los Héroes. Es la representación de la vida en reavivamiento. De él obtenemos la esencia de una sociedad transformada.

La mayoría de nosotros conoce la popular historia de Job. Hemos oído sobre su paciencia. Y quizá también conozcamos sobre su sufrimiento.

Después de que el desastre golpeara a Job y su familia, él respondió: *"Jehová dio, y Jehová quitó; sea el nombre de Jehová bendito"* (Job 1:21). Su esposa fue un poco menos magnánima. Porque le aconsejó: *"Maldice a Dios, y muérete"* (Job 2:9). Sus amigos no fueron mucho mejores, y durante docenas de capítulos seguimos sus conversaciones con Job.

Finalmente Job defendió su estilo de vida, la representación de una vida reavivada y la esencia de una sociedad transformada. Vale la pena leerlo completo:

> *"Si estorbé el contento de los pobres, e hice desfallecer los ojos de la viuda; si comí mi bocado solo, y no comió de él el huérfano (Porque desde mi juventud creció conmigo como con un padre, y desde el vientre de mi madre fui guía de la viuda); si he visto que pereciera alguno sin vestido, y al menesteroso sin abrigo; si no me bendijeron sus lomos, y del vellón de mis ovejas se calentaron; si alcé contra el huérfano mi mano, aunque viese que me ayudaran en la puerta; mi espalda se caiga de mi hombro, y el hueso de mi brazo sea quebrado. Porque temí el castigo de Dios, contra cuya majestad yo no tendría poder.*
>
> *Si puse en el oro mi esperanza, y dije al oro: Mi confianza eres tú; si me alegré de que mis riquezas se multiplicasen, y de que mi mano hallase mucho; si he mirado al sol cuando resplandecía, o a la luna cuando iba hermosa, y mi corazón se engañó en secreto, y mi boca besó mi mano; esto también sería maldad juzgada; porque habría negado al Dios soberano. Si me alegré en el quebrantamiento del que me aborrecía, y me regocijé cuando le halló el mal (Ni aun entregué al pecado mi lengua, pidiendo maldición para su alma); si mis siervos no decían: ¿Quién no se ha saciado de su carne? (El forastero no pasaba fuera la noche; mis puertas abría al caminante); si encubrí como hombre mis*

transgresiones, escondiendo en mi seno mi iniquidad, porque tuve temor de la gran multitud, y el menosprecio de las familias me atemorizó, ¡y callé, y no salí de mi puerta!; ¡quién me diera quien me oyese! He aquí mi confianza es que el Omnipotente testificará por mí, aunque mi adversario me forme proceso. Ciertamente yo lo llevaría sobre mi hombro, y me lo ceñiría como una corona. Yo le contaría el número de mis pasos, y como príncipe me presentaría ante él. Si mi tierra clama contra mí, y lloran todos sus surcos; si comí su sustancia sin dinero, o afligí el alma de sus dueños, en lugar de trigo me nazcan abrojos, y espinos en lugar de cebada. Aquí terminan las palabras de Job" (Job 31:16-40).

Este era el estilo de vida de un hombre "*perfecto y recto, temeroso de Dios y apartado del mal*" (Job 1:1). Para Job el reavivamiento no se define por lo fuerte que cantara, ni por cuán frecuentemente asistiera a reuniones espirituales, ni por su ímpetu al bailar para el Señor. La espiritualidad se acompañaba con acción humanitaria tangible. Era un hombre de los grandes, rey y jefe, cuya conducta era escrupulosa y cuya armadura no tenía grietas. Era un hombre tan bueno que Dios le quitó toda su protección, lo hizo vulnerable a los ataques frontales de Satanás. Fue carne de cañón del cielo, objetivo de la furia rabiosa del infierno. Sin embargo, sus buenas obras tenían la impronta de su temperamento. No hacía alarde, y señalaba con confianza el camino que seguía para hacer de las personas invisibles verdaderas personas personas. De hecho, contó que no negaba los deseos de los pobres, que no hacía llorar a la viuda, que criaba a los huérfanos, que defendía al extranjero, alimentaba al hambriento y vestía al desnudo. Esta actitud surgía de su interior. Explicó que no se volvería al materialismo ni a la idolatría. Y que tampoco elegiría el orgullo o la envidia.

La bendición acompañó su rectitud y justicia social. Luego de sus tribulaciones, Job vivió ciento cuarenta años y vio que su incipiente código de conducta social se extendía para bendecir a sus descendientes hasta la cuarta generación (ver Job 42:16). Estableció la base de nuestra comprensión de las consecuencias del reavivamiento en términos de la justicia social. Job hacía personas personas de las personas invisibles. Era la prueba de nuestro aforismo respecto de que la faz de la Tierra cambia a medida que se transforman los corazones de las personas. Todo reavivamiento, entonces, vuelve a reflejar las verdades dichas por Dios al corazón del héroe Jefe de Uz.

MOISÉS, LA LIBERACIÓN DE EGIPTO (ÉXODO 4:29-31)

Egipto, el principal exportador de la falsa religión, se hallaba en una encrucijada. El faraón Amenofis IV era devoto del dios Sol Atón, a quien proclamaba el único dios.[11] Observará usted que los primogénitos egipcios fueron muertos a la medianoche, y que Moisés y el pueblo de Dios dejaron Egipto por la noche cuando Atón estaba seguramente durmiendo (ver Éxodo 12:29, 31).[12] Por supuesto, esta devoción monoteísta estorbaba el comercio de ídolos egipcios, además de la profesión de los sacerdotes y sacerdotisas. Así que, rápidamente los egipcios volvieron a su enorme panteón representado por animales como el toro, la vaca, las aves de rapiña, el halcón, el cocodrilo, el mono, el sapo, la serpiente y el gato.[13] Y eventualmente, se deificó a los faraones como encarnación del dios Ra.

Es probablemente Ramsés II, el medio hermano de Yul Brynner del Moisés de Charlton Heston[14] quien reinaba como Ra encarnado en tiempos de la gran liberación egipcia. ¡Hablando de rivalidad entre hermanos! Por supuesto, el reavivamiento tuvo que ver con el pueblo de Yahvé, no con los egipcios, y a medida que se transformaban los corazones hebreos, seguramente la faz de la Tierra –ese imperio por cierto– cambió. El reavivamiento revoluciona a la sociedad.

En cuanto a este faraón, quien se supone –y cuyo dios se supone– tan insignificante en las Escrituras como para no dar su nombre, su nombre extraído de fuentes arqueológicas, es la combinación de Ra y Moisés: Ramsés. En hebreo estas dos palabras significaban "mal" y "producir", así que para el pueblo de Yahvé, el faraón era "el que produce el mal".[15] Era la contraparte universal de Moisés, pues representaba el mal. En caso de que el lector moderno pierda de vista la sutil dinámica de la interacción, permítame explicársela: Moisés era el liberador que Dios envió, que se enfrentó a Ra Moisés (Ramses).

Y el dios de Ramsés claro que no podría contra el Dios de Moisés, el hacedor de héroes. No es de extrañar que Los Diez Mandamientos y el Príncipe de Egipto sean historias tan dramáticas. Este segmento de la historia de Israel contiene toda la intriga y el dramatismo de una telenovela de suspenso, combinados con el sobrenatural misterio del género del horror y la ciencia ficción, condimentado con el típico argumento del bien contra el mal. Moisés, el líder, el pastor y el guía de la revuelta esclava, se enfrentó a su archinémesis Ramsés, líder del imperio del mal.[16] *Mano a mano*. Yah versus Ra. Dios versus dios. Subtexto para lo heroico.

Moisés, el hebreo exiliado egipcianizado, que había elegido una existencia anónima como pastor en el desierto, volvió a su ciudad preparado para conquistar el mundo. Moisés tuvo una experiencia espiritual. Se había encontrado con el Dios de la zarza ardiente. Pero en lugar de quedarse en la montaña y adorarlo eternamente, este dios de ardiente corazón le encomendó a Moisés que fuera a salvar a aquellos por quienes ardía su corazón.

El apóstol Pablo nos exhorta a ser *"en lo que requiere diligencia, no perezosos; fervientes en espíritu, sirviendo al Señor"* (Romanos 12:11). Fervor es como hervor.[17] Porque aunque David y Jehú eran conocidos por su fervor (ver Salmos 69:9; y Jehú dijo: *"Ven conmigo, y verás mi celo por Jehová"* en 2 Reyes 10:16), el celote original, Aquél que enciende su celo y fervor, era Dios.

La palabra hebrea *qana'* tiene un sentido muy competitivo. En su sentido más positivo significa "estar lleno de celo de rectitud". Se utiliza en el contexto del marido que sospecha que su esposa es adúltera (ver Números 5:30). Los celos no pueden tolerar la rivalidad en una relación matrimonial.[18] "Celote celoso" es uno de los nueve nombres de Dios en el Antiguo Testamento.[19] Él no tolerará la rivalidad dentro de la relación que mantiene con usted.[20]

Majestuosamente, el Celote celoso, este Dios Ardiente, eliminó toda excusa de Moisés para no cumplir la misión que Dios le encomendaba. Este Dios era un Dios potente, que podía arder en el corazón sin consumirlo a uno.[21] Es un Dios que no pestañea ante el poder de otros dioses, y que estaba dispuesto a hacer que Moisés pareciera un dios ante el faraón, para demostrar la gloria de Dios a través de Moisés. ¡Qué manera de inspirar confianza en uno mismo!

Al estar Moisés camino hacia su destino, Dios se revela ante Moisés como se reveló ante Abraham anteriormente, como Dios de la alianza. Se requirió de la inteligente Séfora, esposa de Moisés, y de un cuchillo aún más afilado para circuncidar a su hijo y tocar con la sangre los "pies" incircuncisos de Moisés (ver Éxodo 4:25), para traer a la familia a una relación de alianza con Yahvé y proteger la vida de su esposo.

Estas experiencias pueden producir una nueva perspectiva en un embajador de Dios. Su corazón se transformó, y entonces Dios se dirigió directamente al corazón de su pueblo.

> *Y fueron Moisés y Aarón, y reunieron a todos los ancianos de los hijos de Israel. Y habló Aarón acerca de todas las cosas que Jehová había dicho a Moisés, e hizo las señales delante de los ojos del pueblo. Y el pueblo creyó; y oyendo que Jehová había visitado a los hijos de Israel, y que había visto su aflicción, se inclinaron y adoraron* (Éxodo 4:29-31).

Para no ser demasiado técnicos, podríamos desglosar el episodio en componentes del reavivamiento:

1. Moisés encuentra un Dios que ve la miseria, oye el clamor y se preocupa por el sufrimiento de su pueblo (ver Éxodo 3:7). Este es un tema para Dios, que siguen en el tercer milenio.
2. Este encuentro de la zarza ardiente enciende también el corazón de Moisés. Una experiencia personal, transformadora, con Dios, quita la necesidad de apoyarse únicamente en la fe de los ancestros.
3. Moisés llega a conocer el poder de Dios. El Dios sobre quien leemos en la Biblia cobra vida ante nuestros ojos hoy.
4. Se le encomienda la misión. No hubo preguntas, como sucedería quizá en una situación similar "¿Quién te mandó? ¿O viniste por propia voluntad?" La unción de Dios acompaña la comisión de Dios.
5. Moisés entra en la alianza. El *modus operandi* de Dios parece incluir una relación de compromiso.

6. Obedientemente, Dios lleva esta revelación al pueblo, y su proclamación es acompañada por demostración. Dios quiere vendernos el paquete completo.
7. El resultado es la genuflexión. El pueblo hinca la rodilla para adorar a Dios.
8. La liberación de egipcia revolucionó a la sociedad. Los esclavos fueron liberados. Los ídolos, derrumbados. Se desmantelaron los sistemas malvados. Se corrigieron las deficiencias económicas (ver Éxodo 12:35-36). Se apilaron sapos. La historia cambió. Dios fue glorificado.

Moisés toma dictado

Números 8 merece algo de estudio. Dios no solo desbarató el sistema egipcio de la esclavitud y liberó a su pueblo, sino que poco tiempo después los bendijo con el código escrito, los Diez Mandamientos y la Ley. Entienda esto: de la nada, Dios dicta su ley de vida civil a Moisés. Es algo enorme.

Dios le promete a Moisés: *"Y de allí me declararé a ti, y hablaré contigo de sobre el propiciatorio, de entre los dos querubines que están sobre el arca del testimonio, todo lo que yo te mandare para los hijos de Israel"* (Éxodo 25:22). Moisés respondió obedientemente; luego *"Llamó Jehová a Moisés, y habló con él desde el tabernáculo de reunión..."*. El resto se conoce como el Libro de Levítico (ver Levítico 1:1).

Es por eso que Thomas Cahill titula su popular libro: *God's Gift of the Jews: How a Tribe of Desert Nomads Changed the Way Everyone Thinks and Feels* [El regalo de Dios a los judíos. Cómo una tribu de nómades del desierto cambió el modo en que todos pensamos y sentimos] ¡Estamos hablando de una tribu errante, que acababa de librarse del grillete de la esclavitud, y le regaló al mundo la base para el gobierno civil!

Diez mandamientos

Los Diez Mandamientos están íntimamente ligados al monoteísmo. Esta guerra del Señor permitió que el pueblo de Israel siguiera a Yahvé, que es tanto el Señor como el Dador de la Ley.[22] Estos atributos le autorizan a entrar en la historia con sus reglas. Después de la victoria sobre el faraón egipcio, el pueblo salió al desierto a adorar y Dios les dijo cómo acercarse a Él.

De hecho, les dio reglas sobre cómo acercarse a Él y adorarlo. La primera es muy conocida: *"Y amarás a Jehová tu Dios de todo tu corazón, y de toda tu alma, y con todas tus fuerzas"* (Deuteronomio 6:5). Que se indicó amar a sus semejantes está demostrado en el Capítulo 3: "La gran idea de Dios". La tercera parte de sus reglas se conoce como los Diez Mandamientos.

Luego, la ley judía opera y expresa estos meta mandamientos. Estas son las leyes que forman la base del bien y el mal en la civilización occidental.

Estas reglas son muy importantes para la vida social. Mostrar lealtad espiritual. No coquetear con otros dioses. No hablar de Dios sin respeto. Seguir los mandamientos de Dios. Honrar a los padres. No matar, porque se está matando a Dios en sus criaturas.[23] No cometer adulterio. No dar falso testimonio sobre el prójimo. No desear a la esposa del prójimo.

Entre los criminales, si todos roban, el que no lo hace será merecedor de confianza. Entre los adúlteros, si todos son fornicarios, quien no lo sea será digno de confianza. Entre los mentirosos, quien no mienta será merecedor de confianza. Entre los asesinos, quien no asesine merecerá confianza. ¡Quienes observan estos mandamientos llegan a ser la cultura dominante! Y todo reavivamiento es un regreso a la aplicación de la ley.

Piense durante un momento en esto. Los seres humanos calcularon que uno podía hacer trabajar al sirviente siete días a la semana. Pero Dios dijo "seis". "De hecho, la razón que se nos da en Deuteronomio 5:15, para recordar el Sabat es que nuestros ancestros en Egipto estuvieron cuatrocientos años sin vacaciones."[24] Jesús dijo: *"Amad a vuestros enemigos, bendecid a los que os maldicen, haced bien a los que os aborrecen, y orad por los que os ultrajan y os persiguen"* (Mateo 5:44). Los humanos siempre buscan aumentar su panteón personal de ídolos. Y Dios dijo: *"No tendrás dioses ajenos delante de mí"* (Deuteronomio 5:7). Los esclavos invisibles se convierten en personas personas.

Alentados por Dios, ¡este grupo de pequeñas personas estableció la base para la civilización occidental! ¿Es que podremos ver el cumplimiento parcial de la promesa de Dios a Abraham, de bendecir las naciones a través de Él? ¿Es que podremos percibir la liberación egipcia como el prototipo del reavivamiento? La veremos como medida para evaluar todo otro reavivamiento. Es la raíz, el arquetipo de lo que Dios hará a lo largo de la historia. Si es la raíz, la base del reavivamiento, entonces es un modelo para que comprendamos cómo se comporta la sociedad en respuesta a las movidas de Dios. Este abuelo de todos ellos se convierte en un parámetro para el Ejército de Héroes, ya que –como demuestra la liberación egipcia– la faz de la Tierra cambia a medida que se transforman los corazones de las personas.

Samuel, David y Salomón, la edad de oro de Israel (1 Samuel 7)

De Ichabod a Ebenezer

Era un lugar reverenciado, con una historia. Después de la conquista inicial de Canaán, Silo se convirtió en el primer hogar permanente del tabernáculo de Dios (ver Josué 18:1). El comandante Josué estableció allí el primer gobierno (ver Josué 21:1-2). Al hacerlo, evolucionó hasta ser el inicio de la naciente nación de Israel (ver Josué 22:9, 12), y fue la sede del último juez, Elí (ver 1 Samuel 1:3).[25]

Presumir de gracia es el único pecado que Satanás no se atrevería a cometer.[26] Pero los israelitas no eran quisquillosos. Siguiendo a su líder Elí y a sus hijos, los sacerdotes Ofni y Finees, presumieron de la gracia de Dios.

Después de una derrota que costara las vidas de cuatro mil soldados a manos de los filisteos, los hebreos presumieron de la gracia de Dios. Lamiéndose las heridas y llorando a sus muertos, pensaron: "*¿Por qué nos ha herido hoy Jehová delante de los filisteos? Traigamos a nosotros de Silo el arca del pacto de Jehová, para que viniendo entre nosotros nos salve de la mano de nuestros enemigos*" (1 Samuel 4:3). Las consecuencias fueron enormes.

"*Pelearon, pues, los filisteos, e Israel fue vencido, y huyeron cada cual a sus tiendas; y fue hecha muy grande mortandad, pues cayeron de Israel treinta mil hombres de a pie. Y el arca de Dios fue tomada, y muertos los dos hijos de Elí, Ofni y Finees*" (1 Samuel 4:10-11). Y el santuario de Silo fue destruido.[27] Peor, aún: "*Traspasada es la gloria de Israel; porque ha sido tomada el arca de Dios*". (1 Samuel 4:22).

Mientras los israelitas languidecían, durante siete meses alejados de la protección de Dios, Dios demostraba su soberanía en la vecina Filistea, donde su arca había sido llevada después de robada. Luego de una serie de inconvenientes durante los cuales Dios castigó al dios filisteo Dagón, y reprendiera al pueblo con tumores del escroto (ver 1 Samuel 5:9)[28] y con una plaga de ratas (ver 1 Samuel 5:6)[29], el Arca de la Alianza fue devuelta a Israel por su conquistador filisteo. Sin embargo, lo que siguió a esto fue más presunción y el juicio que la acompaña.

Algunos de los hombres que encontraron el Arca, presumieron de mirar adentro. La consecuencia de este pecado fue la muerte de muchos hombres más (ver 1 Samuel 6:19).[30] Y el duelo de Israel continuó durante veinte años (ver 1 Samuel 7:2).

Luego...

> *Habló Samuel a toda la casa de Israel, diciendo: Si de todo vuestro corazón os volvéis a Jehová, quitad los dioses ajenos y a Astarot de entre vosotros, y preparad vuestro corazón a Jehová, y solo a él servid, y os librará de la mano de los filisteos* (1 Samuel 7:3).

En obediente arrepentimiento los israelitas destruyeron sus ídolos hogareños, los dioses locales, las estatuas, los lugares de adoración y la parafernalia pagana que habían acumulado, y comenzaron a servir solamente a Yahvé.

Toda Israel se reunión en Mizpa. Probablemente miles de representantes del pueblo de Dios viajaron hasta esta ciudad. Viajaban sin equipaje, sin planificar sus comidas debido al ayuno. Esta solemne asamblea se caracterizó por el arrepentimiento ritual y la limpieza del corazón. Los israelitas vertían agua para bautizarse, en contraposición a sus ídolos,[31] y para mostrar que vertían lo que había en sus corazones, en arrepentimiento ante el Señor.[32] Todo el día, en el calor y el polvo, los hebreos clamaban al Señor. Y el Señor respondió.

Israel gozo del liderazgo inspirado de Samuel, de la paz con los filisteos y los amonitas, y de la presencia de Dios. Fronteras seguras, administración recta, verdadera religión o –en términos de los pioneros canadienses–, "paz, orden y buen gobierno". Todo esto redundó en pos de efectos sociales beneficiosos que resultaron de este reavivamiento. El pueblo de Israel había recibido el nombre profético de Ichabod, que significa "la gloria se ha apartado". Sin embargo, luego de su arrepentimiento pudieron exclamar "¡Ebenezer!", o "hasta aquí nos ha ayudado el Señor".

¡Dios hizo ostentación!

De hecho, el reconocimiento de "Ebenezer" inauguró la era de oro de Israel. Samuel estableció esta Era de Oro. Sin embargo, al igual que otros que también clamaban en el desierto, preparó el camino no para el Hijo de David, sino para David mismo. David, el romántico, el hombre que seguía al corazón de Jesús, reinó en la cima de esta Era de Oro. David no era tanto como el dulce maestro de la escuela dominical, sino más parecido a William Wallace, Corazón Valiente.

Este hombre sencillo, David, creció en los campos: trabajaba como pastor de ovejas. Desde su juventud había aprendido a utilizar la honda. Después de matar a Goliat, fue guerrero. Pasó los siguientes catorce años peleando y escapando. Como adoraba a Dios, desde los campos hasta el tabernáculo, su corazón estaba en traer el Arca a Jerusalén. ¿Por qué? Porque quería a Dios en su patio. Quería cantar en presencia de Dios. Se produjo un reavivamiento y se inició una Era de Oro. La humanidad floreció en presencia de Dios. La presencia de Dios es el apoyo de quienes se han convertido en verdaderamente humanos, y el resultado son las artes y las humanidades más elevadas.

Imagine la trayectoria de este guerrero pastor de ovejas, sin educación, sucio, que se escondía e intentaba sobrevivir. En veinte años David le dió al mundo el salterio. ¿Cómo llegó a suceder esto? Este hombre valiente –compositor, cantor, adorador, guerrero– llevó a su pueblo al reavivamiento, de la barbarie a lo más alto. Esta era de elevación produjo la elegancia de los Salmos, la apasionada intimidad de Cantar de Cantares, la antigua sabiduría de los Proverbios, la organización de nuevos instrumentos, nuevos sonidos y ensambles. Comenzando con el Salmo 1, David vivió una vida que representa las virtudes de la justicia, la rectitud y la compasión.

Durante la era de David y después de esta, Israel disfrutó de incomparable prestigio y prosperidad. Moisés introdujo la ley. Pero desde Moisés nadie había animado la Ley de Moisés tan vivamente como lo hizo David. Y al hacerlo, creó un nuevo patrón para el reavivamiento bíblico, una nueva definición de lo que significa ser radical, un nuevo mensaje para el Ejército de los Héroes, un nuevo rol para ellos.

La Era de Oro de Israel denotó no solo la abolición del mal, sino la fruición de la excelencia. Y aunque esta excelencia incluía facetas tan importantes de la sociedad como el comercio, la política, la guerra, la arquitectura y las artes, estas manifestaciones eran solamente un reflejo del río de la gracia de Dios que fluía en la sociedad israelita durante este período.

Samuel estableció el momento y la clave, pero David fue quien estableció el tono. Samuel creó la armonía para la melodía de David. Una melodía que seguimos cantando en el día de hoy.[33]

Desde la intimidad de sus días como pastor de ovejas, y su tiempo como exiliado que escapaba a la muerte, David era el que conoció a Dios como pocos, tanto de su época como de anteriores o posteriores. Yahvé y David tenían una amistad, una camaradería que hasta parece escandalosa. David, el que danzaba, fue quien no solo devolvió el Arca de la Alianza, símbolo de la presencia de Dios, a Israel, sino quien, además, armó las ligas de adoradores profesionales que danzaban, se hincaban de rodillas, adoraban a Dios, cantaban y oraban al Dios residente, allí dentro del velo. De hecho, ¡no había velo alguno! Es decir que no había separación. La intimidad individual se agiganta cuando legiones de santos "no canonizados" expresan su adoración y afecto directamente a Dios, no una vez al año, sacerdote mediante, ni con una serie de elaborados rituales, ¡sino sistemática y espontáneamente, frente al rostro de Dios directamente! Las personas invisibles bailaban en presencia de Dios.

De la misma manera en que el tabernáculo de David se convirtió en el modelo profético de la adoración de hoy (ver Hechos 15:15-17)[34], su reino se ha convertido en el modelo profético para el reavivamiento de hoy.

Y todavía hay más. El tabernáculo preparó el camino para el templo. David entregó el bastón de mando a su hijo Salomón, quien aprendió en términos gráficos que donde Dios aterriza, Dios se expande (ver 2 Crónicas 7). Allí donde nosotros, en humilde obediencia, preparamos una pista de aterrizaje para el Espíritu Santo, Él no solamente aterriza sino que, además, se extiende. Donde se congrega el pueblo de Dios, la gloria se disemina.

La Casa de Oración y adoración de las veinticuatro horas, fue la base de la Era de Oro. Porque era donde se apoyaban los eternos aforismos de la justicia económica y social, de la rectitud y la compasión que impregnan el Libro de Proverbios. De hecho, al igual que la sabiduría de Benjamin Franklin, los Proverbios sirven como comentario social de la era que les dio origen. Los Proverbios son una de las raíces de los adagios de Franklin. Partes de los proverbios de Salomón aún se oyen en refranes o dichos como "No dejes para mañana lo que puedas hacer hoy", "A quien madruga Dios lo ayuda", "A juventud ociosa, vejez trabajosa" o "La pereza es la madre de la pobreza".

La transición de Ichabod a Ebenezer, y la Era de Oro que acompañó esta transformación, sirvió para reordenar los límites de Israel durante su florecimiento de tribu insignificante a país con influencia. En más de una manera, la Era de Oro representó el cumplimiento de la promesa de Dios a Abraham, de bendecir a todas las naciones por medio de él.

En un sentido, el ritual de verter agua en Mizpa y sus enormes repercusiones pusieron a Yahvé en el mapa, a medida que solidificaba a Israel como luz ante el mundo. Y sin duda, la faz de la Tierra cambia a medida que los corazones de las personas se transforman.

Asa, su reavivamiento (2 Crónicas 15)

Del compromiso de consuelo al compromiso de la alianza

Las probabilidades de uno de cada dos no son muy tranquilizadoras. Quizá no tanto cuando se trata de pequeñeces, pero en el caso de una guerra es muy diferente. Asa se enfrentaba a estas posibilidades cuando sus cuatrocientos ochenta mil soldados –la mitad de los cuales estaban armados con grandes escudos y lanzas, y otros con escudos pequeños y arcos– debían luchar con el ejército de Cus, el millón de soldados liderado por el General Zerah en persona (ver 2 Crónicas 14:8-9). Y, además, tenían carros de batalla.

¿Qué le parece esta estrategia? Asa oró:

> *¡Oh Jehová, para ti no hay diferencia alguna en dar ayuda al poderoso o al que no tiene fuerzas! Ayúdanos, oh Jehová Dios nuestro, porque en ti nos apoyamos, y en tu nombre venimos contra este ejército. Oh Jehová, tú eres nuestro Dios; no prevalezca contra ti el hombre* (2 Crónicas 14:11).

El ejército de Cus sufrió una derrota aplastante (ver 2 Crónicas 15:13), y todas las aldeas alrededor de Gerar fueron saqueadas por el Señor y sus fuerzas.

¡Qué bendición! Israel había disfrutado de una década de paz y liderazgo recto bajo Asa, y ahora el ejército había derrotado a Cus. El pueblo de Dios vivía en una época en que Dios manifiestamente hablaba a través de sus profetas. Michael Brown sugiere que los tiempos de estabilidad social pueden brindar "suelo fértil para la revolución, y es en tal suelo que los movimientos revolucionarios (buenos y malos), tienen oportunidad de germinar".[35] La estabilidad social alimentaba el compromiso espiritual. Y así, aunque el rey Asa ponía en práctica la rectitud, muchos en su pueblo se dedicaban a la idolatría.

Fue en este contexto en que Asa marchó con su ejército al triunfo.

No sabemos nada acerca de Oded, excepto que tenía un hijo profético llamado Asarías. Asarías salió de su carpa la mañana después de la victoria. Encontró una atmósfera de celebración. Gritos y cánticos acompañaban a los soldados cansados pero gozosos, con danzas, saltos y bailes, ante la admiración y reconocimiento de la multitud. La celebración era un colorido despliegue, con niños que jugaban entre los burros y ovejas de Cus, con miles y miles de hebreos que danzaban al ritmo de las palmas y la algarabía generada por el delirio de la conquista.

Encontró al rey y profetizó aliento y la siguiente recomendación:

> *Y salió al encuentro de Asa, y le dijo: Oídme, Asa y todo Judá y Benjamín: Jehová estará con vosotros, si vosotros estuviereis con él; y si le buscareis, será hallado de vosotros; mas si le dejareis, él también os dejará. Muchos días ha estado Israel sin verdadero Dios y sin sacerdote que enseñara, y sin ley; pero cuando en su tribulación se convirtieron a Jehová Dios de Israel, y le buscaron, él fue hallado de ellos. En aquellos tiempos no hubo paz, ni para el que entraba ni para el que salía, sino muchas aflicciones*

> *sobre todos los habitantes de las tierras. Y una gente destruía a otra, y una ciudad a otra ciudad; porque Dios los turbó con toda clase de calamidades. Pero esforzaos vosotros, y no desfallezcan vuestras manos, pues hay recompensa para vuestra obra* (2 Crónicas 15:2-7).

El modo en que respondemos a la palabra del Señor no solo dice mucho acerca de quiénes somos, sino que determina quiénes seremos. En la algarabía de este éxito, Asa fácilmente podría haber ignorado la advertencia en esta profecía. Podría haberse deleitado en la promesa, dejado que se le subiera a la cabeza. Pero no lo hizo.

En cambio, Asa reunió coraje. Lo alentaba la palabra del Señor, hacia obras aún mayores. Completó su arrepentimiento en representación de Judá, quitando todos los detestables ídolos de las tierras bajo su gobierno. Luego reestableció las prioridades espirituales de la nación, reparando al altar del Señor. Al hacerlo, Asa dio lugar a la oportunidad de ofrendas y sacrificios diarios, para que el pueblo de Dios le sirviera en obediencia.

Pero Asa no se detuvo allí. Depuso a su malvada abuela Maaca de su posición como reina madre, porque adoraba a los ídolos. Derribó su repulsivo pilar a Asera, lo destruyó y quemó. Aquí se estaba purificando a sí mismo y a su hogar, se libró de influencias paganas y contaminantes.

Asa trajo todo el oro y los tesoros que él y su padre habían dedicado al Señor, y los ubicó en el templo, honrando –aunque tardíamente– sus promesas a Dios. Luego el rey Asa reunió al pueblo de Judá en Jerusalén. En una verdadera conmoción de espadas que relucían, balidos y sangre, sacrificaron a miles de animales ante el Señor, en arrepentimiento y reconocimiento de su soberanía. Todas las personas juraron formar un pacto con Dios, para buscarlo con todo su corazón y su alma. También decidieron matar a todo quien no lo buscara con todo su corazón y toda su alma.

Los resultados fueron dramáticos. ¡Imagine un país que con todo el corazón se dedica a servir a Dios! Hablamos de una revolución social y espiritual, ¡una generación de *shalom*! La hipócrita parodia religiosa fue desplazada por la imposición voluntaria de la Ley, en una comunidad de alianza. La Torá no solo dirige la vida cotidiana, sino que la impregna. Una vez más, las leyes dietarias, las relaciones, la vestimenta, las actividades recreativas, el tiempo con la familia, los horarios de trabajo, los hábitos de lectura, las ambiciones, la perspectiva, el comercio, el ingreso y los *hobbies* sufrieron una transformación tanto individual como familiar (ver Nehemías 3:19).

El paisaje cambió al limpiarse todo rastro de idolatría, altares y lugares altos de adoración pagana. Hasta la brisa tenía un aroma diferente, porque los inciensos exóticos de la idolatría se reemplazaron por los olores más telúricos de la sangre en sacrificio y los perfumes levíticos. Las viudas encontraron respeto y protección. Los pobres, bendición. De hecho, su clase socioeconómica desapareció casi totalmente. Se defendía a los huérfanos. Los extranjeros fueron integrados a la comunidad. Las personas invisibles se convirtieron en personas personas. Todos se comprometieron de corazón y de alma, al Señor.

Estamos describiendo el paraíso terrenal. Esta utopía es el objetivo de todo quien busca el reavivamiento. Así que el Reavivamiento de Asa es un modelo para el Ejército de Héroes de hoy. La faz de la Tierra cambia a medida que se transforman los corazones de las personas.

USÍAS, CUANDO LOS REYES VAN A LA GUERRA (2 CRÓNICAS 26:1-15)

El país estaba arrasado. La falsedad política y el oportunismo religioso del líder se habían vuelto en su contra. Sus victorias militares se veían arruinadas por la reverencia a los dioses que acababa en derrotas. Además, de ejercer total estupidez en la adoración de los ídolos (ver 2 Crónicas 25:14), el rey Amasías mostraba desprecio por su pueblo y su Dios. Su egoísta y ambicioso desafío de Israel echaba sal en la herida de la división, y se vio recompensado con la muerte. Una muerte nada honorable.

Amasías dejó la nación en muy malas condiciones, sin brújula moral, y atada a un heredero de dieciséis años, Usías, su hijo. Fue en esta situación tan comprometida, en este desastre espiritual, que Usías asumió como rey.

Dirigido y bajo la tutela del visionario profeta Zacarías, Usías buscó al Señor. Mientras buscó al Señor, Dios lo prosperó (ver 2 Crónicas 26:5).

Usías es en el Antiguo Testamento lo que el apóstol es en el Nuevo. Ayudado por Dios Usías luchó y derrotó a los filisteos, los árabes, los meonitas y amonitas. Derrumbó sus murallas y construyó ciudades en sus tierras (ver 2 Crónicas 26:6-8). Era obvio que el pueblo de Dios se beneficiaba con la generosidad de Usías. Invirtió el éxito en su pueblo. Construyó torres en Jerusalén y fortaleció sus puertas (ver 2 Crónicas 26:9). Invirtió en la infraestructura de la capital y la protección de su pueblo.

Proféticamente construyó torres en el desierto (ver 2 Crónicas 26:10). Usías decidió hacer algo nuevo para traer la civilización allí donde solo había desolación: el desierto.

Hizo cavar un sistema de pozos y reservas de agua (ver 2 Crónicas 26:10). Administró la agricultura, supervisó que se cultivaran diferentes cosas, y se criara ganado (ver 2 Crónicas 26:10). Habiendo invertido en la infraestructura de la capital, Usías también invirtió en la infraestructura del campo. Desarrolló un sistema de irrigación y también granjas ganaderas y agricultoras, dio empleo a la gente.

Desarrolló y mantuvo un ejército general y un ejército especial, preparando armaduras y armas. Inventó máquinas de guerra (ver 2 Crónicas 26:11-15). Usías fue proactivo como militar. ¡Inventó nuevas armas de guerra! Esto no solo creó una industria que abastecería sus necesidades sino que, además, protegía la posición militar de Judá.

Este es el ejemplo de lo que sucede cuando los reyes van a la guerra. Reavivados por Dios, los reyes multiplican la bendición y generan fuentes de ingreso, empleo, provisión y seguridad por medio de la visión, el emprendimiento y el ingenio. Proyectos de construcción, inventos, sistemas de irrigación, agricultura, comercio y visión, son todas iniciativas que bendijeron al pueblo de Dios durante este período de reavivamiento.

No solo recibió Usías maravillosa ayuda sino que, además, fue maravillosamente famoso (ver 2 Crónicas 26:15).[36]

Usías es un modelo para los cristianos de hoy bendecidos con la riqueza. A diferencia de algunos de sus predecesores, no hizo quebrar al banco con extravagancias para perpetuarse en la memoria de la gente, ni buscó la dicha material. Le interesaba luchar, defender y proteger lo que Dios le había dado, además de extender su autoridad tan lejos como Dios lo permitiera. Y así, los reyes de hoy, sean coronados en compañías grandes o pequeñas, en la bolsa o en su actividad comercial, deben elegir su estilo de vida.

Si buscan a Dios y son bendecidos por Él, irán a la guerra y el fruto de su éxito será invertido en bendecir a la gente. Las personas invisibles se convierten en personas personas cuando los reyes emprenden grandes proyectos, cuando actúan como catalizadores de la creatividad y la movilización, cuando establecen sistemas que sirvan a los pobres, construyen ciudades en el desierto, crean empresas ingeniosas para que el pobre sea autosuficiente.

Dios trae reavivamiento individual a los corazones de los líderes de hoy, a los apóstoles modernos, para motivarlos a ir a la "guerra" como lo hizo Usías.

Luego la faz de la Tierra cambiará a medida que se transformen los corazones de las personas.

JONÁS Y EL REY, BASTIÓN DE NÍNIVE (LIBRO DE JONÁS)

> Al comienzo era deliciosa la excitación. Luego de varios días de luchar por mantener el equilibro y no vomitar el desayuno, se sentía una liberación. El trueno y el ruido de las gotas sobre la madera se veían ahogados por el sonido estéreo. El miedo al mareo era vencido por una sensación de naufragio. La angustia emocional de días de desobediencia se había tragado la lucha de los brazos y las piernas cansados, y después de patalear durante unos momentos, cedió. La visión y la mente se inundaron de negro, inexorablemente.

Jonás es famoso por motivos equivocados. Es popular porque lo tragó un gran pez. Pasó un largo fin de semana en el estómago de ese pez enorme. Por supuesto, esto fue resultado inmediato de la desobediencia de Jonás a Dios. Característicamente, Dios usó las consecuencias de la desobediencia de Jonás para su gloria.

Dios había enviado a Jonás a predicar el mensaje del juicio venidero a los prósperos ciudadanos de Nínive, la capital de Asiria. Era una ciudad malvada, absorbida por la violencia y los malos hábitos (ver Jonás 1:2, 3:8). No era una misión agradable para un judío. Sería como enviar a un israelita de hoy a la Nínive de hoy (Irak del norte) a predicar el juicio de Dios. Hoy, aunque quizá fuera un mensaje satisfactorio, uno podría dudar por miedo a la seguridad personal. Ese quizá no haya sido un factor decisivo en Jonás. Tenía otros motivos, peores que el miedo. ¡Jonás desobedeció porque creyó que lograría el éxito!

Quizá no hubiéramos de culparlo. Los habitantes de Nínive tenían una terrible reputación (ver Nehemías 3:19). Las esculturas asirias de los esclavos encadenados a quienes los pájaros les picotean los ojos, aún existen para que las veamos. Orgullosamente registraban los asirios la mutilación, el despellejamiento y la quema de personas en la hoguera.

Shalmanasar III construyó una pirámide con cabezas humanas. Entre muchas otras cosas, Asurbanipal le puso a un rey capturado una cadena de perro en la mandíbula, y lo hizo vivir en una cucha.[37]

Esto escribió Asurbanipal II (883-859 AC):

> Los maté, con su sangre teñí la montaña de rojo como si fuera lana... corté las cabezas de sus guerreros y con ellas levanté un pilar en su ciudad; sus jóvenes y doncellas quemé en la hoguera. Destruí, derribé, quemé. Tomé prisioneros a sus guerreros y los clavé en estacas ante sus ciudades... azoté a los nobles que se rebelaban y los despellejé, extendiendo su piel sobre los cadáveres... a muchos de los cautivos los quemé en una hoguera. A otros los mantuve vivos, les corté las manos, las narices, las orejas o los dedos; les saqué los ojos a muchos soldados.[38]

Digamos que en todo caso, tres días en el estómago de un gran pez convirtieron a Jonás en una aparición desagradable que probablemente inspirara horror en los habitantes de Nínive. No solo se extendió la noticia sobre su milagrosa experiencia de salir con vida, sino que su aspecto les intrigó. En este contexto su mensaje de que sería historia en solo cuarenta días inspiró el temor de Dios en sus corazones.

Verá, Dios estaba estableciendo sus reglas ante el rey pagano. ¿Torturar a tus enemigos luego de capturarlos? No. ¿Mutilarlos y cortarles la nariz? tampoco. Si quieres misericordia de Dios, dales de comer. Ten compasión por ellos. Dales de beber. Dios no te dice que no puedes hacerlos esclavos, pero desollarlos, azotarlos y divertirse con tu sangriento deporte, eso sí que no. Si no se arrepentían, Dios los destruiría.

La respuesta de los habitantes de Nínive parece sacada de un libro de texto: *"Y los hombres de Nínive creyeron a Dios, y proclamaron ayuno, y se vistieron de cilicio desde el mayor hasta el menor de ellos"* (Jonás 3:5). No solo los pobres sino también los modernos, los poderosos y los paganos, se vistieron con las peores ropas para recordar sus pecados y ayunar.

Cuando el rey oyó esto, cambió su vestidura real por un saco de arpillera, y su trono por cenizas. Emitió un decreto que ordenaba que nadie en la ciudad podría comer ni beber, que todos se vestirían con arpilleras, que cada persona clamaría sinceramente a Dios, que se apartaría de la maldad y la violencia (Jonás 3:7-8). El rey tenía la esperanza de que Dios retirara su ira y les perdonara la vida.

Y vio Dios lo que hicieron, que se convirtieron de su mal camino; y se arrepintió del mal que había dicho que les haría, y no lo hizo (Jonás 3:10).

Ese día se salvaron seiscientas mil vidas. Cada uno de ellos se arrepintió y creyó en Dios. Habían visto y oído acerca de su poder. Sus vidas habían cambiado para siempre. La ciudad había sido transformada, y disfrutó de la bendición de este reavivamiento durante más de un siglo.[39]

¿Puede siquiera imaginar usted el arrepentimiento al por mayor de una ciudad como Londres, en Inglaterra, en nuestros días? Tanto Nínive como Londres son famosas por su tamaño, y hasta su densidad poblacional podría compararse.[40] ¿Puede imaginar usted a seiscientos mil ciudadanos, madres, jugadores de fútbol, conductores de autobús, plomeros, electricistas, empleadores y empleados, fabricantes y consumidores, escritores y lectores, los de arriba y los de abajo, todos ayunando –sin McDonald, sin restaurantes, sin nada– descartando la moda y el lujo de su época –los teléfonos celulares, Internet y la TV por cable– y que claman a Dios en arrepentimiento? ¿Además de hordas de animales con un ayuno impuesto, balando y ladrando, rugiendo y mugiendo por doquier? Hablamos del reavivamiento más sensacional de la historia.

Esta no era la respuesta evangélica a un sermón apasionado. No era solo invitar a Jesús a entrar en los corazones. Es la transformación total de una ciudad, de un estilo de vida pagano y violento a otro, dedicado a Dios. ¿Qué le parece?

El cambio del malvado rey se popularizó. Porque mientras vivía una vida en iniquidad, su pueblo disfrutaba de lo mismo. Pero cuando cambió la lujuria por la humildad, su gente también lo siguió.

Jonás y el rey fueron dos de los héroes más raros de la historia. Como individuos, se alejaron de su pecado y clamaron a Dios por misericordia. Ambos encontraron su amor, y esto les cambió la vida. Dejaron de hacer el mal. Abandonaron su violencia.

Una ciudad librada de la violencia se ve bendecida en proporciones geométricas, porque se ahorra dinero en reparaciones y cuidado de la salud, y los "vagos" empiezan a contribuir a la economía; en tanto la población, que ya no siente miedo, optimiza su vida y su trabajo.

Puedo imaginar el sonido de las cadenas, ver los postes y las tumbas. La historia nos deja espacios en blanco en que los detalles del paganismo y la derrota del mal serían imágenes bienvenidas. Por alguna razón no hay registros de conversiones masivas a la adoración de Yahvé. Estos registros, si existieran quizá nos contarían la historia de la adopción de prácticas ajenas a los asirios: cuidado de las viudas y huérfanos, defensa del pobre y del necesitado, aceptación del extranjero, ayuda al pobre, a medida que las personas invisibles se convierten en personas personas.

En verdad, la faz de la Tierra cambió a medida que cambió el corazón de las personas.

JOSÍAS, EL REAVIVAMIENTO DE LA RELIGIÓN (2 CRÓNICAS 34-35)

Josías era nieto de la "Abominación de Judá", el "Doctor de la Adivinación", el "Mal Encarnado", el "Maestro del Desastre" quien perpetuara la "Masacre de Manasés". Su abuelo bañó Jerusalén con sangre inocente (ver 2 Reyes 21:16). Después de la muerte de Manasés, el padre de Josías, Amón, tomó el poder y *"aumentó el pecado"* (2 Crónicas 33:23) durante dos años, hasta que sus propios sirvientes lo mataron.

Durante cincuenta y siete años, con la excepción de un breve período de arrepentimiento, Judá se había sumido en todo tipo de maldad. Un griterío caótico buscaba dominar el bullicio que salía de la boca abierta de Moloc cuando ingería bebés sacrificados. Esta carnicería, empero, se vio excedida por el levantamiento de un ídolo en el templo, a quien se adoraría y se ofrecerían sacrificios (ver 2 Crónicas 33). A riesgo de sonar reiterativos, fue este un tiempo de matanzas de bebés, prostitución homosexual en los templos, genocidio y despreciable maldad. Fue uno de los puntos más bajos en toda la historia judía.

Luego de la muerte de Amón, el pequeño Josías de ocho años de edad fue coronado rey de Judá. ¡Qué situación sobrecogedora! Se la podría describir como totalmente desesperante.

El relato de Josías presenta la bendición de cómo una sola persona puede marcar una gran diferencia para Dios. Luego de cumplir los dieciséis años, Josías comenzó a buscar al Señor. Y a los veinte ya estaba totalmente comprometido con Dios.[41] El escritor de las Crónicas de las Escrituras necesitó varios capítulos para delinear los aspectos de su arrepentimiento, que establecieron el escenario para el reavivamiento y para que se construyera sobre dicha plataforma.

Baste decir que Josías no tuvo misericordia con quienes se dedicaban al mal. Pulverizó a los ídolos. Destruyó la abominación y los altares de incienso. También declaró ilegal el sacrificio de niños –matanza– y la homosexualidad en la adoración. Josías básicamente purgó el pecado de su país.

Con más entusiasmo aún, se dedicó a buscar a Dios. Cuando redescubrió el libro perdido de la Ley, se arrepintió y se humilló ante Dios. Luego hizo un pacto de obediencia con Dios. Fue instrumental en el restablecimiento de la religión judía. Celebró la mejor Pascua desde la época de Samuel. Nadie pudo igualarlo.

A causa de que Josías entró en escena, Dios frenó durante la vida de este rey su juicio sobre su pueblo. Las terribles maldiciones se pospusieron durante casi dos décadas. El pueblo de Dios vivió la paz y la misericordia durante diecinueve años, gracias a su arrepentimiento.

A los tres meses de la muerte de Josías Dios trajo su juicio sobre los judíos. Los aspectos geopolíticos, sociales y espirituales de este juicio literalmente cambiaron la faz de la Tierra. Pero Yahvé reconoció su arrepentimiento y el pacto efectuado por su líder. Y la faz de la Tierra cambió a medida que se transformaron los corazones de las personas.

JUAN, JESÚS Y LOS APÓSTOLES, EL REINO DE DIOS A NUESTRO ALCANCE (MATEO 3; MARCOS 1; LUCAS 3; JUAN 1, 3)

La religión que había infectado a Israel era ciegamente arrogante. Aunque se distinguían por el lamentable hecho de haber sido conquistados por algunos de los más grandes imperios de la historia –Egipto, Babilonia y Roma– sus defensores insistirían en que jamás habían sido esclavizados, ¡y lo creían! Como carecían de la voluntad colectiva de someterse a la Torá, los israelitas escogieron las trampas exteriores de la verdad interior. Eran sacramentalistas de la peor clase, y sus tradiciones religiosas eran lo que preferían la sociedad pecadora.

Estaban maduros para un reavivamiento.

Este popular reavivamiento fue profético en varios niveles. El hijo de Zacarías, nacido de manera maravillosa, lo lideró. Su padre quedó mudo luego de un encuentro angélico durante un servicio vocacional al Señor. Ese ángel predijo el nacimiento. Durante el embarazo Juan fue llenado con el Espíritu Santo. Desde su nacimiento fue reservado para un estilo de vida nazareno. Su nombre también era una respuesta a la profecía. Lo llamaron Juan.

Juan el Bautista estaba formado en el molde del Antiguo Testamento. Vivió en el desierto de manera decididamente contracultural. Parecía un Elías de su tiempo. Su dieta consistía en miel y langostas, y hasta eso era profético. Recibía las cosas dulces del Señor, de su palabra y comunión con Él. Y devoró al devorador.[42]

El reavivamiento mismo fue profetizado por Isaías.

Juan predicó arrepentimiento sin compromisos, porque el reino de Dios estaba cerca. Y valientemente insistía en que los elegidos fueran bautizados por el arrepentimiento, sostenía que el hecho de haber nacido judíos no hacía nada en pos de su bienestar espiritual. No se inclinaba ante nadie, y públicamente reprochaba a los líderes, cuyas vidas también debían cambiar.

Por el poder de Dios y el ejemplo de su vida, logró ver a *"toda la provincia de Judea, y todos los de Jerusalén"* (Marcos 1:5), *"y toda Judea, y toda la provincia de alrededor del Jordán"* (Mateo 3:5) que se arrepintió de su pecado y públicamente reconocía la necesidad del perdón. Esto en sí mismo, conformaba ya una revolución.

Tenía el poder de cambiar relaciones, como los sistemas de redistribución del alimento y la ropa, reemplazando el clima de egoísmo (ver Lucas 3:10-11).

Tenía el poder de cambiar la estructura social, ya que se le indicó a la milicia que ya no hiciera uso de la fuerza, el abuso y la revuelta (ver Lucas 3:14).

Tenía el poder de transformar las estructuras financieras, ya que los arreglos de recolección de impuestos comenzaron a reflejar la realidad en lugar de manejarse con la manipulación y la coerción (ver Lucas 3:12-13).

Tenía el poder de cambiar la religión, ya que la eficacia se quitó a la clase religiosa profesional y se devolvió al penitente converso (ver Lucas 3).

El reavivamiento era, en realidad, como había profetizado Isaías y como el mismo Juan el Bautista afirmaba, la preparación para la llegada del Señor.

Una vez arrepentida la nación, se los ablandó para recibir el ministerio de Jesús. Y como todos sabemos, este fue un cambio para la eternidad. ¿Quién puede imaginar hoy un mundo sin la influencia de Jesucristo?

Jesús abrió las puertas del Reino de Dios, la Súper-Copa de los reavivamientos.

Jesús trajo el reino de Dios a las banalidades de la parodia religiosa. ¡Qué impacto!

Se cambió el mundo. Se rediseñó la eternidad. Y las personas invisibles recibieron atención especial, porque Jesús venía expresamente para los enfermos. Su venida se basaba en Lucas 4:18-19:

> *El Espíritu del Señor está sobre mí, por cuanto me ha ungido para dar buenas nuevas a los pobres; me ha enviado a sanar a los quebrantados de corazón; a pregonar libertad a los cautivos, y vista a los ciegos; a poner en libertad a los oprimidos; a predicar el año agradable del Señor.*

Todo esto sucedió en tal medida que pocos podrían haberla predicho. Jesús cumplió todos estos propósitos. Cerca del final de su misión Jesús delineó el parámetro del futuro juicio. Consistía en nuestras respuestas reavivadas a las personas invisibles. Se otorgaba más puntaje a quien alimentara al hambriento, diera de beber al sediento, mostrara hospitalidad hacia el extranjero, vistiera al desnudo, visitara al enfermo y acompañara al prisionero (ver Mateo 25:25-26). En otras palabras, todo "supuesto" reavivamiento que no convierta a las personas invisibles en personas personas, que no dé vuelta el tablero de la injusticia social y no brinde misericordia, no será real ni se ajusta a los parámetros del reavivamiento bíblico e histórico. De manera magnífica y magnánima, la faz de la Tierra cambia a medida que se transforman los corazones de las personas.

Sumario

La revolución nacida con Jesús se aceleró por medio de la heroica acción de Pedro, Pablo y "los muchos". El evangelio se expandió, se vencieron las divisiones sociales, las exclusividades religiosas se eliminaron, la inequidad económica se rectificó y la injusticia fue vencida.

Es que el reavivamiento es mucho más que una agradable reunión y un cosquilleo espiritual. El reavivamiento bíblico es la manifestación del evangelio integral, comprende una verdad que aceptar, un estilo de vida para adoptar. La separación actual de la iglesia y el Estado ha relegado a Dios al lugar de una experiencia espiritual. Hemos demostrado que no es este el caso. La fe se manifiesta por medio de las obras. Los dos pilares del evangelio funcionan al unísono.

Podemos probar a partir de la Biblia que el reavivamiento siempre transforma a la sociedad. Desde Job, a Moisés y David, y hasta el Nuevo Testamento, la Biblia demuestra y testifica que la faz de la Tierra cambia a medida que los corazones de las personas se transforman. Y los héroes son la estrategia.

Si nuestra religión no es transformadora ¿es real?

Los relatos de las guerras del Señor no terminan en el libro del Apocalipsis. Siguen en la historia mientras el Ejército de Héroes lucha con compasión, rectitud y justicia para establecer compasión y rectitud en beneficio de los pobres, las viudas, los huérfanos y el extranjero. Uno de los clásicos ejemplos históricos de esto ocurrió en la Inglaterra victoriana.

SECCIÓN DOS

CAPÍTULO CINCO

LA INGLATERRA VICTORIANA

LA MEJOR ÉPOCA

"Al recorrer el Barrio Oeste de la ciudad de Londres, bajo esas nuevas luces eléctricas que han instalado en las calles, tendrás que aceptar al igual que yo que esta es la mejor época. Esta metrópolis que crece continuamente simboliza todo lo que es grande en el Imperio. Imagíname en una ciudad de más de tres millones de personas, y encuentro un hotel conectado a la extraordinariamente nueva red telefónica (invento de Alexander Graham Bell en 1876) y a la recientemente construida red cloacal. ¡Puedo hablar por teléfono, y echar agua en el baño con solo tirar de una cadena! Y no solo eso, ¡porque, además, puedo comprar carne australiana congelada en el mercado, y leer el nuevo *best-seller* de Mark Twain, Tom Sawyer, impreso en libro de tapas blandas! Eso tampoco es todo, porque el año entrante dicen que habrá un sistema de encomiendas postales."

El año 1879 parecía muy bueno en el centro del Imperio Británico. En sus fronteras, con la reciente venta del Canal de Suez, las gemas recientemente engarzadas en la corona de la Reina Victoria –Egipto, Etiopía, Fidji, Sudáfrica e India– habían de estar felices de ser parte de este poderoso imperio.

George Eliot, W. B. Yeats, Emily y Charlotte Brontë, Elizabeth Barrett Browning, Robert Browning, Lewis Carroll, Rudyard Kipling, Henry James, George Bernard Shaw, H. G. Wells, Oscar Wilde, Alfred Lord Tennyson, Sigmund Freud y Sir Arthur Conan Doyle estaban entre los que escribían su legado para la historia. Los predicadores Charles Spurgeon y D. L. Moody; Amy Charmichael, quien dejó su Inglaterra natal a los veintidós años para ir a India; David Livingstone, explorador, cartógrafo y abolicionista que sirvió en África; George Müller, misionero alemán que dedicó su ministerio evangélico a los huérfanos ingleses, y Hudson Taylor, quien fuera un legendario misionero en el interior de China, todos ellos dejaron su indeleble impronta en el mundo.

Abundan las ideas románticas acerca de la Inglaterra victoriana. Y nuestra conciencia en este siglo XXI las preserva. La reminiscencia sentimental colectiva preserva un período de moral en la historia, una nostalgia por los buenos viejos tiempos de la Gran Bretaña del siglo XIX. Sin embargo, para muchos, tal bonanza no existía.

La peor época

Charles Dickens no inventaba lo que escribía.[1] Florence Nightingale fue famosa por algo: introdujo la enfermería moderna en un mundo azotado por condiciones atroces. Fue una época en que gracias al Acta de Enfermedades Contagiosas de 1864, las prostitutas podían ser humilladas, detenidas por policías vestidos de civil y sometidas a revisación física para verificar si padecían de enfermedades venéreas.[2] Era tal la pobreza que casi un millón de irlandeses habían emigrado a Norteamérica en la década previa, seguidos de casi medio millón de ingleses.[3] El treinta por ciento de los trabajadores de York, Inglaterra, ganaba salarios por debajo de la línea de pobreza.[4] Eran los tiempos de las andanzas de Jack el Destripador (1888).

No es que del otro lado del océano las cosas fueran mucho mejores. La esclavitud dio pie a la Guerra Civil Norteamericana. Y cuando terminó la Guerra Civil, nació el Ku Klux Klan (1865).

Hasta las mejoras implícitamente señalan lo desastroso de la situación. No fue sino hasta 1869 que se abolieron las prisiones británicas para deudores. Hasta entonces, si uno no pagaba su deuda iba a la cárcel hasta que alguien la cancelara. La Revolución Industrial ya se enseñaba en las escuelas para cuando el Parlamento Británico legalizó los sindicatos (1871). Fue en 1872 cuando se legalizó el voto secreto en Gran Bretaña.[5]

¿Revolución?

Nuestro amigo que camina por las calles del Barrio Oeste de Londres, indudablemente sentía desdén por quienes vivían en "la Londres de los desposeídos", y seguramente sentía el miedo colectivo a la revolución social de parte de los pobres en el sector Este.[6] Se rumoreaba que los pobres "reventarían las barreras, declarando la guerra abierta y violenta contra el orden, la ley y la propiedad".[7]

Los observadores sociales consideraban al Sector Este como un lugar en que "las prácticas más viles se ven con indiferencia total, como cosa común (...) donde parecen confluir los sucios y abominables de todos los rincones del país".[8]

En el distrito de Whitechapel al Este de Londres, el treinta y nueve coma veinticinco por ciento de los ciudadanos vivían en o bajo la línea de pobreza. Había sesenta y tres burdeles en Whitechapel, y muchas prostitutas "informales".[9] La Sociedad para la Supresión del Vicio calculaba que había ochenta mil prostitutas en toda Londres. Según la historiadora Judith Walkowitz, estamos hablando de una prostituta por cada doce varones adultos.[10]

Sanidad

El estado de la situación era difícil para todos, y no solo para los de la clase baja. Anthony Wohl describe el problema desde un punto de vista muy rico:

> "A pesar de la riqueza y la importancia social, la familia descubrió que no podía aislarse del olor, la contaminación y los peligros para la salud. Como recién casados, querían los últimos avances en materia de sanitarios, pero la inexperiencia de los obreros al instalar el inodoro dio como resultado que el agua desbordaba a las canaletas fluviales, chorreaba por la ventana de la sala. Las cisternas debajo de la residencia a orillas del Támesis olían muy mal, aún para lo que se consideraba tolerable entonces, y cuando finalmente se instaló un sistema de drenajes, continuó el olor asqueroso de las viejas cisternas; hacían casi inhabitables varias habitaciones de la casa. Unos veinte años más tarde las cloacas se taponaron después de una tormenta, y el olor era "muy ofensivo y pútrido". Y aunque vivir a orillas del Támesis significaba una muy linda vista, cada vez que la marea subía sus jardines se inundaban con desechos cloacales, que habitualmente flotaban en la superficie del agua. Resignados a lo inevitable, simplemente rastrillaban los jardines y volvían a echar los desechos en el río. En la estación seca, sin embargo, el barro del Támesis quedaba expuesto y de él emanaba un olor asqueroso."[11]

La riqueza y los recursos no brindaban un mejor estilo de vida. Esta familia, desecha por la pérdida del padre, una hija y una nieta,[12] a causa de las cloacas deficientes y las enfermedades[13] y que casi había perdido también un hijo por la misma razón, se veía obligada a vivir en medio del mal olor, la contaminación del agua y el aire. Esta familia era la Familia Real de Inglaterra.[14]

El concepto de un sistema cloacal debió pasar de ser "un inconveniente" a "la solución para la peligrosa contaminación", en la mente victoriana antes de que se decidiera drenar las ciudades por medio de "caños subterráneos para desechos", en lugar de "arroyos a cielo abierto", y alcantarillas.[15]

El Informe de Chadwick sobre Condiciones de Sanidad, determinó que la pérdida anual de vidas a causa de la suciedad y la mala ventilación era mayor que la de víctimas fatales de cualquiera de las guerras en que se hubiera visto involucrado el país hasta entonces. Chadwick explicaba:

> "De los cuarenta y tres mil casos de viudez y ciento doce mil casos de orfandad, encontrados entre los pobres de Inglaterra y Gales solamente –esto incluía a los que vivían de subsidios– parece que la mayor proporción de muertes de cabezas de familia ocurrió por causas evitables, como las que mencionamos más arriba; que sus edades eran de menos de cuarenta y cinco años, es decir, trece años por debajo de las probabilidades naturales de vida, según lo demuestra la experiencia de la población total de Suecia.[16]

Claramente, en la "Londres de los desposeídos", la tan afamada era victoriana dejaba mucho que desear.

> "Dos millones de personas, aproximadamente, viven en el Sector Este de Londres. Parece una cantidad considerable, para una ciudad desconocida. No tienen instituciones propias ni edificios públicos, ni municipalidad, ni nobles, ni carruajes... no tienen nada. Está de moda pensar que son todos mendigos, lo cual es tonto y hasta malicioso. Probablemente no haya espectáculo igual en el mundo entero, como el que presenta esta gran, inmensa, olvidada y enorme ciudad de Londres del Este. Hasta sus propios ciudadanos la dejan librada al azar, porque ni siquiera perciben su propia condición de abandono."[17]

¿Sexo? No, gracias, somos británicos

La pacata Inglaterra victoriana ofrecía extrañas yuxtaposiciones al respecto. Aunque las mujeres eran supuestamente muy ingenuas, al punto de que no existían leyes británicas en contra del lesbianismo,[18] se sabía que la prostitución era considerada como "el gran mal social".[19]

Y con el crecimiento de la prostitución se extendió la gonorrea y la sífilis. Los hospitales para enfermedades venéreas servían para castigar y apartar a estos "leprosos sociales del siglo XIX", de la población en general.[20]

Su capacidad, empero, se veía desafiada por el Ejército Británico, ya que los soldados se infectaban a razón de uno de cada tres.[21]

¿Una cultura drogada?

Una de las mayores causas de mortalidad infantil era la muy común práctica de dar a los niños narcóticos, especialmente opio, para tranquilizarlos.

La dosis común de opio igualaba en precio al litro de cerveza, y hasta finales de siglo la venta no estaba reglamentada. El láudano, opio en alcohol, era la droga de los ricos y de los pobres.[22]

En Manchester, de acuerdo a un informe, cinco de cada seis familias de la clase trabajadora usaba láudano habitualmente. En Nottingham un miembro del Concejo Municipal, titular de una droguería, vendía mil quinientos litros de láudano al año. Y a mediados de siglo había al menos diez marcas conocidas, entre las que eran más populares Godfrey's Cordial, Steedman's Powder y Atkinson's Royal Infants Preservative.

En East Anglia, el opio en píldoras y barritas se vendía libremente, y el consumo de opio se describía como modo de vida. Los médicos informaban que los niños sufrían a causa de esto. "Se encogían, como viejitos, y sus rostros parecían los de pequeños monos", describían.[23] De esta época, concluye Richard Davenport-Hines: "La total sobriedad no es un estado humano natural ni primario".[24]

Sobrecarga de trabajo y mala paga

"Nada es más característico en la vida de la clase obrera, ni más difícil de imaginar para nosotros hoy, que esta virtual total ausencia de seguridad social".[25] Los Hogares para pobres eran el único recurso para los endeudados, los desempleados y los inválidos. Mi tarata, tatara, tatarabuela Susannah Court residió allí durante un tiempo. El poder del gran imperio se mantenía precariamente sobre las débiles espaldas de los sirvientes y obreros sobrecargados de trabajo y muy mal pagos. Aunque la innovación es lo que hoy se recuerda como característica sobresaliente y feliz de la revolución industrial, eran las jornadas de trabajo de dieciséis horas, lo que como sangre maldita alimentaba al corazón de la sociedad. El parlamentario William Cobbett describió la situación:

> "Un nuevo descubrimiento se ha hecho en el Parlamento esta noche, que sin duda despierta el asombro en muchos lugares, y al menos seguramente en Lancashire. Se decía que la Armada era el gran soporte de Inglaterra, y en otra época el comercio marítimo era el sostén de nuestro país. También lo fueron las colonias, y hasta se rumoreaba que lo era el Banco. Se admite, sin embargo, que nuestro sostén son unas trescientas mil niñas, o al menos la octava parte de ese número. Sí, porque se afirma que si estas niñitas trabajaran dos horas menos por día, nuestra superioridad manufacturera ya no existiría."[26]

Una investigación parlamentaria de 1832 sobre las condiciones en las fábricas textiles, registró numerosos relatos de azotes, trabajo infantil y jornadas de trabajo de catorce a dieciséis horas.[27] Muchas de estas personas ni siquiera volvían a su casa. Otros, simplemente se quedaban en su hogar, porque en el siglo XIX el servicio doméstico era el empleo más usual para las inglesas solteras, y el segundo en la lista entre los empleos para todo inglés, mujer o varón. "Ochenta horas de trabajo real a la semana, contra cincuenta y seis para el obrero de una fábrica, quizá sea el cálculo más acertado para finales del siglo XIX, y habrá sido excedido en la mayoría de los hogares uniparentales".[28] La incidencia de los hogares uniparentales y pobres se exacerbó en la Ley de Pobreza:

> Uno de los elementos más duros del Acta de Enmienda de la Ley de Pobreza de 1834, fue la práctica adrede de separar las familias. Si se mantenían separados los matrimonios, se impedía que "hicieran cría", término utilizado por las clases medias que pensaban que los pobres tenían cada vez más hijos para poder recibir mayores subsidios. Si se separaba a los niños de sus padres, se suponía que llegarían a ser seres humanos útiles, lo cual –se creía– sus padres no eran, porque de otro modo jamás habrían llegado a los Hogares para Pobres e Indigentes. La gente de una misma familia podía encontrarse durante las comidas o en la capilla, pero no se les permitía conversar.[29]

El trabajo infantil, uno de los siete pecados mortales detallados en la tercera sección de este libro, era el azote de la Gran Bretaña industrial. En 1860 la mitad de los niños de entre cinco y quince años asistía a alguna escuela, o al menos a la escuela dominical; los demás trabajaban. Había unos ciento veinte mil sirvientes domésticos en Londres solamente a mediados de siglo, que trabajaban ochenta horas a la semana y recibían medio penique por hora como paga.[30] Otros trabajaban en las minas. Sarah Gooder, de ocho años, era una de ellos.

> "Trabajo en la mina Gawber. No me canso, pero tengo que trabajar en la oscuridad y tengo miedo. Voy a las cuatro o a las tres y media de la mañana, y salgo a las cinco y media de la tarde. Nunca puedo dormir. A veces canto cuando tengo luz, pero no lo hago si está oscuro. No me atrevo. No me gusta la mina. Tengo mucho sueño cuando comienza el día. Voy a la escuela dominical y estudio 'Lectura Fácil' (Comentarios de un investigador de la mina: 'Sabe las letras y puede leer palabras cortas. Sabe decir el Padrenuestro, aunque no perfectamente. Termina con Dios me bendiga y me haga una buena sierva. Amén'. He oído hablar de Jesús muchas veces. No sé por qué vino a la Tierra, y no sé por qué murió. Me gustaría más ir a la escuela en lugar de trabajar en la mina."[31]

Un informe del Parlamento, de 1840, presentaba historias horrorosas: "Mujeres y niños encadenados y con correas, como perros, negros de suciedad, mojados, casi desnudos, que se arrastran tirando de pesados carros"[32] Las violaciones en las oscuras minas eran un pecado aún más tenebroso.

En última instancia, estas condiciones brutales llamaron la atención de los legisladores, que durante décadas discutieron antes de legislar para proteger a los niños. Descripto por uno de los legisladores, que abogaba por la relativa sencillez del trabajo en una fábrica.

> "Se dice a menudo, desde hace mucho tiempo, y se ha refutado muchas veces, que el trabajo es liviano. ¿Liviano? Claro que no. Gran parte será liviano, seguro, si se mide de a tres o cuatro minutos a la vez. Pero les digo, señores, ¿qué es estar de pie, durante trece horas, en un lugar tóxico y trabajando continuamente con solo quince minutos de descanso? El hombre más fuerte de Inglaterra, si lo hubiera, en dichas condiciones no soportaría esta carga, aunque solo debiera pinchar alfileres en una almohadilla. ¿Qué dicen ustedes entonces de los niños, niños de la más tierna edad? Claro que se cansan, claro que se estropean, se deforman, quedan incapacitados, inútiles. Hablo porque lo sé, digo lo que he visto. Cuando visité Bradford, en Yorkshire en 1838, deseoso de conocer la condición de los niños porque sabía que comenzaban a trabajar en las peores tareas desde temprana edad, pedí ver a los discapacitados y los deformados. En poco tiempo se reunieron más de ochenta niños en un gran patio.
> Eran meros ejemplos de la totalidad de la masa. Afirmo sin exageración que no hay palabras para describir la variedad y debo decir, la crueldad, en estas degradaciones de la forma humana. Delante de mí estaban de pie y en cuclillas todas las formas de las letras del alfabeto. Esto era el efecto de la labor dura y prolongada en los tiernos cuerpos de niños muy pequeños."[33]

Muchos niños trabajaban dieciséis horas al día bajo condiciones atroces. Se consideraba encomiable que cualquiera que fuera mayor de cuatro años trabajara y no permaneciera ocioso.[34] Los azotes eran tan habituales como el amanecer. El Sr. Matthew Crabtree es solo uno de los ejemplos de los muchos obreros entrevistados en la investigación parlamentaria de Michael Sadler en 1832, sobre las condiciones en las fábricas textiles.[35] Lo que sigue forma parte de esa entrevista:

> "– ¿Cuál era su horario de trabajo en los momentos más activos del negocio?
> – *Desde las 5 de la mañana hasta las 9 de la noche.*
> – ¿Dieciséis horas?
> – *Sí.*
> – ¿Con qué intervalos para comer?
> – *Una hora.*
> – ¿A qué distancia vive usted de la fábrica?
> – *A unos tres kilómetros.*
> – ¿Tenía tiempo para desayunar en la fábrica?
> – *No.*
> – ¿Desayunaba en su casa antes de salir?
> – *Generalmente lo hacía.*

– Durante esas largas jornadas de trabajo, ¿podía ser puntual? ¿Cómo se despertaba?
– *Casi nunca despertaba espontáneamente. Por lo general, mis padres me despertaban, y hasta a veces tenían que sacarme dormido de la cama.*
– ¿Llegaba siempre a tiempo?
– *No.*
– ¿Cuáles eran las consecuencias si llegaba demasiado tarde?
– *Lo más usual eran los azotes.*
– ¿Eran severos?
– *Muy severos, a mi parecer.*
– En esas fábricas ¿es usual que se castigue a la gente permanentemente hacia el final del día?
– *Sí, permanentemente.*
– Así que era raro estar en la fábrica y no oír llantos continuamente.
– *Ni una hora pasaba sin que oyeran llantos... creo.*
– ¿Cree que si el capataz fuera naturalmente humanitario sería necesario que azotara a los niños para mantener su atención al término de las jornadas tan extraordinariamente largas?
– *Sí; la máquina produce una cantidad de cardados siempre regular, y por supuesto, tienen que seguir el ritmo todo el día. Tienen que trabajar al ritmo de la máquina, y por eso, aunque fuera humanitario el capataz, como él tiene que cumplir o llevar la culpa, pega a los niños y los apura de diversas maneras. Pero lo que más usa es pegarles cuando están quedándose dormidos de tan cansados que están.*
– Cuando le pegaban por no seguir el ritmo del trabajo ¿sentía ansias de hacerlo para evitar que lo azotaran?
– *Claro. El miedo al azote si no trabajábamos rápido era un incentivo suficiente como para mantenernos trabajando tan rápido como pudiéramos.*"[36]

Aún después de que se dictaran leyes para "acortar la jornada laboral", la industria textil, gasífera, de astilleros, de construcción, las fábricas de fósforos, de clavos, los deshollinadores y muchos otros, continuaban empleando a niños de cinco años de edad.[37]

El ejército de héroes se moviliza

En este ambiente de contradicciones surgió una de las manifestaciones históricamente más poderosas de un Ejército de Héroes. El crítico y dramaturgo victoriano George Bernard Shaw, quien escribiera la obra *Major Barbara* sobre la tensión del Ejército de Salvación entre el idealismo y el realismo, claramente vio las condiciones necesarias de una revolución británica:

"Se ha dicho que la Revolución Francesa fue obra de Voltaire, Rousseau y los enciclopedistas. Me parece que fue obra de hombres que había observado que la indignación virtuosa, la crítica cáustica, la discusión y los panfletos instructivos, aún de parte de los genios literarios más sinceros e ingeniosos, eran tan inútiles como la oración, ya que las cosas empeoraban mientras el Contrato Social y los panfletos de Voltaire estaban a la orden del día."[38]

Shaw sostenía que aunque necesaria, la protesta social era insuficiente para generar la revolución. Esta inesperada confesión de su parte admitía la futilidad de hablar, como único motor de la revolución:

> "El problema consiste en hacer héroes de los cobardes. Nosotros, los apóstoles del papel y los magos-artistas, hemos conseguido solo darle a los cobardes la sensación de ser héroes mientras toleran toda abominación, soportan todo abuso y se someten a toda opresión."[39]

Los apóstoles del papel solo pueden crear "héroes" de papel a partir de los cobardes, con sus palabras. Los verdaderos apóstoles actúan para hacer héroes de los cobardes. Donde falla la palabra, la acción triunfa. La acción es la condición suficiente para la revolución y proviene de una fuente apostólica poco esperada.

> Sin embargo, en el rincón más pobre de esta cristiandad con el alma quebrada, germina repentinamente la vitalidad. El gozo, un don sagrado hace mucho destronado por la risa infernal de la obscenidad, crece como una marea, milagrosamente a partir del polvo y el barro fétido de los suburbios. Marchas que despiertan, ditirambos impetuosos, se elevan al cielo desde las personas para quienes la "música sagrada" es solo una broma; una bandera con Sangre y Fuego[40] se despliega, no en asesino rencor, sino porque el fuego es bello y la sangre de un rojo espléndido y vital. El miedo, a quien halagamos llamándolo Nuestro Ser, se desvanece; y hombres y mujeres transfigurados llevan su evangelio a un mundo transfigurado, llaman General a su líder, y a sí mismos capitanes y brigadieres, y a todo su grupo Ejército: oran, pero solo por nuevas fuerzas para pelear, y por el tan necesario DINERO... predican, pero no predican sumisión, sino desafían al abuso, pero no soportan más de lo que fuera inevitable. Practican lo que el mundo les permita practicar, incluyen el agua y el jabón, el color y la música. Hay peligro en tal actividad, y donde hay peligro hay esperanza. Nuestra seguridad presente no es nada, y puede llegar a ser nada, sino el mal más irresistible.[41]

Así fue como el dramaturgo pagano George Bernard Shaw anunció la revolución espiritual liderada por el Ejército de Héroes del siglo XIX, también conocido como Ejército de Salvación. La cínica obra clásica de Shaw, *Major Barbara*, perfila lo que él considera una alternativa dionisia[42] a las religiones establecidas (Dionisio representaba la rebelión en contra de la cultura racional que apela a los placeres sensoriales básicos de sus seguidores, que eran oprimidos por la sociedad)[43]. Un "¡ejército de amor, de coraje...! [que] levanta al despreciado del albergue y lo convierte en hombre: que encuentra a un gusano que se retuerce en una cocina y la convierte, ¡oh! ¡en mujer!"[44]

Y así, esta alternativa religiosa, este híbrido mítico, este Ejército de Héroes se levantó del excremento caliente de las alcantarillas del Barrio del Este victoriano, para dejar entrar un reavivamiento espiritual de proporciones bíblicas.

REVOLUCIÓN

El cristianismo es heroísmo. -Catherine Booth Jr.

Somos revolucionarios. -George Scott Railton (Primer Comisionado de Booth).

Nos consideran peligrosos... y lo somos. -Herbert Booth

> Comencemos con una valiente defensa de nuestra bandera, porque no somos hijos de las tinieblas sino de la luz… Quienes no sienten la urgente necesidad de efectuar cambios radicales en sí mismos y en la humanidad, o quienes no pueden reconciliarse con las desesperadas medidas que requiere un caso tan desesperado, no tienen nada en común con nosotros. El mundo está perdido y Jesús ha venido para salvarlo; y hay que salvarlo no importa a qué costo ni qué se requiera, porque quien no es salvo será maldito para siempre.[1]

La historia presenta hitos marcados por otros generales que se alzaron para liderar grandes guerras para el Señor. Junto a estos héroes bíblicos están los valientes como Patrick, Francis, Hus, Knox, Wesley y la Madre Teresa. Dos de los líderes más sobresalientes entre estos fueron Catherine y William Booth, los fundadores del Ejército de Salvación. De las masas de Inglaterra, los Generales William y Catherine Booth movilizaron un ejército de peligrosos revolucionarios que barrieron el mundo a fines del siglo XIX.

El salvacionismo primitivo representó una de las manifestaciones más poderosas y puras del Ejército de Héroes de Dios en la historia. Para entender su acción social popular debemos comprender su motivación espiritual, porque el Ejército de Salvación vivía la verdad de que la faz de la Tierra cambia cuando se transforman los corazones de las personas.

En el maravilloso sentido del humor de Dios, Él alzó una respuesta al desastre social de la Inglaterra victoriana, de sus propias cenizas. Las personas invisibles se convirtieron en los soldados a pie de su heroica respuesta a los problemas de la Inglaterra victoriana. La prostituta se convirtió en rescatadora de las prostitutas. La mujer sumida en la miseria de los suburbios se convirtió en la virtuosa hermana que atendía a sus vecinos. La huérfana se convirtió en madre sustituta para otros huérfanos. El borracho rebelde se convirtió en valiente oficial. Las víctimas se convirtieron en agresores. Y los sobrevivientes en héroes.

El Ejército de Salvación primitivo ardía con un fuego de reavivamiento, impulsado por un llamado. La General Catherine Booth profetizó:

> "Ha surgido el decreto de que los reinos de este mundo serán los reinos de nuestro Señor y de su Cristo, y que Él reinará sobre todo derecho, desde los ríos hasta los confines de la Tierra. Creo que este movimiento inaugurará la gran conquista final del Señor Jesucristo".[2]

Concebido en profecía

Aunque el Ejército de Salvación nació del fuego, fue concebido en profecía.

> Cuatro años antes de que la Misión Cristiana tomara la forma de lo que se llamó inicialmente el Comité de Servicios Especiales del Este de Londres, el 23 de enero de 1861 un miembro, llamado Bautista Noel profetizó ante unos doscientos cristianos: "Si ha de hacerse esta obra, veremos desconocidos Luteros y Whitefields que surgirán de esta oscura mina, para expandir el evangelio mucho más allá de lo que pudiéramos imaginar… Creo que estamos en la víspera de una de las obras más grandes que Inglaterra haya visto jamás, y que el Este de Londres es el lugar indicado para comenzar".[3]

Fue una profecía exacta. Junto a héroes pioneros como John Lawley, el deshollinador Elijah Cadman y James Dowdle, Dios llamó al peregrino George Scott Railton, a Samuel Logan Brengle (D. D) y a Frederick Tucker –magistrado imperial– todos ellos héroes que comenzaron a difundir el evangelio cada vez más lejos de lo que cualquiera de los doscientos integrantes pudiera imaginar.

La palabra hebrea *naba*, traducida como "profecía" en el Antiguo Testamento, significa burbujear. La profecía burbujea y luego se derrama. A fines de 1863 se produjo el siguiente burbujeo, en un incidente durante la estadía en casa de un anfitrión:

"Disculpe, Sr. Booth... ¿qué es lo que lo tiene tan ensimismado mientras camina por el jardín?" El Sr. Booth, con el rostro resplandeciente respondió: "Mi amigo, estoy pensando un plan que cuando se implemente será de bendición para el mundo entero".[4]

¿Quién puede negar que este movimiento, este burbujeo llegó a bendecir al mundo entero?

Nacido del fuego

¡Si seguimos avanzando como ahora, habremos salvado al país entero para la Navidad!

George Scott Railton a William Booth,
a mediados de la década de 1880.

El Ejército de Salvación tiene que ver con héroes y hazañas. Es por eso que Dios nos incluyó en su plan. La gran mayoría de su Iglesia era ignorada por las tres cuartas partes del populacho. Y el cuarto restante se aburría hasta las lágrimas. Dios se aburría... así que nos pensó y, como sucede con todas las ideas de Dios, la cosa funcionó de maravillas, se expandió como un incendio por todo el globo. Sin disculpas, sin concesiones, sin confusión de identidad.[5]

En 1879, un año después de convertirse en el Ejército de Salvación, cuatro mil soldados al calor de los fuegos del reavivamiento asistieron al primer Consejo de Guerra. La General Catherine Booth les imploró:

"Ha llegado el momento de abrir fuego. Todos los demás agentes ya han sido probados: el intelecto, los conocimientos, los edificios, la riqueza, el respeto, los números. Los grandes hombres, los poderosos, los intelectuales han intentado echar a estos demonios, y fracasaron. PROBEMOS CON EL FUEGO. Hay legiones de enemigos de nuestro gran Rey. Disparemos sobre ellos. Estas son legiones de bebedores, que condenan a millones. Son legiones de suciedad, que condenan a muchos millones más. ¡De lujuria, blasfemia, robo, condena de otros millones! ¡A la carga contra ellos! Con todo el poder de la artillería del cielo. ¡Caerán de a miles![6]

El Ejército de Salvación primitivo extendió el reavivamiento como si fuera un incendio en el bosque. En diciembre de 1882 cinco salvacionistas invadieron Nueva Gales del Sur, en Australia. Dos años más tarde, ¡el Ejército de Salvación tenía veinte mil soldados y adherentes en cuarenta y seis Cuerpos! El Cuerpo es donde está la estación de misión donde se predicaba el evangelio y se capacita a los santos. La invasión de Victoria, Australia, también surgió de la nada hasta llegar a veinte mil ¡en solo dos años!

En Nueva Zelanda hubo cinco mil conversiones registradas en los primeros nueve meses.

En Buffalo, Nueva York (EE.UU.), doscientos cincuenta soldados se enrolaron en las primeras trece semanas. Produjeron su impacto en la ciudad. Los informes de la policía muestran que hubo un período de tres semanas en que no hubo ni un arresto. ¡Esta corriente espiritual fue tan grande que una de las iglesias locales llegó a tener cien miembros nuevos de una sola vez!

El periódico de Salisbury (Sudáfrica), después de unos pocos meses de invasión por parte del Ejército de Salvación, proclamó que: "El Ejército de Salvación ha 'ocupado' Salisbury, y el diablo ha tenido que retirarse a la tierra de las 'moscas' sin siquiera haber podido golpear una sola vez".[7]

La rozagante y adolescente Elisa "Feliz" (Teniente Eliza Haynes) reunió una multitud de dos mil personas en Marylebone, Inglaterra, en lo que canta un gallo. Fue famosa en el país a comienzos de la década de 1880. Se cantaban canciones sobre ella en los salones, y había muñecas, juguetes y golosinas que llevaban su nombre.[8]

Con la invasión simultánea de Toronto y Londres, en Ontario, en 1882, Canadá llegó a ser en dos años la base para setenta y tres Cuerpos y treinta y cinco Puestos, al mando de ciento cuarenta y dos oficiales.[9]

En 1884 tres muchachas adolescentes iniciaron otra base del Ejército en Owen Sound, Ontario (Canadá). Con valiente fe alquilaron un salón para mil quinientas personas. ¡El primer domingo casi no había espacio para los asistentes! En todo el país se abrieron setenta y tres Cuerpos en un solo año.

Una escuela de equitación con capacidad para cinco mil personas fue alquilada en Suecia. En menos de dos semanas ya no había espacio para los asistentes. Se alquiló entonces un astillero, ¡y hubo gente que debió quedar afuera en la nieve para poder escuchar el evangelio!

Globalmente, el Ejército primitivo experimentó un crecimiento sorprendente, un "gran reavivamiento" entre 1881 y 1886. Durante este período hubo más de doscientas cincuenta mil conversiones. ¡Eso es más de mil por semana! ¡Durante este período se abrieron cinco misiones por semana![10] La cantidad de oficiales aumentó de quinientos treinta y tres a tres mil seiscientos. El año siguiente fue aún mejor. En 1887 El Ejército de Salvaciónc creció un cincuenta por ciento, de mil quinientos cincuenta y dos a dos mil trescientos veintiocho Cuerpos. Esto equivalía a quince nuevas misiones por semana![11]

El Ejército de Héroes atacaba con el fuego del Espíritu Santo, y los demonios descriptos por Catherine Booth comenzaron a caer a medida que se transformaba la sociedad. ¡Entre 1876 y 1886, las ventas anuales de alcohol en Inglaterra descendieron casi cuarenta y siete millones de libras! En uno de los nombramientos del Mayor Jack Stoker, trece bares quebraron durante los tres primeros meses de su gestión. Para 1901 había treinta mil conversos que habían abandonado el alcohol y que integraban los rangos del Ejército en el Reino Unido. Leyes de trabajo y prostitución, códigos criminales, parámetros para el empleo, alivio al desempleado y servicios de bienestar social: todo esto llevaba el sello de este Ejército radical nacido del fuego. En verdad, la faz de la Tierra cambiaba a medida que se transformaban los corazones de las personas.

TODOS HÉROES

El salvacionista historiador Geoff Ryan explica:

> "No hablábamos solo de evangelizar ni leíamos únicamente libros relacionados con el tema. Nos uníamos para atacar el frente y jamás nos deteníamos a preguntar con toda educación: '¿Le interesaría unirse a nosotros?' Vivíamos nuestras heroicas vidas en lo cotidiano, y la gente venía de a miles hacia nosotros. Lo único que preguntábamos era "¿Podrá seguir el ritmo?' Éramos héroes, tanto para los santos como para los pecadores por igual".[12]

EL FRUTO Y LA RAÍZ

Ahora, la mayoría de las personas hoy no tiene siquiera idea del ADN espiritual del Ejército de Salvación. Y aunque se votó a William Booth recientemente como uno de los cien más grandes héroes británicos,[13] mucha gente ni siquiera conoce los detalles de su vida. Aunque el escudo del Ejército de Salvación es uno de los logos más reconocidos en el mundo, y los "salvacionistas", son la obra de caridad más querida en el mundo occidental[14], muchas personas ni siquiera saben muy bien qué es lo que hacen en realidad. La imagen estereotípica del Ejército de Salvación es la de una persona mayor que en la época de Navidad toca su campana por las calles, o la de una señora de reparte juguetes. Y para los de buena memoria, la de una joven que reparte rosquillas a los soldados en la guerra mundial.

Como solución para los problemas de la Inglaterra victoriana, y para los de nuestros días también, el Ejército de Salvación ha sido aplaudido durante décadas. Pero aunque el mundo reconoce los magníficos logros sociales y humanitarios del Ejército, muchos no reconocen su motivación espiritual. Muchos filántropos no quieren saber nada con la religión entusiasta ni con la espiritualidad, aunque aman los resultados de los ebrios que dejan de beber, de los adictos que dejan de consumir, de las mujeres víctimas de abuso que son rescatadas, de los matrimonios restaurados, de las prostitutas redimidas, de los huérfanos adoptados, etc. Como afirmara un Primer Ministro canadiense: "El Ejército de Salvación es una fuerza espiritual vital con una aguda conciencia social".[15]

La gente quizá prefiera la conveniencia de pasar por alto la base reavivadora del Ejército. Pero uno no puede obtener el fruto sin la raíz. A la sociedad le gusta el fruto. Y, sin embargo, el árbol sigue siendo el árbol. Un árbol diferente produciría un fruto distinto. Jesús lo dijo. Puede ser que la gente quiera divorciar el fruto de la raíz, pero esto no es posible. Sin entender y aceptar los principios dinámicos y las experiencias vitales que generaron su éxito, la mera imitación superficial está destinada a fracasar. Así que debemos dejar que quienes hicieron nacer este poderoso movimiento hablen por sí mismos. ¿Qué dicen del salvacionismo?

Una sola idea

Vencer, conquistar, someter. No enseñar solamente, sino convencer a las naciones para que sean discípulos del Hijo de Dios.

- General William Booth

No tenemos *hobbies*... a menos que sea un *hobby* salvar la mayor cantidad de almas con la mayor salvación posible en el mínimo espacio de tiempo con los mejores métodos que podamos imaginar. Esa es la suma y la sustancia de nuestra misión.

- Comisionado Frederick Booth-Tucker

Sin excusa y autoconsideración de salud, órganos o vida, los verdaderos soldados pelean, viven para pelear, aman pelear, aman el fragor de la lucha y mueren en medio de esta.

- General William Booth

En su vejez Booth recibió reconocimiento mundial por su heroísmo:

"Dejando su galera sobre una silla, e inclinándose, el General lavó sus manos en un balde de los que utilizan los obreros. Estaba listo entonces para visitar a la cabeza del Imperio Británico.

Se sentía feliz de poder hablar de la obra de su gente en cuarenta y nueve países. El rey lo felicitó y preguntó cómo veían su obra las iglesias. 'Señor', respondió el guerrero de 75 años, 'me imitan'.

Al rey esto le causó gracia, y le pidió que firmara en su álbum de autógrafos.

La ambición de algunos es el arte.
La ambición de algunos es la fama.
Otros ambicionan el oro.
Mi ambición son las almas de las personas.[16]

Parte del éxito logrado en el salvacionismo primitivo es atribuible a la pasión compartida: ganar al mundo para Jesús. Fue tal la efectividad de sus esfuerzos que Catherine Booth pudo afirmar lo siguiente sin que la echaran de la ciudad:

"Desde los apóstoles no hay registros de un cuerpo que haya abrazado y abarcado de tal manera la idea divina, con cada uno de sus miembros que conozcan que todos sus objetivos en la vida se someten al único y grandioso propósito de predicar el Evangelio a toda criatura, y luchan por ganar cada alma con la que establecen contacto, para su salvación".[17]

"El punto no era la evangelización, sino ganar el mundo. Aunque la evangelización es por cierto parte integral de ello, también lo es el discipulado. El General William Booth afirmó: 'El objetivo por el que existe este Ejército es, en resumen, tomar a los esclavos del pecado y no solo convertirlos en hijos de Dios sino, en lo posible, transformarlos en ganadores de almas'."[18]

La guerra mundial en contra del pecado era la única pasión del salvacionista primitivo:

> "¿Cuál es nuestra tarea? Ir y subyugar al mundo ante Jesús, a todos los que podamos llegar, a todos los que podamos influenciar, para traerlos a los pies de Jesús.[19] Mi tarea consiste en salvar al mundo. Si esto implica detener las fábricas, los telares y los barcos, entonces que se detengan. Cuando hayamos convertido a todos, entonces podrán continuar trabajando".[20]

Este Ejército de Héroes no se conformaba con un crecimiento numérico, ni con las buenas reuniones ni con los favores. Había una idea corporativa, compartida y resuelta que los impulsaba a lograr su misión:

> "El ejército, a causa de su éxito, siempre está en peligro de apartarse de la gran masa perdida para cuya salvación fue creado y a quienes les fue enviado expresamente. El único remedio es atacar. Hay que cruzar el golfo, y volver a cruzarlo una y otra vez. La agresión es la clave al indispensable y único medio de conquista. Para vencer, debe haber agresión desesperada, sistemática, perseverante y habilidosa. Debemos ir hacia la gente. Debemos atacar. Debemos inventar nuevos métodos si los antiguos no nos llevan a estar en contacto con las multitudes. Porque no importa a qué costo, debemos llegar a ellos. Debemos atacar".[21]

Valiente, temerario y decidido

Querían ganar el mundo para Dios. Se sacrificaron enormemente para lograrlo.

El Comisionado Railton estableció la ley de "un servicio a cielo abierto y un servicio bajo techo –al menos uno de cada uno– en cada estación, todas las noches".[22]

Ingenuamente hoy creemos que podemos lograr más que nuestros ancestros a causa del avance de la tecnología. Después de todo, tenemos Internet, televisión, radio y aviones. El Ejército de Héroes del siglo XIX no tenía nada de eso. Y, sin embargo, sus expectativas eran mucho mayores de las que podríamos pensar en imponernos hoy, a nosotros mismos o para otros. William Booth instruía: "En circunstancias ordinarias, un Capitán Oficial *valiente, temerario y decidido* puede hacerse conocer a treinta mil personas en menos de tres días".[23]

¿Cómo podríamos compararnos con los valientes, temerarios y decididos salvacionistas de entonces? ¿Qué posibilidad hay de que viéramos este informe en alguna de las más importantes publicaciones cristianas hoy?

> Mi corazón está lleno de gozo. Estamos enloqueciendo al demonio. ¡La victoria llegará! Veamos a los mártires que tendremos en el futuro cercano, porque los tendremos. Bueno, somos salvos para morir y no nos importa mucho dónde se entierren nuestros huesos.[24]

¿Cuántas posibilidades hay de que enviáramos por e-mail este plan a corto plazo a nuestro superior, como lo hizo el Capitán Albert Brice en un telegrama al Comisionado Thomas Coombs, en el fragor de la persecución de 1887?: "Espero la gloria para el miércoles por la noche".[25] Lo que esperaba era su martirio.

Catherine y William Booth reprochaban a las iglesias de su época muchas cosas que hoy también podrían reproharse:

> "Tenemos que someter a todos a Cristo. Nadie se someterá voluntariamente. No tenemos ni armas, ni conocimientos, ni influencia de mundo ni dinero para someter a otros, y no utilizaríamos nada de ello ni podríamos hacerlo para lograr a un solo converso, aunque lo hiciéramos. Tenemos que hacerlo simplemente por el poder del Espíritu Santo que obra a través de nosotros".[26]
>
> Estas personas están en estos senderos de rutina y tradición, donde sus ancestros las dejaron, ocupan su tiempo en admirar la sabiduría, la benevolencia y la devoción de sus antepasados en lugar de IMITAR SU AGRESIVA FE, y MARCHAR A CONQUISTAR EL MUNDO.[27]

Esta opinión era compartida por quienes estaban fuera del Ejército. Isak Dinesan, autor de *Out of Africa* [África mía], escribió a su familia en 1911 desde aquel continente:

> "A algunos les basta la aventura de aprender a conducir un automóvil, o de asistir a la escuela de la Sra. Zahle. Pero hay otros que deben tomar un camino diferente y perderse en una guerra, explorar el Polo Norte o unirse al *Ejército de Salvación*. Es el destino de algunas madres que sus hijos estén predestinados a recorrer esos caminos".[28]

Sistema de misión

Al hablar de sistemas y organización suena vulgar la yuxtaposición con el tema de la pasión y el fuego. Sin embargo, es cierto que debemos formar una estructura para poder dar lugar a un reavivamiento. La organización del Ejército de Héroes del siglo XIX estaba formada para lograr el éxito. La estructura salvacionista formaba parte de su definición:

> "Somos un ejército de soldados de Cristo, organizados tan perfectamente como hemos podido hacerlo, sin buscar posición como iglesia, evitando la plaga de la rutina denominacional, para perpetuamente llegar a más y más de aquellos que viven por fuera de las fronteras de toda iglesia".[29]

Esta manifestación del Ejército de los Héroes no era solo jerga militar. La Misión Cristiana en realidad se convirtió en el Ejército de Salvación, con soldados perfectamente organizados.

Los medios prefirieron llamarlo un "sistema a sangre fría".[30] De las primeras Órdenes y Normas, un reportero acotó: "Es lo suficientemente agudo como para haber sido escrito por Maquiavelo. El libro es inteligente en el sentido más mundano".[31]

Catherine Booth no lo negó del todo, pues afirmó:

> "Creemos que toda medida racional, toda medida que los hombres utilizan respecto del mundo, si es legal y buena, puede ser transferida mediante la santificación del motivo, mediante la transposición de objetivo, al Reino de Dios. Sí, esto es lo que nos gobierna".[32]

El cambio, la adaptación y la novedad eran principios perseverantes en el salvacionismo primitivo.

El Espíritu Santo en acción

Claramente este Ejército de Héroes del siglo XIX era un movimiento de santidad, con la santidad como ligamento teológico que unía a todas las partes. Era la bendición de un corazón limpio, un amor perfecto, de la erradicación de la inclinación por el pecado, lo que impulsaba al movimiento. Pero los Booth también querían asociar el éxito del Ejército de Salvación a la obra del Espíritu Santo:

> "Se han dicho tantas cosas feas sobre el Ejército de Salvación, porque hubo gente que cayó de rodillas ante el poder del Espíritu Santo en nuestras reuniones. Pero verán ustedes: esto es apostólico".[33]

En respuesta a la crítica, Catherine Booth preguntó: "¿Por qué será que dondequiera que vamos como organización, se producen señales y milagros?"[34]

Arrepentimiento completo

El sistema más habitual entonces y hoy en el evangelismo, es la tendencia a invitar a Jesús a nuestros corazones sin arrepentirnos de nuestros pecados. Catherine Booth explicaba:

> "Intentan creer; quieren seguir a Dios, pero se los impide la mano derecha y el ojo derecho que el Espíritu Santo les ha indicado que deben cortarse y sacarse antes de que Él los acepte. No quieren hacerlo, así que siempre seguirán aprendiendo y jamás llegarán a conocer la verdad. Hay que renunciar al mal con nuestra voluntad. Debemos tener la voluntad de 'obedecer la verdad'. Debemos decir: 'Sí, Señor'".[35]

El Ejército de Salvación primitivo peleó muchas largas batallas en tanto el Espíritu Santo limpiaba a los hombres y mujeres de la culpa del pecado, les traía rectitud y piadosa pena por el mal cometido, además de guiarlos al arrepentimiento que lleva a la salvación y borra toda lamentación. Fuera del Cuerpo, e irónicamente, muchos dentro del mismo también, se ofenden ante lo que puede haber de semejanza entre la convicción, la piadosa pena y el arrepentimiento. Una descripción en son de crítica hacia las reuniones de oración y vigilia del Ejército de Salvación se publicó en un periódico:

> "Tan grande era la conmoción en el centro del salón, tan aterrador el ruido que este incidente –cuatro hileras que tropezaban– que en una congregación común habría causado impacto, pero aquí apenas pasó inadvertido. Varias figuras se inclinan cerca de la plataforma, murmurando y con las manos apretadas en oración. Las 'Muchachas Aleluya' las han rodeado; la alta figura del propietario del 'Violín del Aleluya' gira a su alrededor. Todos cantan y gritan 'Gloria a Dios' y el General sonríe plácidamente en actitud de satisfacción.
>
> ¡Penitentes! ¿Son penitentes los que se arrodillan y aprietan sus manos en oración? ¿O son personas contagiadas de un entusiasmo del momento?
>
> Como se verá de lo que he escrito, hasta que los penitentes 'se arrojan a los pies de Jesús', como dicen ellos, las reuniones del Ejército de Salvación son tolerablemente cuerdas. Pero cuando los penitentes pasan al frente, la cordura acaba.
>
> Una media docena de jóvenes rapados vociferan plegarias, sus rostros vueltos hacia mí. ¿Dije orar? Es gritar, con los ojos cerrados. Sus cuerpos se mecen, con las manos en alto, y vuelven a bajar para golpear con el puño el suelo; se contorsionan como si sufrieran una aguda agonía.
>
> Los conversos vuelven a sus asientos con el rostro encendido. Sigamos a uno de ellos. Es un muchacho de cara grandota, alto, de unos veinte años. Hace unos minutos echaba espuma por la boca. Ahora, baila gritando 'aleluya' y saltando del brazo de todo quien se acerque en la ronda del baile. Luego subirá a una de las plataformas y a los gritos relatará su experiencia, en medio del bullicio que hará que nadie lo oiga. Luego volverá a bailar, a reír y llorar alternadamente, y volverá a estrechar la mano de todos los que estén cerca. De hecho, es ahora un converso".[36]

El salvacionismo primitivo ponía énfasis en el arrepentimiento del pecado. En la ponencia de salvación de William Booth, *How to Find God* [Cómo encontrar a Dios] cinco de los siete pasos tienen que ver con el arrepentimiento. Si todos nuestros conversos de hoy pasaran por este proceso de análisis de conciencia, acompañado o no por las manifestaciones externas descriptas más arriba, seguramente tendríamos más guerreros en el Ejército de Héroes.

Persecución

Pisándole los talones al Ejército de Salvación, otra creación victoriana nació no de la imaginación de Dios, sino de la del diablo. El Ejército de Salvación registró su nombre en 1878. En tres años solamente, el Ejército Esqueleto se organizó en Weston-super-Mare.

El grito de Batalla de Navidad de ese año dice que "los oficiales en jefe del Ejército Esqueleto que se alzaron contra nosotros en Exeter terminaron por convertirse". Esto marcó el comienzo del uso popular del nombre. Durante quince años la bandera del Sangre y Fuego del Ejército de Salvación se vio desafiada en reuniones al aire libre por la Calavera del Ejército Esqueleto.

El periódico "Bethnal Green Eastern Post", en noviembre de 1882, expone los propósitos que subyacen a este "contraejército" creado para enfrentarse con los héroes:

> "Una turba de 'rudos' puros y no adulterados ha infestado el distrito durante las últimas semanas. Estos vagabundos se autodenominan Ejército Esqueleto. Los 'esqueletos' tienen recolectores y planillas para la recolección, y una de ellas llegó a mis manos. Contenía una lista de propietarios de tienda. Encontré que había carniceros, vendedores de cerveza y publicanos que adherían a este grupo. El recolector me dijo que el objeto del ejército esqueleto era aplastar a los salvacionistas, seguirlos dondequiera que fueran haciendo sonar sus tambores y burlándose de sus cánticos, para que les fuera imposible conducir sus servicios y procesiones. En la turba esqueleto hay un gran porcentaje de vagos consumados, producidos por Londres, merecederos de pertenecer a la clase de publicanos que odian la junta escolar de Londres, la educación y la templanza, y que viendo el comienzo del fin de su tráfico inmoral se preparan para la empresa más desesperada.
>
> Los ejércitos esqueleto por lo general llevaban banderas que tenían dibujada la calavera con los huesos cruzados, inspirados sin duda por la prominencia que se daba a los piratas. También había variaciones: dos ataúdes, el lema "sangre y trueno". Otros decoraban sus banderas con monos, un demonio y ratas. Y aún otros llevaban una bandera amarilla con las tres Bs: "Beef, beer and "bacca"! (Carne, cerveza y tabaco).[37]

Escuche la siguiente representación de la invasión de Coventry, Inglaterra:

> "Este bendito tambor es nuestro púlpito y plataforma para los penitentes", dijo la Hermana Caroline Reynolds. "Amigos, como muchos ya saben, la Hermana Burrell y yo hemos sido enviadas por William Booth... para abrir el fuego en representación de nuestro bendito Redentor".
>
> En ese momento, unos bandidos comenzaron a aullar como lobos en la medianoche buscando presa, armados con pescados, vegetales, huevos y

huesos con carne podrida, pero la Hermana Reynolds levantó los brazos y severamente ordenó: '¡Deténganse! Los asuntos del Rey deben hablarse con claridad, muchachos. Después de la oración llamaremos a la señorita Katie Docker para que dé su testimonio. Es una de las preciosas gemas que brillan con el amor de Jesús que irradian sus corazones'.
'¡Hurra por Katie Docket!', gritó uno de los bandidos, y todos se le unieron. Aunque una voz embriagada gritó: '¡Vete a casa, Katie Docker! ¡Vete ya!' Las dos mujeres y únos cincuenta reclutas se arrodillaron en la nieve mientras la Hermana Reynolds oraba.
'¡Dios de la creación, condena a Coventry! Lleva a esta Babilonia de sesenta mil almas a la desolación, y luego elévala en Jesús a un reavivamiento en que todo desviado Tom, Dick y Harry de los alrededores, sea sanado. Haz que sientan agonía hasta que se deshagan de todo peso que los oprime, para que con gozo salten en la fuente de tu amor. ¡Entonces bésalos, abrázalos y envíalos a buscar a sus compañeros perdidos! ¡Oh, barre las calles de la ciudad con nosotros, tus escobas consagradas, y envía el reavivamiento! Envíanos resultados que desde este rincón del mundo se enciendan con tu amor. En el precioso nombre de Jesús. ¡Amén!"
Katie Docker avanzó; llevaba una Biblia con aspecto de muy leída en sus manos enfundadas en mitones. Apenas la hubo abierto dos rufianes con gorras negras de lana comenzaron a burlarse.
"¡Katie, aléjate! Jimmy Docker jura que te romperá la cabeza si vuelves a hablar en público. Nos envió para que te convenciéramos de no hacerlo."
Era miel pura la sonrisa que Katie les ofreció antes de abrir su Biblia. Con toda calma prosiguió: "La paga del pecado es la muerte, pero el regalo de Dios es la vida eterna por medio de nuestro Señor Jesucristo".
Como flechas furiosas los bribones corrieron hacia el mercado donde andaba vagando Jimmy Docker, conocido durante la mitad de sus treintitantos años como el villano más notable de la región. Ahora, antes de que Katie terminara, se oyó un aullido que seguramente llegó a oídos de los que estaban en la torre de Londres: "¡Auuuuuuuuu, auuuuuuuuu!" Una retahíla de insultos, suficientes como para asustar a cualquiera, perforó el aire mientras Jimmy se acercaba corriendo en la nieve, blandiendo un mango de hacha, seguido de una docena de bribones. "¡Auuuuuuuuu, auuuuuuuuuu!", se burlaban de los 'Aleluyas'. Hicieron caer a las mujeres en la nieve, la multitud se dispersó como si fueran plumas al viento, y con pisotones, insultos y gritos se enfrentaron a Katie que seguía leyendo las Escrituras. Con las piernas separadas, y el palo en alto, Jimmy Docker rugió: 'Katharine, esposa de James Docker, da un paso al frente y sigue a tu amo y esposo'.
Silencio.
'Si no vienes romperé todo.'
Mirándolo como si le rogara, Katie siguió: 'El pueblo que andaba en

> tinieblas vio gran luz; los que moraban en tierra de sombra de muerte, luz resplandeció sobre ellos…'.
> 'Katie Docker, ven por tu propia voluntad o… –gritó Jimmy, al punto que se abalanzaba hacia ella.
> 'Señor –gritó Elisa– para llegar a Katie, primero deberá pasar por encima de mí. ¡Atrás!'
> Docker se sorprendió ante esta rebelión en miniatura, y se detuvo, intentando recuperar el aliento.
> Las damas predicadoras se apretaban frente a Elisa.
> 'Yo estoy al mando, Sr. Docker –dijo la Hermana Reynolds–. Aplásteme antes de tocarle un pelo a Katie.'
> ¡Y a mí también. ¡Aplásteme! –lo desafió la Hermana Burrell, casi un duplicado de la Hermana Reynolds, de rasgos valientes.
> Jimmy Docker y sus compinches se alejaron. Los 'Aleluyas', por docenas, se apilaron en la nieve, sucios, sangrando y lastimados después de su enfrentamiento con la brigada de Docker, se negaron a tomar la ofensiva o a defenderse…
> Esa tarde, el 8 de marzo de 1878, diecisiete agentes policiales debieron trabajar para someter a James Docker, y uno de los oficiales perdió parte de su oreja derecha debido a un mordisco que ganó por cumplir con su deber. El odio y la ira en la guerra de Crimea no habían sido mayores, según lo dicho por varios veteranos presentes, en tanto la pelea de Docker se vio apagada y los 'Aleluyas' siguieron predicando su pasiva y no violenta resistencia ante el mal".[38]

El punto de esta historia verídica es que en septiembre 1878 el nuevo converso Jimmy Docker avanzaba hacia el altar vestido con un traje negro limpio, un suéter rojo, zapatos lustrados y un cartel que decía: "GLORIA".[39]

Estas bandas de forajidos, sin organización, a menudo se movilizaban a cambio de güsqui gratis ofrecido por los dueños de los bares cuyo negocio se veía amenazado por la efectividad del evangelio del Ejército de Héroes, que convertía a sus clientes. Esto sucedió en Inglaterra hasta 1892.

En los primeros años de la campaña canadiense, los edificios de los Cuerpos del Ejército de Salvación sufrían ataques continuos y hasta incendios.[40]

La confrontación más notoria, "La Batalla de la Basílica", el 24 de noviembre de 1887, confirmó los temores del Ejército respecto de la oposición siniestra e insistente de Quebec hacia el evangelio. Unos cinco mil manifestantes se reunieron para atacar al Ejército; causaron destrozos en sus edificios, pelearon con los soldados y la policía, y armaron un caso testigo en la corte que terminó culpando al Ejército.[41]

No toda persecución fue físicamente violenta. En 1886 un soldado de dieciocho años, pionero del ejército de Salvación, presentó el siguiente informe luego de una noche de "disturbios" en *The Black Cat* [El gato negro], de Johannesburgo, Sudáfrica.

> "La mesera era en verdad un 'gato negro'. Me tomó del brazo, me llevó a una habitación y me encerró allí. Me insultó. Yo me senté en una silla y ella comenzó a desvestirse. Yo me tomé la cabeza con las manos y comencé a orar. Ella luego empezó a escribir cartas a mi oficial, diciendo las cosas más sucias sobre lo que yo había hecho y lo que no. Esto duró hasta las 22:00, hora del cierre. Luego vino un hombre, me dejó salir y me pagó por mis gritos de guerra. Más tarde debí evitar a los Esqueletos, y tomar un desvío de casi cinco kilómetros para llegar a mi casa.[42]

Los propietarios de bares no estaban solos. El alcalde de Eastbourne declaró que era su intención "terminar con este asunto del Ejército de Salvación", y que si era necesario, el concejo de la ciudad convocaría al Ejército Esqueleto para que ayudara. Así lo hizo, y la colisión del gobierno con el Ejército Esqueleto conformó un brutal ataque en contra de los indefensos salvacionistas. Al comienzo la Policía Metropolitana de Londres hizo oídos sordos al pedido de protección de los salvacionistas. Su líder, Sir Edmund V. Henderson, hasta negó la existencia de lo que se decía que sucedía. En Canadá los arrestos eran cosa de todos los días, y en una ocasión "prácticamente todo el Cuerpo fue encarcelado", en Lindsay en 1887, en "UNA PEQUEÑA Y OSCURA CELDA".[43]

Antes de 1892, cuando la opinión pública británica cambió y los serios conflictos con la policía dieron como resultado medidas legales drásticas, el Ejército de Salvación sufrió mucho. Entre los miles de incidentes y golpizas, a la oficial del Cuerpo de Guilford la patearon hasta que quedó inconsciente, a solo unos metros del destacamento de policía, y otra mujer soldado fue herida tan gravemente que murió en una semana. En Shoreham, una capitana murió porque le arrojaron una piedra.[44]

A menudo la oposición provenía de la alta sociedad y la Iglesia. T. H. Huxley, quien llamó al salvacionismo "Cristianismo coribántico", haciendo un paralelo con los rituales de dicha religión muerta, fue simultáneamente uno de los más respetados pero más acérrimos críticos del Ejército de Héroes y su General. Declaró:

> "Pocos males sociales son de mayor magnitud que el fanatismo religioso sin estructura, condonado por la impunidad; no hay hábito personal que degrade tanto la conciencia y el intelecto como la obediencia ciega e incuestionable a la autoridad ilimitada".[45]

De otra fuente surgían críticas como:

> "Servicios histriónicos, genuflexiones… del Ejército de Salvación, entre quienes apenas se atisban vestigios de temor religioso o siquiera el decoro de las cosas reverenciadas por sus vecinos. La tranquilidad del cielo se ve interrumpida por el vil bullicio de 'filas', 'Aleluyas', y profetas 'alegres' que ascienden en carros de fuego".[46]

> Los periódicos continúan llenándose de cartas de queja sobre las andanzas de la más ruidosa adición a la variedad de expresiones de disenso religioso. Todos los días hay gente que escribe para preguntar si a la vanidad y la vulgaridad debe permitírsele cortar el tránsito y poner en peligro nuestras vidas en la calle. Por el bien de aquellos que necesitan que todo se les anote en mayúsculas, destacamos que nos referimos al Ejército de Salvación. Convendrá evitar el riesgo de que se nos malentienda, porque podríamos hablar de estos modernos flageladores, de estos bufones blasfemos y desagradables, sin llamarlos 'por su nombre'".[47]

Fue durante este período que el Ejército de Salvación creció más explosivamente en lo espiritual, más que nunca en la historia del mundo. Sin que importe el momento o el lugar, sea oponiéndose a los síntomas de una humanidad caída, manifiestamente en la opresión, la explotación, la crueldad y la injusticia, o la raíz de su caída, vemos que la conversión del corazón y la persecución siempre están en la punta de la lanza.

La conquista de la Isla del Diablo

La Isla del Diablo ya era conocida antes de que se encarcelara allí al famoso Capitán francés Alfred Dreyfus en el establecimiento penal, en 1895. También era conocida antes de que apareciera en la película *Papillón*, casi un siglo más tarde.

Las condiciones eran horrendas: "Se obligaba a los prisioneros a trabajar con el agua por la cintura, atacados por mosquitos transmisores de malaria, bajo los rayos de un sol ardiente. Se combinaban trabajos forzados con raciones de comida apenas suficientes como para sobrevivir".[48]

Si un prisionero no llegaba a cubrir su cuota diaria de leña, se le daría solo pan seco para comer, y al día siguiente debía agregar su deuda de trabajo a la cuota que correspondiera.[49] "Los hombres morían de fiebre, la lepra hacía estragos, no había buena comida y los azotes eran cosa de todos los días."[50]

La degradación estaba a la orden del día. Para minimizar intentos de fuga –limitados ya por las pirañas, las hormigas, las nubes de mosquitos y los caníbales– los prisioneros debían trabajar desnudos, con la excepción del calzado y los sombreros de paja.[51] Una vez cumplida su condena, los prisioneros debían permanecer allí y conseguir un empleo para pagar el "costo" de su estadía en la cárcel y conseguir un pasaje de vuelta a su hogar. Solo una cuarta parte de los cincuenta y seis mil prisioneros volvieron a Francia. La revista *Crime* ha denominado a esta prisión la más infame en la historia.[52]

El Ejército de Salvación invadió las islas. Liderados por el Mayor Charles Pean, decidieron traerles vida y propósito a los desesperados cautivos.

Este héroe mejoró sus condiciones de vida, los capacitó, cuidó de los enfermos, consiguió viviendas para los ex convictos, predicó el evangelio con integridad, creó empleos, generó negocios de exportación y transformó a la sociedad en general.[53] Terminó con la injusticia y la crueldad. Venció a la maldad de la colonia penal. ¡Logró clausurar la prisión de la Isla del Diablo!

Y el resultado fue que la isla entera se convirtió. Lo que antes se llamaba Isla del Diablo es hoy la Isla de la Salvación.

Capítulo siete

La oscura Inglaterra y la salida

El salvacionismo es simplemente vencer y derrotar a la maldad en la Tierra

El Ejército de la Revolución recluta a los Soldados de la Desesperanza.

Busquen las almas, esperen lo peor.

-William Booth

A menudo se dice que a comienzos del siglo XX en los inicios de la telegrafía inalámbrica, William Booth envió un mensaje de una sola palabra por telegrama para alentar a sus oficiales en todo el mundo: "¡Otros!"

Esta palabra fue el lema de Lambert Booth en 1895, y también el título del informe anual del ejército en 1894-95.

Cuando naufragó el Empress of Ireland, con ciento treinta oficiales del Ejército de Salvación a bordo (29 de mayo de 1914), se ahogaron ciento nueve oficiales, y ninguno de los cuerpos recogidos llevaba puesto un chaleco salvavidas. Los pocos sobrevivientes relataron que los salvacionistas, al observar que no había chalecos suficientes para todos, se quitaron los que tenían puestos y se los pusieron a las demás personas diciendo: "Puedo morir mejor que usted", y desde la cubierta del barco que se hundía, gritaron su lema de batalla: ¡Otros![1]

Dos años antes, el 9 de mayo de 1912, en el Royal Albert Hall de Londres, el viejo guerrero William Booth había predicado por última vez. Se despidió de sus camaradas, explicó que se retiraba para trabajos de reparación, y concluyó:

> "Mientras lloran las mujeres como lo hacen ahora, yo seguiré peleando. Mientras mueren de hambre los niños como sucede ahora, yo seguiré peleando. En todo momento, seguiré peleando: donde haya un ebrio, donde haya una niñita perdida en la calle, donde quede una sola alma oscura sin la luz de Dios, ¡seguiré peleando hasta el final!"[2]

William Booth, con magistrales pinceladas, pinta el cuadro de la pelea:

> "El hombre que camina con los ojos abiertos y un corazón sangrante, por los escombros de nuestra civilización no necesita fantásticas imágenes de un poeta para conocer el horror. Muchas veces he visto al joven y al pobre, al indefenso caer antes mis ojos en el pantano, pisoteado por las bestias de presa con forma humana que merodean estas regiones, como si Dios ya no estuviera en este mundo, como si Él hubiera sido reemplazado por un demonio sin misericordia, duro y malvado como el mismo infierno".[3]

El sentido común sugiere que salvar y santificar a la población del mundo cambiará la naturaleza del mundo. La santidad es aquí la solución a todo problema. William Booth veía la transformación de la sociedad como la causa necesaria y como medidor del progreso de la misión para ganar al mundo para Jesús. Utilizando términos sociológicos, era necesario pero no suficiente. Es decir, cubrir las necesidades elementales de los pobres les permitía escuchar el evangelio. Era necesario que lo escucharan, pero esto no alcanzaba para que fueran salvos. Booth lo expresaba de este modo: "Nadie jamás se salvó con el estómago vacío". Y el cambio en la sociedad indicaría la medida del progreso. Si la gente en verdad se salvaba, esto se vería en el cambio de su estilo de vida.

Es difícil para nosotros imaginar la sociedad antes de que existieran los programas de bienestar social. Piense en Dickens, si lo desea. No había red El pobre que junto con el carbón y la innovación en gran parte sostenía la Revolución Industrial, sufría las terribles condiciones imperantes en su hogar y en su trabajo.

> El problema de la pobreza de la década de 1880 fue causado por la administración de la Ley del Pobre. El Estado aceptaba la responsabilidad de brindar techo y comida a todo hombre, mujer y niño destituido, pero cumplía esta responsabilidad de manera que la pobreza se convertía en estigma. Los que temporalmente no tenían hogar eran albergados en galpones. Debían romper piedras o hacer las tareas tradicionales de un prisionero. La necesidad de completar su tarea causaba gran angustia a quienes a menudo estaban debilitados por el hambre. El principio parecía ser que debía crearse una vida tan intolerable para el pobre como para que buscara empleo con mayor

diligencia. El hecho de que la mayoría de los mendigos habrían aceptado gustosos un empleo seguro ni siquiera se les ocurría a las autoridades. Solo quienes no tenían más que la ropa que llevaban puesta podían albergarse en un Hogar para Pobres. Era un dudoso honor, porque las condiciones de estos hogares eran también deplorables.[4]

Booth no proponía un evangelio social. Ni siquiera había sucumbido a la relativa comodidad de alimentar a los perdidos en lugar de salvarlos, o de darles techo en lugar de hacer de ellos discípulos. De hecho, insistía en cobrarles a los hombres por su comida, algo que hoy se ve con desdén. Inspirado por Dios, él y Catherine crearon un plan ambicioso, masivo y brillante para rescatar al "décimo sumergido" de la sociedad, lo más bajo del proletariado.[5] Booth representaba a lo peor de la población como quienes vivían en extrema pobreza, despojados de todo, como:

> "….el décimo sumergido, digo, porque su cantidad actual representa al diez por ciento de la población del país –gran parte del resto vivía también en condiciones deplorables– una cantidad que él consideraba "escandalosamente alta". Este segmento de la población, decía Booth, era nominalmente libre, pero en realidad estaba esclavizado".[6]

El grito de batalla de Booth era: "Dios por las almas, y vayamos por los peores". Su plan se llamó "En la oscura Inglaterra, la salida" y ha sido la base de los sistemas de bienestar social del mundo entero.

A pesar de que los historiadores revisionistas intentan mostrarlo como una máquina tendenciosa en su época, el Ejército de Salvación del siglo XIX era cualquier otra cosa, menos esto. "No hay paradoja más asombrosa en la historia moderna de Inglaterra"[7]. Esto no significa que el Ejército no fuera innovador. Eran pioneros en el uso de automóviles y películas en su misión evangelizadora. Pero tampoco eran sirvientes de la cultura. Su intención iba más allá de la relevancia cultural, hacia la influencia cultural.

Sin embargo, Booth utilizó la cultura para sus propósitos. El *New York Herald* envió al renombrado explorador africano Sir Henry M. Stanley, a lo que él llamaba "el África más oscura", para encontrar al Dr. David Livingstone. El relato de Booth, *Through the Dark Continent* [En el continente oscuro], fue un *best-seller* que causó sensación.[8] Booth efectivamente pintaba las condiciones de la oscura África de los británicos victorianos para captar sus corazones, su determinación y sus fondos.

Desde el prefacio de este controversial libro Booth destacaba sus propósitos:

> "Se verá entonces que en este y en cualquier otro emprendimiento que siga, no tengo intención de apartarme en grado alguno de los principios sobre los que he actuado en el pasado. Mi única esperanza para la liberación permanente de la humanidad entera respecto de la miseria, en este mundo o en el venidero, es la regeneración o renacimiento del individuo mediante el poder del Espíritu Santo a través de Jesucristo. Sin

embargo, al proveer el alivio de la miseria temporal, supongo que solo estoy facilitando las cosas donde hoy hay dificultades, y haciendo posible lo que hoy es imposible, para que los hombres y las mujeres encuentren su camino a la cruz de nuestro Señor Jesucristo.

El tiempo, la experiencia, la crítica y por sobre todas las cosas, la guía de Dios nos permitirá, espero, avanzar en las líneas que aquí establecemos hacia la verdadera y práctica aplicación de las palabras del profeta hebreo: *'Heme aquí. Si quitares de en medio de ti el yugo, el dedo amenazador, y el hablar vanidad; y si dieres tu pan al hambriento, y saciares al alma afligida (...) los tuyos edificarán las ruinas antiguas; los cimientos de generación y generación levantarás'* (Isaías 58:10-12)."

La carta del caballo de tiro

William Booth era un gran comunicador. Resumió el plan en su "Carta del caballo de tiro" demostrando los principios del éxito con "Luces en la oscura Inglaterra".

¿Cuál es, entonces, el parámetro hacia el que debiéramos esforzarnos en nuestra obra con esperanza de ver resultados en nuestros tiempos? Es un parámetro humilde, sí, pero si se logra resolvería los peores problemas de la sociedad moderna. Es el parámetro del caballo de tiro de Londres. Cuando en las calles de Londres un caballo de tiro, por cansancio, error o estupidez, tropieza, cae y yace en medio del tránsito, no se debaten los motivos por los que llegó a tropezar, sino que con diligencia intentamos ponerlo de pie nuevamente. El caballo de tiro es una ilustración muy real de la humanidad quebrada; por lo general cae por cansancio o debilidad.

Si lo ayudamos a levantarse sin alterar sus condiciones, le daremos solamente una dosis más de agonía. Pero claro, primero hay que ayudarlo a levantarse. Probablemente se deba al cansancio de trabajar demasiado, o a la falta de alimento o a su propia culpa por elecciones equivocadas. Eso no importa. Si no es por su propio bien, entonces meramente para impedir la obstrucción del tránsito, la atención se concentra en cómo ponerlo en pie nuevamente. Se le quita el arnés, las correas y todo lo que le estorbe, y se hace todo lo posible por levantarlo. Entonces se le vuelve a colocar el bocado, las riendas y todo lo demás, y se le devuelve a su rutina de trabajo. Ese es el primer punto.

El segundo punto es que todo caballo de tiro en Londres tiene tres cosas: un refugio para la noche, comida en el estómago y trabajo mediante el cual se gana su alimento.

Estos son los dos puntos de la "Carta del caballo de tiro". Cuando está caído se lo ayuda a levantarse, y mientras viva tendrá comida, techo y trabajo. Aunque es un parámetro humilde, en el presente es absolutamente imposible de conseguir para millones de mujeres y hombres en este país. ¿Podrá redactarse una "Carta de caballos de tiro" para los seres humanos? Mi respuesta es un rotundo "sí". Se puede.

Este discurso avergonzó al público y causó una ola de apoyo y aportes para su inmenso proyecto. Booth continuó trabajando con éxito que se hizo público, y demostró la viabilidad de su plan. Transformó la industria de la fabricación de fósforos en Inglaterra.

Luces en la oscura Inglaterra

Una madre y sus dos hijos menores de nueve años trabajaban dieciséis horas al día, sin descansos para el almuerzo o merienda, fabricando fósforos en condiciones atroces por solo dos chelines –equivalente al poder de compra de setenta y cinco centavos de dólar en 2002–.[9]

Los fósforos se hacían con fósforo amarillo, una sustancia tóxica que a menudo causaba necrosis –también conocida como "mandíbula del fosforero"– en los obreros. La enfermedad era muy dolorosa, ya que iba erosionando los huesos de la mandíbula. Además, era terminal.

En respuesta a la brutal situación, el Ejército de Salvación abrió una fábrica limpia, aireada y bien iluminada, donde se utilizaba fósforo rojo, inocuo, en el proceso de fabricación. Booth llamaba a estos fósforos "Las luces en la oscura Inglaterra". Se abrió un salón para el té en la fábrica, y los cien obreros recibían una paga digna, más de un tercio por sobre lo que se pagaba en otras fábricas.

Al mismo tiempo el Ejército lanzó una campaña nacional conocida como "Liga de Consumidores Británicos de Fósforos", cuyos miembros eran convocados a "hablar con su almacenero, farolero o tendero que no venda estos fósforos, al menos dos veces a la semana, hasta convencerlo de que lo haga".

Pronto los vendedores prefirieron vender exclusivamente fósforos de seguridad, y las fábricas comerciales debieron mejorar las condiciones de trabajo y cambiar el fósforo tóxico por el seguro.

Al haber logrado su propósito original de "aumentar la paga de los obreros, mejorar las condiciones de trabajo y ayudar al pobre a ayudarse a sí mismo mediante su trabajo", el Ejército de Salvación buscó dedicarse a nuevas causas.[10]

Booth apeló al público para recaudar cien mil libras (once millones de dólares 2002)[11] para iniciar su proyecto, y unas treinta mil libras más (tres millones punto cincuenta y siete dólares de 2002)[12] para poder continuar el programa. La primera edición de diez mil ejemplares del libro en *"La oscura Inglaterra y la salida"*, se vendió en un solo día. Las siguientes dos ediciones se agotaron en unas semanas. Un año más tarde se vendieron doscientos mil ejemplares. Se publicaron reediciones hasta la década de 1970. Nueve años después de la primera edición, el Ejército de Salvación había servido veintisiete millones de comidas a bajo costo, albergado a once millones de personas sin hogar, buscado a dieciocho mil personas desaparecidas y conseguido empleo para nueve mil desempleados.[13] La revolución espiritual tiene consecuencias sociales.

Desayunos para niños, comedores comunitarios, trabajo de medianoche entre las prostitutas, brigadas de limpieza de calles, hospitales ambulantes, refugios para niños de la calle, asilos para los dementes, hospedajes, ministerio de prisión, búsqueda de personas, bancos para los pobres, abogados para los pobres, alojamiento para los mayores... todos estos programas siguen existiendo hoy, gracias a las innovaciones del "Programa de la oscura Inglaterra".

Booth invirtió nueve capítulos en su libro *"La oscura Inglaterra"* para describir las dificultades del diez por ciento de la población sumida en la pobreza. A su vez, retrata la miseria de los sin techo, de los desempleados, de los que están al borde del abismo, de los criminales, de los viciosos y de los hijos de las personas sin rumbo. Afirmó: "El esquema de la salvación social no puede discutirse si no abarca al esquema de la salvación eterna que presenta el Evangelio".[14] Aclaró que la revolución social que se buscaba no tenía nada que ver con lo que convencionalmente se entiende por revolución.

LIBERACIÓN

En el capítulo titulado *"Estupendo emprendimiento"* Booth define los principios del éxito. No tienen mucho que ver con la teología remanente de gran parte del siglo XX. No tienen nada que ver con los pequeños planes de los hombres y los ratones. Aquí presentamos uno de ellos:

> "Todo remedio merecedero de consideración debe estar ubicado en la escala que corresponda al mal que se propone corregir. No sirve de nada intentar vaciar el océano con un jarro. Este mal es uno que afecta a millones de víctimas. El ejército de los perdidos que conviven con nosotros en la sociedad, excede en mucho a las huestes que Jerjes lideró desde Asia para intentar la conquista. Hagamos pasar en fila a quienes conforman al diez por ciento de la población sumida en la pobreza, contemos a los mendigos, a los sin techo, a los que tienen hambre, a los criminales, a los lunáticos, a los borrachos y a las prostitutas, y no nos atrevamos a sentir desesperanza. Hasta el intento de salvar a una pequeña porción de esta multitud requerirá que pongamos mucho más esfuerzo y pasión en nuestra tarea que la que nadie haya puesto antes. Ya no ha de hablarse más de filantropía, porque este vasto mar de miseria humana no cabe dentro de los límites del estanque de un jardín".[15]

Estos son los tres componentes del esquema de *"La oscura Inglaterra"*: La Colonia de ciudad, la Colonia de granja, y la Colonia del otro lado del mar.

Aunque el plan jamás pudo implementarse por completo según lo planeado, pudo lograrse su funcionamiento en gran parte. Un vistazo a algunos de los planes nos mostrará el alcance de este esquema con respecto a la reforma en el bienestar social, y aún su presencia en muchos de los planes y esfuerzos ambientales y de reciclaje tan populares en nuestros días.

La colonia urbana

A pesar de que no contaba con fondos inmediatos, Booth decidió implementar su plan. En junio de 1890 estableció la primera agencia de empleos. En los primeros siete años, setenta mil de los ochenta mil hombres registrados encontró empleo. Veinte años más tarde el gobierno británico siguió el ejemplo del Ejército de Salvación.[16]

Los famosos oficiales del Ejército de Salvación vivían en los peores barrios, y los convirtieron en faros de luz para los desesperados.[17] Abrieron puestos que en Gran Bretaña se conocían como Centros de Buena Voluntad, y desplegaban a sus tropas de soldados en "brigadas de alcantarillas, sótanos y garitos".[18]

Esto era luchar en las líneas del frente. Los desempleados, los destituidos, los borrachos, los criminales, las prostitutas, los vagos, todos eran objetivos para el *modus operandi* del ejército: "Captar, entrenar, desplegar". Todo ello dio como resultado brillantes "trofeos" salvados por gracia, capturados de las manos del enemigo y ganados para Jesús. Este Ejército de Héroes del siglo XIX implementaba efectivamente la gran idea de Dios, de que las personas invisibles pudieran convertirse en personas personas a través de un encuentro con Dios.

El Ejército estableció Talleres Industriales en la Ciudad. Según explica su plan:

> "Estos talleres se abren para alivio del desempleado y el destituido, con el objeto de hacer que ya no necesiten ir a buscar refugio o empleo en las Casas para Pobres, porque allí se les brinda techo y comida a cambio de trabajo, hasta tanto logren conseguir empleo, o hasta que podamos conseguírselo nosotros".

Booth, el visionario, también les ganó a los ambientalistas por casi un siglo, al crear "La Brigada de Salvamento de Artículos para el Hogar". Lo describe así:

> "Hay un material que está en continuo aumento, y es la desesperación del ama de casa y de la Autoridad Sanitaria Local. Hablo de las latas en que se envasan las provisiones. Hoy, todo viene en latas. El café, la carne, el salmón, todo viene en latas. La lata es el sobre universal en que llegan las raciones del hombre. Pero cuando uno ha vaciado la lata, ¿qué puede hacerse con esta?

En todo basural hay montañas enormes de latas vacías, porque todavía nadie ha descubierto cómo utilizarlas. Yo veo en las viejas latas de Londres al menos una manera de iniciar una industria que hasta ahora es monopolio de nuestros vecinos.

La mayor parte de los juguetes vendidos en Francia para Año Nuevo están hechos de latas de sardinas de las que se recogen en la capital de ese país. El mercado de juguetes de Inglaterra aún puede proveerse porque hay millones de niños que no tienen juguetes para divertirse. En estas latas vacías veo un modo de dar trabajo a mucha gente, si con ellas fabricamos juguetes de bajo costo que agregaría alegría en las casas de los pobres; los pobres que cuentan los centavos, no los ricos que siempre pueden comprar el juguete que deseen. Hablo de los niños de los pobres que viven en una sola habitación y no tienen nada para hacer más que mirar hacia la calle. Estos niñitos necesitan nuestros juguetes, y si los vendemos a bajo costo, los comprarán en cantidad suficiente como para que valga la pena fabricarlos.

Podríamos escribir un libro entero sobre la utilización de los desechos de Londres. Pero no lo haré. Espero, antes de que no pase mucho tiempo, hacer algo mucho mejor que escribir un libro: abrir un lugar donde se utilicen los desechos, y luego si describo lo que se hace será mucho mejor que si explico ahora lo que me propongo hacer.

Me refiero a los periódicos, revistas y libros viejos. Los periódicos se acumulan en nuestras casas, hasta que ya no los soportamos más y los quemamos. Lo mismo sucede con las revistas y los libros viejos. Mi Brigada aliviará al ama de casa de estas dificultades, y se convertirá en la gran agencia distribuidora de literatura a bajo costo. Cuando la revista ha cumplido su cometido en el hogar de clase media, puede pasarse a las bibliotecas, casas de pobres y hospitales. Toda publicación que salga de la imprenta, que sea de utilidad a los hombres y las mujeres, adquirirá doble uso. Primero lo leerá su dueño, y luego muchos otros que jamás habrían llegado a leerlo.

Abriremos una inmensa librería de libros usados. Los mejores libros que lleguen a nuestras manos serán expuestos para la venta, no solo en nuestros depósitos centrales, sino en los mostradores de todos los puestos periféricos, e iremos de casa en casa con literatura que, creo, será superior a lo que habitualmente se ofrece a los pobres. Después de haber vendido todo lo que se pueda, y regalado todo lo que necesiten las instituciones públicas, el resto se llevará a nuestra molienda de papel, que tendrá conexión con nuestra colonia de granja.

La Brigada de Salvamento de Artículos del Hogar será una agencia capaz de ser utilizada para la distribución de paquetes de periódicos. Una vez que tengan una persona de confianza que pase por las casas con la regularidad de un cartero y haga su ronda con la puntualidad de un policía, pueden hacerse grandes cosas con ella. Será un cuerpo de comisionados universal, creado para servir al público, en beneficio de los pobres, lo cual nos lleva a relacionarnos directamente con cada familia de Londres.

No se necesita una imaginación muy fértil para ver que cuando se visiten regularmente las casas, esto se expandirá en todas las direcciones, y si trabajamos en conexión con nuestras tiendas y colonia industrial, probablemente se convierta rápidamente en el medio para poner nuestros servicios de reparación, desde ventanas rotas a calcetines para zurcir. Si se necesita un changarín o una mujer para hacer la limpieza, o alguien que haga cualquier tarea en la casa, el sirviente de todos que pasa para buscar los libros y diarios, podrá recibir el pedido verbalmente o por escrito".

Parecía un programa destinado a apuntar a todo pecado imaginable en la ciudad. Pero la colonia urbana era solo el comienzo.

La colonia rural

El General Booth compró una granja donde los hombres podían aprender todo tipo de trabajo, y al mismo tiempo ganar dignidad y autoestima, porque a menudo cuando habían estado sin empleo durante algunos años, era su confianza en sí mismos lo que necesitaba reparación.

Aunque era mucho más que una cura geográfica, esta manera de establecer a las personas lejos de las tentaciones de la ciudad brindaba una segunda oportunidad física y social que acompañaría el nuevo nacimiento espiritual. Lejos del ruido de la ciudad, y apoyados por la disciplinada estructura y horarios de la vida en la colonia, los "marginados" aprendían oficios y construían su personalidad, que les daba un nuevo marco para la nueva vida que el Espíritu Santo había generado en ellos.

El entrenamiento riguroso y las tareas se acompañaban con una saludable dieta de reuniones del Ejército de Salvación, con música, testimonios personales y llamados fogosos de las Escrituras.

La colonia en el extranjero

Desde esta colonia de granja se ayudaba a los hombres que querían emigrar a las colonias extranjeras, cuando hacía falta mano de obra en ellas. Familias enteras recibieron ayuda para lograr una vida mucho mejor.

Aunque Booth subestimaba el desdén de las colonias británicas por su plan de colonias extranjeras, los informes muestran que más de doscientos cincuenta mil recibieron ayuda para emigrar por medio de este programa.[19]

En nuestra provincia hay una ciudad llamada Coombs, por el primer líder nacional del Ejército de Salvación. Originalmente era una colonia extranjera.

Esta extrapolación de la solución geográfica, la emigración de Inglaterra y el establecimiento en colonias extranjeras, ofrecían una oportunidad que los lectores occidentales difícilmente lleguen a entender. Estas personas invisibles, los últimos orejones del tarro de la Revolución Industrial, eran los pilares sobre cuyas espaldas se creaba el capital y, sin embargo, sufrían las ramificaciones negativas ya mencionadas, sin disfrutar de los beneficios. Estas personas invisibles, que recibían dignidad de parte de Dios, y se transformaban en personas personas, recibían terrenos para trabajar y construir una nueva vida. Quienes habían sido casi esclavos eran propietarios de su tierra, lo cual en Inglaterra era privilegio de la nobleza. ¡Qué revolución! Ya habían pasado de ser esclavos espirituales de Satán para convertirse en hijos del Rey de reyes, coherederos con Cristo, parte de una nobleza eterna. Y ahora sucedía la semblanza de este cambio en el aspecto físico. De esclavo a noble, tanto espiritualmente con su conversión, como socialmente a través del Programa de la oscura Inglaterra.

La promesa va ligada a la tierra. La bendición de los israelitas estaba en la Tierra Prometida. Hoy, en el norte de Canadá, el pueblo indígena Nsga'a ha firmado un tratado que les da su propia tierra. Es espiritualmente significativo que la colonia extranjera le diera tierras a quienes recibían la elevación social del evangelio. Este es uno de los modos en que Dios hace personas personas de las personas invisibles.

Promovido a la gloria[20]

La estrategia de Dios funcionó en la Inglaterra victoriana. Hoy el Ejército de Salvación es el prestador de servicios sociales más grande del mundo, luego de las Naciones Unidas.[21] A comienzos de 2004 el Ejército sigue siendo el más popular (a juzgar, entre otras cosas, por la donación de uno como cinco mil millones de dólares para construir y operar centros comunitarios, de parte de la viuda del fundador de McDonalds, Joan Kroc, lo suficiente como para comprar seiscientos cuarenta y cinco millones de Cajitas Felices).[22] Aunque se criticó injustamente al General Booth durante la mayor parte de su vida, se convirtió en una "figura internacional ampliamente respetada por su lucha contra la pobreza" en su vejez.[23] Lo llamaban "el hombre más amado del mundo" y "el arzobispo del mundo".[24]

Hubo cuarenta mil personas en su funeral, realizado en el Olympia de Londres, incluyendo a la Reina María que, sentada junto a una ex prostituta, conversaba del General Booth, y la Reina Alexandra.[25] Un total de ciento cincuenta mil personas pasaron junto a su féretro para despedirlo. El corazón de Londres se detuvo durante casi cuatro horas durante la procesión de diez mil salvacionistas que marchaban tras cuarenta orquestas por las calles del centro de la ciudad, con casi tres mil policías en respetuosa guardia.

Su Ejército, de cuarenta y siete años de antigüedad, contaba con más de veintiún mil oficiales –líderes vocacionales– y casi nueve mil estaciones de misión, que funcionaban en cincuenta y ocho países y predicaban el evangelio en treinta y cuatro idiomas. Se calcula que Booth viajó ocho millones de kilómetros, y predicó unos sesenta mil sermones durante sus sesenta años como ministro.[26] Muchos lugares del planeta cambiaron a medida que se transformaron los corazones de las personas. Booth ascendió a las personas invisibles a la posición de personas personas. Era un héroe para los desposeídos, y hoy es un ejemplo para nosotros.

SECCIÓN TRES

Capítulo ocho

¿Quiénes son y de dónde vienen?

El sufrimiento de los niños es la mayor prueba contra la existencia de Dios.

Ivan Karamazov,
personaje de Los Hermanos Karamazov, de Fiodor Dostoievski.

Hay dos mil ciento tres versículos en las Escrituras que hacen referencia a los pobres. Jesucristo habla de juicio solo una vez. No se trata solamente de todas esas cosas en las que insiste tanto la iglesia. No se trata de la inmoralidad sexual, ni de la megalomania o la vanidad. Se trata de los pobres. "Tuve frío y me abrigaste. Era un extraño y me permitiste entrar". *Esto está en el corazón del evangelio ¿Por qué es que parece que lo hemos olvidado? ¿Por qué no lidera la iglesia este movimiento?*

Bono

¿Cosecha de los últimos tiempos?

Sin tomar en cuenta la exactitud de la exégesis de Bono o la cifra de menciones que hace, Jesús tiene que ver con los pobres. Y es muy probable que los pobres –mujeres y niños en riesgo– sean los receptores de la gracia de Dios al final de los tiempos.

Los profetas de la Biblia hablan de una gran cosecha de los últimos tiempos. Cuando estaba exiliado, durante sus últimos años de vida, al apóstol

Juan le fue permitido ver el futuro hacia el final de los tiempos. Registró en el Apocalipsis lo que vio:

> *"Después de esto miré, y he aquí una gran multitud, la cual nadie podía contar, de todas naciones y tribus y pueblos y lenguas, que estaban delante del trono y en la presencia del Cordero, vestidos de ropas blancas, y con palmas en las manos (...) Y el tercer ángel los siguió, diciendo a gran voz: Si alguno adora a la bestia y a su imagen, y recibe la marca en su frente o en su mano"* (Apocalipsis 7:9; 14:9).

Tanto la pregunta como las respuestas son importantes para nosotros.

La pregunta se refiere a *"una gran multitud, la cual nadie podía contar, de todas naciones, tribus y pueblos y lenguas, que estaban delante del trono y en la presencia del Cordero"*. Específicamente, los *"vestidos de ropas blancas"*. ¿Quiénes son y de dónde vienen?

En respuesta a esta pregunta, un anciano celestial explica: *"Estos son los que han salido de la gran tribulación, y han lavado sus ropas, y las han emblanquecido en la sangre del Cordero"* (Apocalipsis 7:14).

La visión y la respuesta implican dos puntos importantes.

1. La cosecha es global: involucra a personas de todos los pueblos de la Tierra.
2. La cosecha es futura, han salido de la gran tribulación.

Primero, la cosecha es global

Había una gran multitud que nadie podía contar, proveniente de todas las naciones, tribus, pueblos e idiomas, ante el trono, frente al Cordero.

Antes de que Jesús regrese su evangelio será predicado en toda la Tierra, a personas de todas las naciones, pueblos e idiomas, que lo adorarán (ver Daniel 7:14). Esta esperanza ha sido un tema favorito de los profetas desde Abraham. Casi dos mil años antes de que Jesús viniera a la Tierra, Dios llamó a un hombre y dijo: Abram:

> *"Pero Jehová había dicho a Abram: Vete de tu tierra y de tu parentela, y de la casa de tu padre, a la tierra que te mostraré. Y haré de ti una nación grande, y te bendeciré, y engrandeceré tu nombre, y serás bendición. Bendeciré a los que te bendijeren, y a los que te maldijeren maldeciré; y serán benditas en ti todas las familias de la tierra"* (Génesis 12:1-3).

Cuando Pablo escribió a los cristianos de Galacia unos dos milenios más tarde, explicó *"Y la Escritura, previendo que Dios había de justificar por la fe a los gentiles, dio de antemano la buena nueva a Abraham, diciendo: En ti serán benditas todas las naciones"* (Gálatas 3:8).

El profeta más famoso, Isaías, observó que tanto Israel como un sirviente elegido especial tendrían el Espíritu de Yahvé en ellos: *"He aquí mi siervo, yo le sostendré; mi escogido, en quien mi alma tiene contentamiento; he puesto sobre él mi Espíritu; él traerá justicia a las naciones (...) No se cansará ni desmayará, hasta que establezca en la tierra justicia; y las costas esperarán su ley (...) Yo Jehová te he llamado en justicia, y te sostendré por la mano; te guardaré y te pondré por pacto al pueblo, por luz de las naciones*" (Isaías 42:1, 4, 6).

Y nuevamente:

> "*Y me dijo: Mi siervo eres, oh Israel, porque en ti me gloriaré (...) Poco es para mí que tú seas mi siervo para levantar las tribus de Jacob, y para que restaures el remanente de Israel; también te di por luz de las naciones, para que seas mi salvación hasta lo postrero de la tierra*" (Isaías 49:3, 6).

Luz para los gentiles

El plan de Dios para salvar al mundo entero, era elegir un hombre y a través de él construir una nación que en última instancia sería una luz para el mundo. Por medio de Israel también vendría el liberador ungido, el Cristo, quien de hecho sería el misterioso sirviente sufriente de las profecías de Isaías (ver Isaías 11:1-3, 42:1-9; 50:4-11; 52:13-53:12; 61:1-4). Este mismo Cristo era en verdad el "*hijo del hombre*" anunciado por Daniel (Daniel 7:13), la "*roca que sería montaña*" (Daniel 2:35), y "*El Ungido*", el gobernante que sería derrocado (Daniel 9:25-26). Todo era tan misterioso que hasta los discípulos al principio eran incapaces de entenderlo. Que Dios eligiera una nación especial a través de la que hiciera nacer a su propio Hijo, "El Siervo sufriente", que se convertiría en el supremo sacrificio por los pecados, dando la posibilidad a todos de venir a Dios; todo eso era demasiado estupendo para ser verdad.

Pablo lo describe como el misterio del evangelio (Efesios 6:19), el misterio que ha sido guardado durante generaciones, pero que ahora se revela a los santos (Colosenses 1:26). Así que, en Jesús se cumple la obra y la comisión se entrega. El alcance era que el mensaje de salvación en Cristo habría de ir, como anunciaran los profetas, a todo el mundo, a toda tribu, lengua y nación.

> "*Y les dijo: Así está escrito, y así fue necesario que el Cristo padeciese, y resucitase de los muertos al tercer día; y que se predicase en su nombre el arrepentimiento y el perdón de pecados en todas las naciones, comenzando desde Jerusalén*" (Lucas 24:46-47).

Nuevamente, Jesús dijo: "*Y será predicado este evangelio del reino en todo el mundo, para testimonio a todas las naciones; y entonces vendrá el fin*" (Mateo 24:14).

Aunque esta comisión de Jesús no llegó a ser entendida del todo por la Iglesia primitiva, la fuerza de esta profecía fue suficiente como para impulsar a los creyentes a evangelizar una buena parte de la Tierra.

Patrick Johnstone escribe: "Es posible que en los primeros cuarenta y cinco a cincuenta años, casi un treinta por ciento de la población mundial de entonces hubiera estado expuesta a la Buena Nueva (...) Hacia fines del siglo V, la cantidad había aumentado a casi cuarenta por ciento (con aproximadamente un veinte por ciento de la población mundial convertida al cristianismo)"[1]

Era una hazaña formidable de parte de la Iglesia temprana, sin los modernos beneficios de los medios de transporte, la ley, el orden, la tecnología y las comunicaciones. Y, sin embargo, a pesar del heroísmo de este masivo impulso, no llegó a cumplir las palabras de Jesús. Tristemente, después del siglo V, la Iglesia perdió terreno durante los siguientes trece siglos.[2]

Informe de guerra

Antes de que podamos medir dónde estamos a la luz de esta profecía, necesitamos ponernos de acuerdo con respecto a los términos. Intentar llegar a lo que pudiera parecer consenso en cuanto a lo que significa ser un verdadero "cristiano", es una tarea muy difícil. Afortunadamente, la Biblia incluye tanto la primera utilización del término como su definición. Establece: *"Y se congregaron allí todo un año con la iglesia, y enseñaron a mucha gente; y a los discípulos se les llamó cristianos por primera vez en Antioquía"* (Hechos 11:26). La Biblia es clara: los que eran discípulos, sinceros adherentes a Cristo y sus enseñanzas, eran llamados cristianos.

Hoy hay muchos que se llaman cristianos que carecen de experiencia cristiana y no adhieren a Cristo o a sus enseñanzas. La sociedad religiosa y la secular llaman a este segundo grupo cristianos "nominales". Lo cual sería el caso de quien dice: "Soy católico, pero no practicante". Es lo que equivaldría a decir: "Soy estadounidense, pero no patriota".

Jesús lo dijo de esta manera: *"No todo el que me dice: Señor, Señor, entrará en el reino de los cielos, sino el que hace la voluntad de mi Padre que está en los cielos. Muchos me dirán en aquel día: Señor, Señor, ¿no profetizamos en tu nombre, y en tu nombre echamos fuera demonios, y en tu nombre hicimos muchos milagros?"* (Mateo 7:21-22). Además, hay quienes a los que Cristo mismo llamó falsos profetas (ver Mateo 7:15). Por ello, en un esfuerzo por aclarar nuestra intención, algunos misiólogos han acuñado el nombre "cristianos de la Gran Comisión" (Mateo 28:19-20), en oposición a otros que meramente afirman cierto tipo de adherencia a una fe trinitaria en Dios Padre, Dios Hijo y Dios Espíritu Santo.

Aún así, dentro del sector mayor de los que profesan el cristianismo, es imposible que podamos determinar la proporción de los cristianos de la gran comisión, y la de los cristianos nominales. Y solo Dios sabe quiénes son verdaderamente suyos.

Si analizamos las definiciones un poco más profundamente, también hay dos escuelas de misiólogos. Una de ellas toma la palabra de la persona como confesión de fe. Y la otra busca alguna prueba de su afirmación. Como resultado, hay dos grupos de estadísticas con respecto al tamaño y crecimiento de la Iglesia internacional de Jesús.

A fin de medir el crecimiento, no importará tanto a cuál de las dos escuelas uno adhiere, mientras asista a todas las clases. Es decir, hay que ser coherente con una o la otra para efectuar un análisis estadístico. Y la buena noticia es que, en la misma proporción, ambas escuelas informan que hay un crecimiento acelerado.

La escuela inclusiva afirma que el cristianismo tiene más de dos mil millones de adherentes de todo tipo.[3] El otro grupo informa que un once por ciento de la población mundial pertenece al grupo de los cristianos de la gran comisión.[4]

Lo que entusiasma más aún es que desde 1974 la proporción de la población mundial fuera del alcance del evangelio ha decrecido de un medio a un tercio.[5] ¿Qué significa esto? Significa que vamos bien. Que no necesitamos tener el don de la fe para ver que en verdad podemos cumplir el gran mandamiento de predicar el evangelio a todas las personas (ver Marcos 16:15). ¡Podemos cubrir el planeta entero!

Obviamente, las cifras de esta magnitud no son precisas, aunque la evidencia estadística es sobrecogedoramente positiva. El crecimiento de la Iglesia empequeñece al crecimiento de la población mundial, de uno punto seis por ciento al año.[6]

Creyentes de la gran comisión, proporción de población mundial

Cuadro 2

Creyentes de la gran comisión, proporción de población mundial

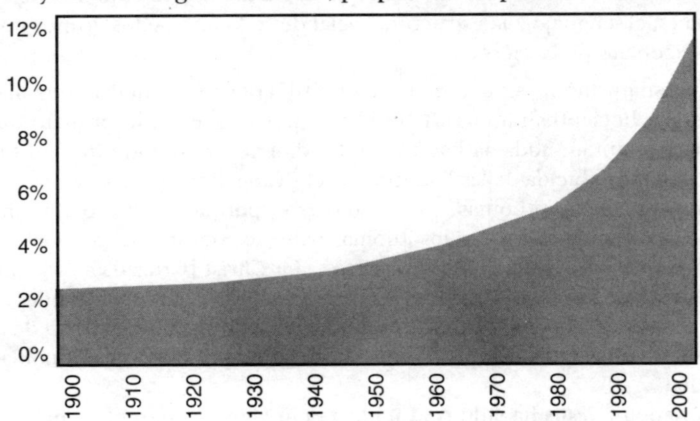

Se necesitaron dieciocho siglos para que los creyentes dedicados crecieran del cero por ciento de la población mundial al dos punto cinco por ciento en 1900, y solo setenta años para que se creciera del dos punto cinco al cinco por ciento en 1970. Mientras que en los últimos treinta años el crecimiento pasó de cinco a once punto dos por ciento de la población mundial. Hoy, por primera vez en la historia, hay un creyente de la Gran Comisión por cada nueve personas que no son creyentes. Y esto en todo el mundo. Las estadísticas de la escuela inclusiva muestran un veinte por ciento más, pero muestran el mismo ritmo de crecimiento.

Las cosas se están acelerando. ¡Será mejor que nos preparemos, porque podríamos perder el tren!

"La religión universal"

Lo que debe notarse como fenómeno de la modernidad es la aceleración histórica de la Iglesia desde que Israel se convirtió en una nación. El mundo de las noticias seculares ha ignorado en su mayor parte el gran avance del evangelio en la historia. Philip Jenkins observa que a fines de siglo, hasta "Los cien eventos más importantes en la Historia de la Iglesia", de *Church History*, ni siquiera tomaron en cuenta a África, con la excepción de su mención de que la esclavitud había sido abolida allí.[7] En ese continente la población mundial creció explosivamente de diez millones a trescientos sesenta millones.[8] El crecimiento acelerado del Cuerpo de Cristo no mereció comentarios.

Hace un siglo no había cristianos en Corea. Hoy, casi un cincuenta por ciento de la población es cristiana.[9] Los misiólogos Ralph Winter y Bruch Koch afirman con entusiasmo:

> Estamos en la era final de las misiones. Por primera vez en la historia podemos ver el final del túnel, en que habrá un movimiento de la iglesia en el lenguaje y la estructura social de cada uno de los grupos poblacionales de la Tierra.[10]

El cristianismo ha sido la motivación primera de la traducción de más de tres mil ochocientos idiomas. La Biblia es por lo general lo primero que se traduce. Y aunque todavía hay tres mil[11] idiomas del mundo que no tienen una versión traducida de las Escrituras,[12] el Evangelio se predica en cinco mil quinientos ochenta idiomas.[13] Y no solo esto, porque el Nuevo Testamento había sido traducido a todos los idiomas hablados por más de quinientas mil personas hacia fines de 1998.[14] *Every Home for Christ* [Cruzada a cada hogar] ha distribuido sistemáticamente casi dos mil millones de mensajes del evangelio, de varias páginas, en todo el mundo, cada uno con una tarjeta de decisión en idiomas hablados por el noventa y cinco por ciento de la población mundial.[15]

La película *Jesus* ha sido traducida a ochocientos cuarenta y ocho idiomas[16], y se está traduciendo a doscientos veintiséis idiomas más.[17] La película ha sido vista por cinco punto seis mil millones de personas en doscientos treinta y seis países, de los cuales ciento setenta y seis la han transmitido por televisión.[18] Y más de ciento noventa y cinco punto dos mil millones de personas han expresado su decisión de recibir a Jesús después de ver la película.[19] El respetado misiólogo Patrick Johnstone escribe: "Supongo que hay hoy unas tres millones de congregaciones de todo tipo en el mundo".[20]

Cuadro 3

Expansión del cristianismo, dos milenios de evangelización del mundo

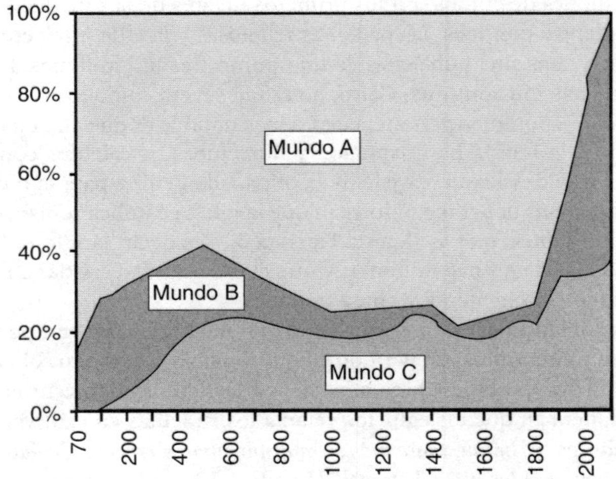

Patrick Johnstone. La iglesia es más grande de lo que usted piensa. 1998. p. 67.

Este no es un ejercicio de cálculo sin definiciones. El Mundo A es la parte del mundo que no ha oído el evangelio y que carece de una iglesia viable en su cultura de quién oírlo. El mundo B consiste de personas que viven donde es probable que oigan el evangelio en algún momento de su vida. El mundo C es cristiano. Observe que para el año 2050 Patrick Johnstone calcula que habrá una iglesia efectiva en cada cultura, ¡lo que permitirá así que todos puedan oír y creer!

Los Traductores de la Biblia Wycliffe afirman: "Para el año 2025, junto con nuestros socios de todo el mundo, apuntamos a ver un programa de traducción de la Biblia ya iniciado en todos los idiomas que faltan".[21]

No es un sueño ingenuo. Hoy hay más de cuatrocientos treinta y cuatro mil misioneros "extranjeros".[22] El movimiento "Back to Jerusalem" [De regreso a Jerusalén], nacido de una visión en 1920, planea enviar cien mil misioneros, más de un quinto del total de hoy, desde China, a cumplir la Gran Comisión en la "ventana 10/40", entre China y Jerusalén.[23] Es una historia sorprendente.

Jesús en Beijing

El cristianismo chino es en sí mismo extraordinario. En 1949, en la víspera de la toma de gobierno comunista, la población de China era de aproximadamente quinientos cincuenta millones. La iglesia cristiana tenía apenas un pie en ese país, con tres millones de católicos romanos y menos de setecientos cincuenta mil protestantes. Entonces vino la comunización obligatoria de la muerte roja de Mao, y las persecuciones y asesinato sistemático de más de cuarenta millones de chinos. En los primeros lugares de la lista de Mao estaban los disidentes políticos, las personas religiosas y la elite intelectual.

Hoy China tiene una población de uno punto tres mil millones de personas. Y la persecución continúa. Claro, no es tan severa como lo era con Mao, pero sigue con esporádica persistencia. Lo más notable es que aún en esta tierra sangrienta, la Iglesia ha germinado y florecido. Los cálculos confiables, como los de David Aikman, ex jefe de la oficina de Beijing para la revista Time, y autor de *Jesus in Beijing*, informan que la iglesia católica romana ha crecido a doce millones, que la "Iglesia Patriota 3" –es decir, la Iglesia Estatal– ha crecido a más de quince millones, y que el movimiento cristiano no reconocido, aumentó a cincuenta y cinco millones.[24]

Estamos hablando de un crecimiento sorprendente de dos mil por ciento en cincuenta y cinco años, un período en que la población creció solo un cien por ciento. El gobierno de China considera a las iglesias domésticas casi de la misma manera en que los egipcios veían a los israelitas en cautiverio. *"Pero cuanto más los oprimían, tanto más se multiplicaban y crecían, de manera que los egipcios temían a los hijos de Israel"* (Éxodo 1:12).[25] Los estadistas reconocidos como Loren Cunningham de YWAM y C. Peter Wagner de Global Harvest[26] predicen que China está por emerger como una de las naciones cristianas dominantes del mundo.

Son los líderes de este mismo movimiento de iglesias domésticas los que se comprometen para completar la tarea de la Gran Comisión. China cree que ha sido elegida por Dios para evangelizar el área más difícil del mundo: la ventana 10/40. Cuando se les preguntó a una cantidad de líderes de las iglesias domésticas qué querían hacer para conmemorar el aniversario de los doscientos años del primer misionero protestante, Robert Morrison en 2007, respondieron que querrían responder con cien mil misioneros chinos, que actuaran según el llamado de "Back to Jerusalem".

"Back to Jerusalen se refiere a un llamado de Dios a la iglesia china a predicar el evangelio y establecer comunidades de creyentes en todos los países, ciudades, pueblos y grupos étnicos entre China y Jerusalén".[27] Esos son lugares tradicionalmente pertenecientes al Islam, al budismo, al hinduismo y al comunismo. "Back to Jerusalem" comprende a cien mil creyentes que creen al menos que uno de cada diez de ellos serán martirizados, pero que tienen la determinación de ver que la antigua ruta de la seda sea evangelizada, porque es uno de los lugares donde más dificultades hay para llegar a las personas.

Ha sido tan impresionante la explosión de la fe cristiana en todo el mundo, que uno de los grandes historiadores del movimiento misionero, Stephen Neill, concluye: "En el siglo XX, por primera vez, hubo en el mundo una religión universal: la religión cristiana".

Deténgase durante un momento y agradezca a Dios... vive usted en la primera generación en dos mil años en que el mandato de las palabras de Jesús por fin se cumplirá.

Segundo, la cosecha es futura

Nuevamente, vea este versículo: *"Y será predicado este evangelio del reino en todo el mundo, para testimonio a todas las naciones; y entonces vendrá el fin"* (Mateo 24:14).

¿Qué fin? Las palabras *"Y será predicado este evangelio del reino en todo el mundo, para testimonio a todas las naciones; y entonces vendrá el fin"* debieran hacer que hasta quien lee la Biblia casi casualmente, preste atención: *"Vendrá el fin"*. Esto suena ominoso, terminante. ¿Qué significa?

Por supuesto, en todas las generaciones ha habido personas que advirtieron sobre *"el fin"* –del mundo–. Pero hoy las cosas son diferentes. El evangelio nunca había llegado al mundo entero como lo ha hecho en esta última generación. Dígalo una vez más: *"Y será predicado este evangelio del reino en todo el mundo, para testimonio a todas las naciones; y entonces vendrá el fin"* (Mateo 24:14).

¿Será que todo lo que los profetas dicen que sucederá en el futuro, sucederá en nuestros tiempos? Muchos creen que así es.

Lo que es evidente en el Nuevo Testamento, es que tanto Jesús como los apóstoles sabían que no vivían el cumplimiento de lo que los profetas habían anunciado.

Después de la muerte de Jesús los discípulos pensaron que la tarea de su Mesías había terminado, y su reacción fue de desesperanza (ver Lucas 24:21, 27). Su razonamiento era obvio: *"Y cómo le entregaron los principales sacerdotes y nuestros gobernantes a sentencia de muerte, y le crucificaron. Pero nosotros esperábamos que él era el que había de redimir a Israel; y ahora, además de todo esto, hoy es ya el tercer día que esto ha acontecido"* (Lucas 24:20-21).

Lo que esperaban era diferente de lo que vivían. Para entrar en la mente de un judío del siglo I –y entender lo que esperaba que hiciera el Mesías, y cómo Dios redimiría a Israel– debemos entrar en un sistema de creencias muy comprometido. ¿Cómo podría ser que el Mesías sufriera y reinara al mismo tiempo? ¿Qué había de la restauración de todas las cosas (ver Hechos 3:21)? ¿Y qué de... y de...?

¿Qué esperaban los discípulos?

Los judíos de la época de Jesús esperaban que:

- Dios viniera y presentara a su Mesías (Cristo, el ungido), y estableciera un Reino sin fin (Daniel 2:31-45; 7:13-14; 26-28; Miqueas 4:18; Zacarías 9–14).

• Se terminara con el pecado (Isaías 4:2-6; Isaías 53).
• La salvación tocara al cuerpo entero; los enfermos sanarían (Isaías 33:24, 53:4-6).
• El Espíritu se derramara universalmente (Joel 2, Jeremías 31:31-37). Dios reestableciera a Israel en la tierra que Él les había dado. Israel, como pueblo, no sería oprimido; Dios se encargaría del opresor (Zacarías 9–14)
• Dios mismo establecería la paz mundial, una utopía de Dios (Isaías 2:4; 9:2-6; 11:1-1
• ¡Resucitaran los muertos (Daniel 12:1-3)!

Para cualquier discípulo no hacía falta gran discernimiento para saber que aunque gran parte de todo esto ya había comenzado, todavía no se había cumplido del todo. Nada de esto sucedió en su totalidad. De hecho, y peor aún, Israel como nación rechazó a su Mesías, y la condena de Dios cayó sobre ellos.

Justo antes de la Pasión de Jesús

"Y cuando llegó cerca de la ciudad, al verla, lloró sobre ella, diciendo: ¡Oh, si también tú conocieses, a lo menos en este tu día, lo que es para tu paz! Mas ahora está encubierto de tus ojos. Porque vendrán días sobre ti, cuando tus enemigos te rodearán con vallado, y te sitiarán, y por todas partes te estrecharán, y te derribarán a tierra, y a tus hijos dentro de ti, y no dejarán en ti piedra sobre piedra, por cuanto no conociste el tiempo de tu visitación" (Lucas 19:41-44).

Si nos basamos en el rechazo de Israel respecto de Jesús como Mesías, no había otra cosa más que condena. Los romanos los demolerían en el año 70 d.C., destruyendo su tierra y matando a las personas. El historiador Josefo informa que "el número de quienes perecieron durante el sitio (...) fue ciento diez mil".[28] Los sobrevivientes, los noventa y siete mil conocidos como la diáspora, fueron dispersados por los confines del mundo.[29]

El Nuevo Testamento brinda cuatro claves importantes, llamadas los "hastas" que nos ayudan a entender los eventos que precederán a la nueva venida de Cristo.

"Porque os digo que desde ahora no me veréis, hasta que digáis: Bendito el que viene en el nombre del Señor" (Mateo 23:39).

"Y caerán a filo de espada, y serán llevados cautivos a todas las naciones; y Jerusalén será hollada por los gentiles, hasta que los tiempos de los gentiles se cumplan" (Lucas 21:24).

"Porque no quiero, hermanos, que ignoréis este misterio, para que no seáis arrogantes en cuanto a vosotros mismos: que ha acontecido a Israel endurecimiento en parte, hasta que haya entrado la plenitud de los gentiles" (Romanos 11:25).

Y la última es la más iluminadora:

"A quien de cierto es necesario que el cielo reciba hasta los tiempos de la restauración de todas las cosas, de que habló Dios por boca de sus santos profetas que han sido desde tiempo antiguo" (Hechos 3:21).

Después de que Jesús resucitara de entre los muertos Lucas escribe:

"A quienes también, después de haber padecido, se presentó vivo con muchas pruebas indubitables, apareciéndoseles durante cuarenta días y hablándoles acerca del reino de Dios" (Hechos 1:3).

Jesús comenzó a enseñar a sus discípulos nuevamente después de la resurrección, para echar luz sobre la confusión. Enseñó acerca del Reino. Lucas continúa:

"Y estando juntos, les mandó que no se fueran de Jerusalén, sino que esperasen la promesa del Padre, la cual, les dijo, oísteis de mí. Porque Juan ciertamente bautizó con agua, mas vosotros seréis bautizados con el Espíritu Santo dentro de no muchos días" (Hechos 1:4-5).

Mientras esperaban en Jerusalén, Jesús se les apareció otra vez y siguió enseñando sobre el Reino. Lo que es especialmente iluminador es la pregunta de los discípulos. El informe dice:

"Entonces los que se habían reunido le preguntaron, diciendo: Señor, ¿restaurarás el reino a Israel en este tiempo? Y les dijo: No os toca a vosotros saber los tiempos o las sazones, que el Padre puso en su sola potestad; pero recibiréis poder, cuando haya venido sobre vosotros el Espíritu Santo, y me seréis testigos en Jerusalén, en toda Judea, en Samaria, y hasta lo último de la tierra" (Hechos 1:6-8).

Es sorprendente ver que, aún después de la crucifixión y la resurrección, los discípulos seguían con la pensando en el tema de cuándo Jesús el Mesías finalmente "restauraría" el reino a Israel. Para ellos esto era de importancia primordial. Con destreza Jesús evadió la pregunta y dijo: "No les diré cuándo Dios el Padre restaurará el reino a Israel, pero les digo esto: recibiréis poder para ser testigos del mensaje".

El segundo mensaje de Pedro, después de la milagrosa sanación del cojo, en Hechos 3, destaca este punto:

"Así que, arrepentíos y convertíos, para que sean borrados vuestros pecados; para que vengan de la presencia del Señor tiempos de refrigerio, y él envíe a Jesucristo, que os fue antes anunciado; a quien de cierto es necesario que el cielo reciba hasta los tiempos de la restauración de todas las cosas, de que habló Dios por boca de sus santos profetas que han sido desde tiempo antiguo. Porque Moisés dijo a los padres: El Señor vuestro Dios os levantará profeta de entre vuestros hermanos, como a mí; a él oiréis en todas las cosas que os hable; y toda alma que no oiga a aquel profeta, será desarraigada del pueblo. Y todos los profetas des-

de Samuel en adelante, cuantos han hablado, también han anunciado estos días" (Hechos 3:19-24).

En otras palabras, en algún punto entre Hechos 1:6 y este incidente después de Pentecostés en Hechos 3, Pedro se enteró de algo que antes no sabía. Es que si los israelitas se apuraban y se arrepentían serían perdonados, tendrían tiempo para refrescarse y Dios enviaría de regreso al Cristo, hasta Jesús debía permanecer en el cielo hasta que llegara el momento de que Dios "restaurara todas las cosas", como Dios había prometido hacía tanto tiempo por medio de sus santos profetas (ver Hechos 3:20-21).

Pedro finalmente entendió que Dios en verdad responderá todas las promesas de los profetas del Antiguo Testamento cuando el mundo haya oído de Jesús. Habrá tiempos para refrescarse –reavivamientos– en todas partes y justo antes de que regrese Jesús, entonces Dios le restaurará el Reino a Israel.

Este es el futuro. Este es el regreso de Cristo y el día del Señor. Este es el fin de los tiempos. El celo fanático de la primera Iglesia fue un esfuerzo por traer a Jesús de regreso.

Respecto de la segunda venida de Jesús y de los pronósticos de los profetas sobre el fin de los tiempos Jesús dice:

"Y será predicado este evangelio del reino en todo el mundo, para testimonio a todas las naciones; y entonces vendrá el fin" (Mateo 24:14).

Sus palabras a continuación advierten sobre la desolación, la tribulación y el tiempo de final que Él prevé:

"Por tanto, cuando veáis en el lugar santo la abominación desoladora de que habló el profeta Daniel (el que lee, entienda); porque habrá entonces gran tribulación, cual no la ha habido desde el principio del mundo hasta ahora, ni la habrá" (Mateo 24:15, 21).

Pablo lo escribió de este modo:

"Pero con respecto a la venida de nuestro Señor Jesucristo, y nuestra reunión con él [el arrebatamiento], *os rogamos, hermanos, que no os dejéis mover fácilmente de vuestro modo de pensar, ni os conturbéis, ni por espíritu, ni por palabra, ni por carta como si fuera nuestra, en el sentido de que el día del Señor* [el arrebatamiento] *está cerca* [Ver Apocalipsis 16:1]. *Nadie os engañe en ninguna manera; porque no vendrá* [el arrebatamiento] *sin que antes venga la apostasía, y se manifieste el hombre de pecado, el hijo de perdición, el cual se opone y se levanta contra todo lo que se llama Dios o es objeto de culto; tanto que se sienta en el templo de Dios como Dios* [ver Mateo 24:15], *haciéndose pasar por Dios. ¿No os acordáis que cuando yo estaba todavía con vosotros, os decía esto? Y ahora vosotros sabéis lo que lo detiene, a fin de que a su debido tiempo se manifieste. Porque ya está en acción el misterio de la iniquidad; solo que hay quien al presente lo detiene, hasta que él a su vez sea quitado de en medio. Y entonces se manifestará aquel inicuo, a quien el Señor matará con*

> *el espíritu de su boca, y destruirá con el resplandor de su venida* [ver Apocalipsis 19]; *inicuo cuyo advenimiento es por obra de Satanás, con gran poder y señales y prodigios mentirosos,* [ver Apocalipsis 13] (2 Tesalonicenses 2:1-9).

Y nuevamente:

> *"E inmediatamente después de la tribulación de aquellos días, el sol se oscurecerá, y la luna no dará su resplandor, y las estrellas caerán del cielo, y las potencias de los cielos serán conmovidas* [comparar Apocalipsis 6:13-16; Isaías 24:1, 23; 2 Pedro 3:10; Joel 2:30-32; Hechos 2:19-20]. *Entonces aparecerá la señal del Hijo del Hombre en el cielo* [Lucas 21:27] *y entonces lamentarán todas las tribus de la tierra* [Zacarías 12:10; Apocalipsis 1:7] *y verán al Hijo del Hombre viniendo sobre las nubes del cielo, con poder y gran gloria* [Daniel 7:13-13]. *Y enviará sus ángeles con gran voz de trompeta* [1 Corintios 15:51-52], *y juntarán a sus escogidos, de los cuatro vientos, desde un extremo del cielo hasta el otro"* (Mateo 24:29-31).

Observe este texto: inmediatamente después de la tribulación de esos días –la gran tribulación– Jesús vendrá. El término "gran tribulación" proviene de dos palabras griegas: *thlipsis*, que significa angustia y persecución, y *megalee*, que es enorme, en exceso.[30] Es decir, ¡la "mega tribulación"!

El punto de todo esto es que las profecías del Antiguo Testamento no son vacías ni nulas. Se siguen cumpliendo y se completará justo antes de la segunda venida de Cristo. Esto sucederá cuando el evangelio haya llegado a cada nación y pueblo de la Tierra y después de la mega tribulación inmediatamente antes del regreso de Jesús. Es de esta gran tribulación que sale la multitud (ver Apocalipsis 7:13-14).

¿QUIÉNES SON Y DE DÓNDE VIENEN?

Ahora podemos leer Apocalipsis 7 con nuevos ojos y nueva atención. Si preguntáramos lo mismo de la gran multitud y lo aplicáramos a nosotros, quizá responderíamos de manera distinta a la de Juan.

> *"Después de esto miré, y he aquí una gran multitud, la cual nadie podía contar, de todas naciones y tribus y pueblos y lenguas, que estaban delante del trono y en la presencia del Cordero, vestidos de ropas blancas, y con palmas en las manos (...) Entonces uno de los ancianos habló, diciéndome: Estos que están vestidos de ropas blancas, ¿quiénes son, y de dónde han venido? (...) Por esto están delante del trono de Dios, y le sirven día y noche en su templo; y el que está sentado sobre el trono extenderá su tabernáculo sobre ellos"* (Apocalipsis 7:9, 13, 15).

Cuando Juan vio esta multitud, se le hicieron dos preguntas: *"Entonces uno de los ancianos habló, diciéndome: Estos que están vestidos de ropas blancas, ¿quiénes son, y de dónde han venido?"* (Apocalipsis 7:13). No queriendo responder equivocadamente, Juan dijo simplemente: *"Señor, tú lo sabes"*. Entonces se le dijo que *"estos son los que han salido de la gran tribulación"*.

Pero como somos la primera generación que entraría dentro de quienes estarían cumpliendo las palabras de Jesús, debemos preguntarnos lo mismo. ¿Qué si Jesús volviera dentro de los próximos cincuenta años? Lo específico de la cosecha es parte integral de la misión ¿Quiénes son? Los pobres, las mujeres y los "niños en riesgo" ¿de dónde vienen? ¡De las naciones en desarrollo!

¿Quiénes son, cómo se ven?

Del noventa y cinco por ciento de las masas que no viven en Norteamérica, la mayoría son pobres. Si tomáramos el mundo y lo convirtiéramos en una torta, al menos las tres cuartas partes, un setenta y cinco por ciento serían pobres.

Cuadro 4.

El Oeste versus el resto

Piense en esto: el 75% del mundo es pobre

Si vemos el mundo desde un ángulo diferente, la mitad de la población mundial, un cincuenta por ciento son mujeres. Todos saben que cuando la cosa se pone difícil las mujeres sufren más que los hombres.

Cuadro 5

Mujeres versus hombres

50% de a población mundial son mujeres

Además, si tomáramos el mundo y lo analizáramos por edades, encontraríamos que casi un tercio de la población está formada por niños de menos de quince años. En un mundo que sufre, los únicos que sufrirán más que las mujeres son los niños.

Cuadro 6

Niños

El 40% de la población mundial son niños

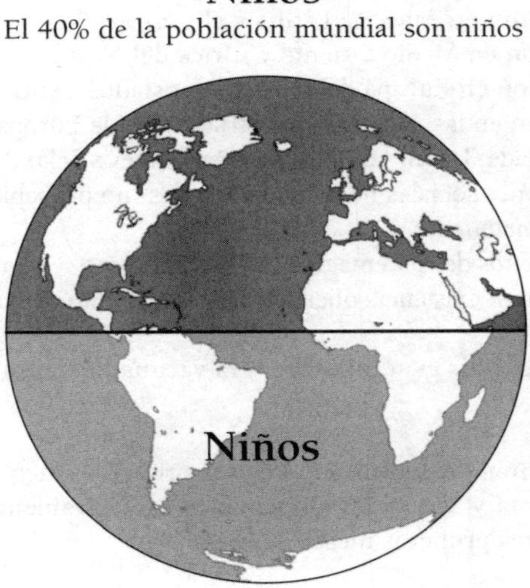

Entonces, cuando Dios vierta su Espíritu sobre toda carne, llegará primero a los pobres que no viven en occidente, la población conformada por las mujeres y los "niños en riesgo". Llegar a los "niños en riesgo" y a sus madres pobres –si es que las tienen– es el modo en que la gloria de Dios cubrirá la Tierra. Piense en esto: de los uno punto uno mil millones de personas que viven con menos de un dólar al día, o de casi la mitad del mundo (dos punto siete mil millones de personas) que viven con menos de dos dólares al día,[31] virtualmente ninguno de ellos vive en occidente. De hecho, el ingreso promedio per capita en Norteamérica es de treinta y cinco mil dólares, con treinta y cinco millones (doce punto uno por ciento), en la zona de pobreza (dieciocho mil cuatrocientos dólares por año para una familia de cuatro). Por supuesto, la pobreza no es cosa divertida en nuestro país, pero en occidente ni siquiera se parece a lo que sufrirán los uno punto nueve mil millones de niños que nacerán en los próximos diez años, ¡el noventa y cinco por ciento de ellos en hogares que gana menos de un dólar al día!

¡Todos ellos serán "niños en riesgo"!

Una importante proporción de la población mundial, uno punto ocho mil millones de personas, tiene menos de quince años.[32] UNICEF presentó un retrato acabado del niño global:

¿Quién es el niño global?

Hay dos punto uno mil millones de niños en el mundo, que conforman el treinta y séis por ciento de la población mundial. Unos ciento treinta y dos millones de niños nacen cada año. Uno de cada doce niños muere antes de cumplir los cinco años, en la mayoría de los casos, por causas que podrían prevenirse.

De cada cien niños nacidos en 2000...

- Cincuenta y tres nacieron en Asia (diecinueve en India, quince en China).
- nueve nacieron en América Latina y el Caribe.
- siete nacieron en Medio Oriente y África del Norte.
- cinco nacieron en Europa del Este, y los Estados Centrales y del Báltico.
- siete nacieron en las naciones industrializadas de Europa occidental, los EE.UU., Canadá, Israel, Japón, Australia y Nueva Zelanda.

Si las condiciones sociales no cambian, su destino probable es el siguiente:

Registro de nacimiento

- Los nacimientos de cuarenta de cada cien niños no se registrarán. Estos niños no tendrán existencia oficial ni reconocimiento de nacionalidad.

Vacunación

- Veintiséis de cada cien niños no será vacunado contra ninguna enfermedad.

Nutrición

- Treinta sufrirán de desnutrición en sus primeros cinco años de vida.
- Solo cuarenta y séis serán alimentados exclusivamente con pecho durante los tres primeros meses de vida.

Agua y condiciones sanitarias

- Diecinueve no tendrán acceso al agua potable.
- Cuarenta vivirán en condiciones sanitarias inadecuadas.

Educación

- Diecisiete de estos niños jamás asistirán a la escuela. De ellos, nueve serán niñas.
- De cada cien niños que comiencen el primer grado, veinticinco no llegarán al quinto grado.

Trabajo infantil

- Uno de cada cinco niños entre los cinco y catorce años en los países en desarrollo, tendrá que trabajar.
- La mitad trabajará tiempo completo.
- Nueve de los veinticuatro niños nacidos en África tendrán que trabajar.
- Once de los cincuenta y tres nacidos en Asia tendrán que trabajar.
- Uno de los ocho nacidos en América Latina tendrá que trabajar.

Expectativa de vida

- Estos niños vivirán un promedio de sesenta y tres años.
- En el mundo industrializado, vivirán setenta y ocho años.
- En los cuarenta y cinco países más afectados por el VIH y el SIDA, su expectativa de vida promedio será de cincuenta y ocho años. En Botswana, Malawi, Mozambique, Ruana, Zambia y Zimbabwe –donde más impacta el VIH y el SIDA– su expectativa de vida será de menos de cuarenta y tres años.[33]

¿De dónde vienen?

Sabemos quiénes son. Son los pobres. Pero "*¿de dónde vienen?*" (Apocalipsis 7:13). Creemos que la gran multitud emerge de las masas de los seres humanos de las naciones en desarrollo.

Una simple comparación de las poblaciones nos muestra que el grueso de la humanidad que conformará la gran multitud que nadie puede contar, de toda nación, tribu, pueblo e idioma, no vive en el saludable occidente. Es difícil de entender para quienes vivimos en el pacífico Dominio de Canadá (llamado así para significar que Dios tendrá dominio de mar a mar, Salmos 72:8). Aquí, en el segundo país más grande del mundo, viven apenas treinta millones de personas, la mayoría de las cuales viven cerca de la frontera de los EE.UU. para mantenerse al abrigo de ese país. El grueso de la población de Canadá vive dentro de los cientocincuenta kilómetros de la frontera norteamericana. Pero piense en lo siguiente.

La ciudad en que vivo yo (Wesley) es una ciudad de recreo y vacaciones (Kelowna, BC), la capital del turismo en Canadá. Su población es de cien mil personas. Tenemos más de cien iglesias, con mil a dos mil miembros aproximadamente en algunas de ellas. Si somos sinceros, solemos concentrarnos en nuestras iglesias locales al intentar llegar al resto de la ciudad para Jesús, y gastamos la mayor parte de nuestro presupuesto en nosotros mismos.

Por otra parte, pienso en mi viaje a Tokio, Japón. Me sorprendió ver que había edificios de departamentos con unos cien mil habitantes en cada uno. No podía creerlo. Había edificios más grandes –con mayor población– que mi ciudad, y esto en una nación donde la población cristiana es de menos del tres por ciento.

En otra ocasión participamos de un reavivamiento de un año en la ciudad de México. Todos los líderes se ufanaban que la población de la ciudad de México y alrededores era de unos veintiocho millones, lo cual la convertía en la más poblada del mundo.

¡Me sorprendió el hecho de que **una** sola ciudad tuviera más habitantes de los que tiene mi **país**! Hasta los poderosos Estados Unidos, tienen solamente doscientos noventa millones de habitantes, una veinteava parte de la población del mundo.

Cuando comparamos estas cifras con la enormidad de la población de China (uno punto tres mil millones), India (mil millones) o África al sur de Sahara (seiscientos sesenta y cinco millones) no podemos sino admitir lo obvio: ¡las masas no viven en donde pensamos! Cuando el Espíritu de Dios sea derramado sobre toda carne, habrá mucha más carne en China, en India, en el Sudeste de Asia y en África sobre la que se verterá ese fuego santo.

Comparación geográfica de lugares y poblaciones

Los mapas muestran claramente las regiones del mundo según su población, nivel de riqueza y religión. Esto retrata las enormes disparidades.

Cuadro 7

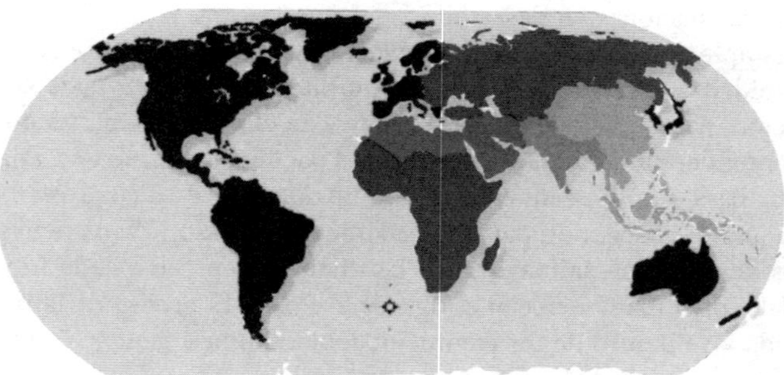

Regiones del mundo

Población del mundo: 6.314.000.000

Naciones del mundo: 193

Cuadro 8

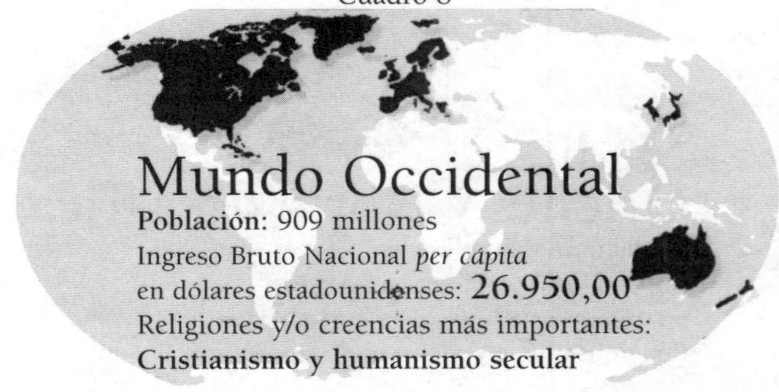

(Mayormente, los veinticuatro países desarrollados de occidente), incluyendo a siete de las naciones más densamente pobladas: EE.UU., **Japón, Alemania, Francia, Reino Unido, Italia y Corea del Sur**

Cuadro 9

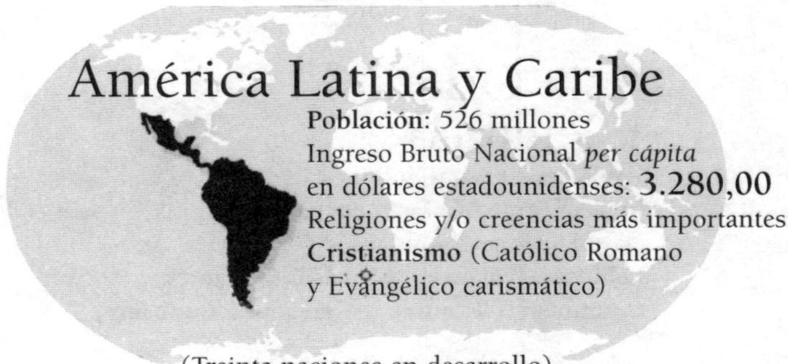

(Treinta naciones en desarrollo)
Incluye dos de las veinticinco naciones más pobladas: **Brasil y México**.

Cuadro 10

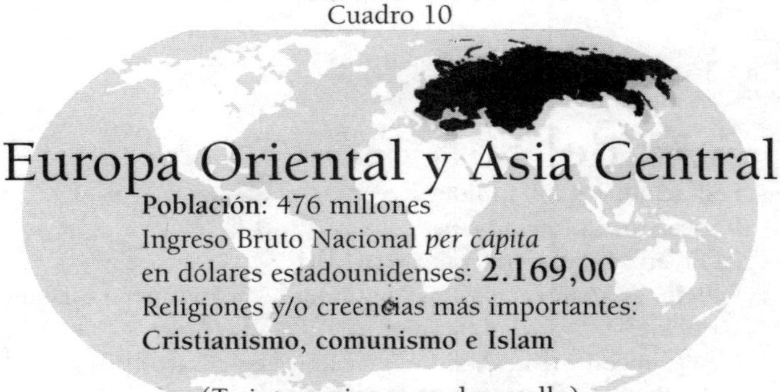

(Treinta naciones en desarrollo)
Incluye dos de las veinticinco naciones más pobladas: **Rusia y Turquía.**

Cuadro 11

Medio Oriente y Norte de África

Población: 306 millones
Ingreso bruto nacional *per cápita*
en dólares estadounidenses: 2.230,00
Religiones y/o creencias más importantes: **Islam**

(Quince naciones en desarrollo)
Incluye cuatro de las veinticinco naciones más pobladas:
Egipto, Irán, Arabia Saudita y Yemén

Cuadro 12

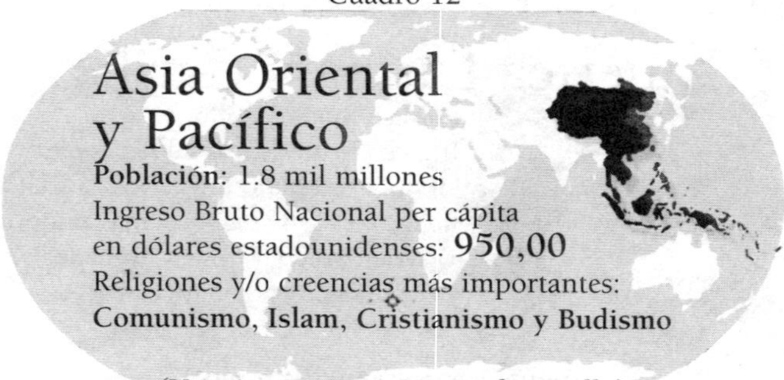

Asia Oriental y Pacífico

Población: 1.8 mil millones
Ingreso Bruto Nacional per cápita
en dólares estadounidenses: 950,00
Religiones y/o creencias más importantes:
Comunismo, Islam, Cristianismo y Budismo

(Veinticuatro naciones en desarrollo)
Incluye cuatro de las veinticinco naciones más pobladas:
China, Indonesia, Filipinas y Vietnam.

Cuadro 13

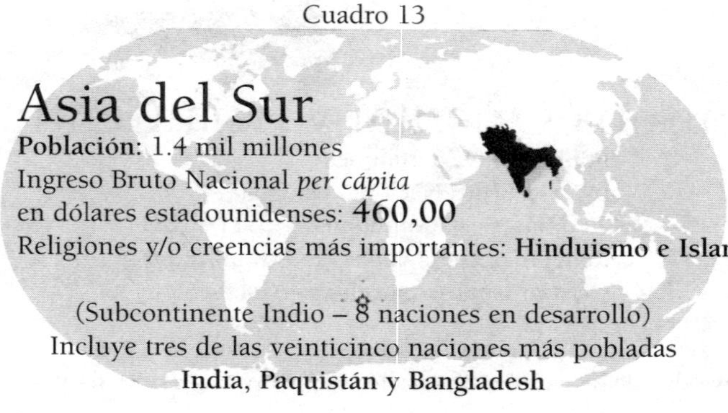

Asia del Sur

Población: 1.4 mil millones
Ingreso Bruto Nacional *per cápita*
en dólares estadounidenses: 460,00
Religiones y/o creencias más importantes: **Hinduismo e Islam**

(Subcontinente Indio – 8 naciones en desarrollo)
Incluye tres de las veinticinco naciones más pobladas
India, Paquistán y Bangladesh

Cuadro 14

África al sur del Sahara

Población: 670 millones
Ingreso Bruto Nacional
per cápita en dólares estadounidenses: **450,00**
Religiones y/o creencias más importantes:
Cristianismo, Islam y religiones tribales

(48 naciones en desarrollo)
Incluye tres de las veinticinco naciones más pobladas:
Nigeria, Etiopía y República Democrática del Congo

¿NO ESTÁN EN RIESGO?

Una cosa es denunciar el estado de las cosas hoy y cómo estarán en el futuro. Pero otra cosa es diagnosticar el problema y prescribir una solución. El fundador de la Red Viva, Patrick McDonald, sostiene que hay siete cosas esenciales que cuando están presentes en la vida de un niño neutralizarán efectivamente los siete pecados mortales que presentaremos enseguida.

Lo que un niño necesita para no estar en riesgo, como siete cosas esenciales durante sus años de crecimiento, es lo siguiente:

1. Al menos un padre o madre que lo ame.
2. Buena salud.
3. Seguridad.
4. Capacidades que pueda comerciar en el futuro (comenzando por la escuela/educación).
5. Una oportunidad de servir a los demás.
6. Una oportunidad de oír y entender el evangelio.
7. Una oportunidad de ser parte de una comunidad que adore a Cristo.

Cuando una de estas siete cosas no existe, hay problemas. Creemos que Dios quiere que todos los niños tengan la oportunidad de llegar a ser todo lo que Él tiene planeado, y estos siete aspectos esenciales darán forma a las estrategias locales que permitan atacar los siete pecados mortales.

Si nuestro Padre establece claramente que quiere que nadie perezca, entonces es claro que debemos predicar y comprometer a los jóvenes y los pobres de este mundo. Este es un llamado de trompeta a los seiscientos ochenta cristianos de la Gran Comisión, para que actúen. Movilizarse. Calatizar, promover y propagar. Comenzar a actuar para ver cómo se van transformando los corazones. La faz de la Tierra cambiará como consecuencia de ello.

SIETE PECADOS MORTALES

"Porque tuve hambre, y me disteis de comer; tuve sed, y me disteis de beber; fui forastero, y me recogisteis; estuve desnudo, y me cubristeis; enfermo, y me visitasteis; en la cárcel, y vinisteis a mí" (Jesús, en Mateo 25:35-36).

"La religión pura y sin mácula delante de Dios el Padre es esta: Visitar a los huérfanos y a las viudas en sus tribulaciones, y guardarse sin mancha del mundo" (Santiago, en Santiago 1:27).

Justicia y juicio son el cimiento de su trono (Salmos 89:14).

Los héroes del reavivamiento traen un nuevo orden que en el plano civil se funda en la justicia social. El reavivamiento se caracteriza por la fe que transforma a la sociedad. No hay dicotomía entre la rectitud y la justicia. Son mellizas en el entendimiento bíblico de las interrelaciones sociales.

Lo que sigue es una lista contemporánea sobre la justicia social seguida de un plan de ataque. Para que la estrategia sea efectiva debemos conocer el terreno, las condiciones sociales del mundo. Hay siete flagelos en el tercer milenio, siete pecados mortales, que la cosecha de los últimos tiempos debe atacar mientras el Ejército de Héroes consigue efectivizar una revolución de rectitud. Los pecados, en este caso, no son cosas de las que sean culpables las personas, sino cosas de la que son víctimas. Nuestros siete pecados mortales son pecados contra la humanidad:

- Miseria y pobreza.
- Niños en cadenas.
- Huérfanos en la calle.
- Sexo y la ciudad.
- SIDA y plagas.
- Niños afectados por la guerra.
- Persecución religiosa.

Claro, hay categorías superpuestas, porque hay niños huérfanos de padres fallecidos a causa del SIDA, y niños pobres vendidos como esclavos, y otros que sufren hambre a causa de la devastación de la guerra. Sin embargo, las condiciones que describimos son suficientes como para conmover a cualquiera que busque satisfacer a Dios por medio de la rectitud. La rectitud es lo primero, pero no alcanza.

No hay dicotomía bíblica entre la rectitud y la justicia.

> *"Oh hombre, él te ha declarado lo que es bueno, y qué pide Jehová de ti: solamente hacer justicia, y amar misericordia, y humillarte ante tu Dios"* (Miqueas 6:8, énfasis mío).

Como describimos antes al delinear la gran idea de Dios de transformar a las personas invisibles en personas personas por medio de tres acciones esenciales –justicia, rectitud y compasión– la palabra hebrea traducida como justicia es *mishpat*, que significa "el modo prescripto, la acción correcta, el modo de vida apropiado".[1] A lo largo de la Biblia la justicia *mishpat* se relaciona íntimamente con la rectitud. Como dice Isaías: *"Así dijo Jehová: Guardad derecho, y haced justicia; porque cercana está mi salvación para venir, y mi justicia para manifestarse"* (56:1).

De hecho, la regla de Dios se basa en estas virtudes:

> *"Justicia y juicio son el cimiento de tu trono; misericordia y verdad van delante de tu rostro"* (Salmos 89:14).
>
> *"Pero corra el juicio como las aguas, y la justicia como impetuoso arroyo"* (Amós 5:24).

La santidad es la solución a todos los problemas. Y se comprueba a medida que la revolución de la rectitud abarca al planeta, a medida que cada vez más personas establecen los parámetros de Dios por medio del Espíritu de Dios en sus vidas, a medida que se desintegra la inequidad social. Cada uno de los siete flagelos será derrotado cuando la población mundial comprenda la verdad de que la santidad es la solución a todos los problemas.

La misión no da concesiones. Sigue siendo el objetivo ganar al mundo para Jesús. Pero como dijo la respetada misionera Amy Carmichael: "Las almas van más o menos pegadas a los cuerpos"[2]. Así que, como consecuencia natural de un corazón santificado saturado con compasión, obedecemos la exhortación de William Booth a: "¡Ir, y hacer algo!" Y la faz de la Tierra cambiará a medida que se transformen los corazones de las personas.

Pero veamos las estadísticas: la ventana del 10/40 contiene uno punto tres mil millones de personas con pocas posibilidades de oír el evangelio. El ochenta y cinco por ciento de los países más pobres del mundo se encuentran allí, y el cuarenta por ciento de su población son niños. Trágicamente, solo llegan allí uno punto dos por ciento de los dólares de misiones cristianas.[3] Gerald Coates, el co-fundador de "March for Jesus" [Marcha para Jesús], dice: "La tragedia de estos niños es un barómetro del estado de la humanidad en el amanecer de un nuevo milenio".[4]

Concordemos entonces que la rectitud y la justicia no son mutuamente excluyentes, y que los corazones cambian la faz. Y, aunque debamos mirar más allá de la ventana de nuestro jardín, podemos imaginar que no está todo bien sobre la faz de la Tierra. ¿Hasta dónde está todo mal?

La economía no oficial se estima en nueve billones de dólares estadounidenses, comparada con el Presupuesto Oficial Global de 1998 según el FMI, de treinta y nueve billones de dólares estadounidenses.[5] No hay reglamentaciones ni leyes que protejan a los marginados de la coima, la exacción y las actividades ilegales que incluyen las drogas, los niños abandonados, el trabajo infantil, la explotación sexual, etc. La economía oculta cabalga sobre las espaldas de los niños pobres.

Sabemos que hay uno punto tres mil millones de chinos. Pero ahora hay también mil millones de indios.[6] La población mundial crece, y con este crecimiento los siete pecados mortales se convierten en un pulpo que asfixia. Conozcamos a nuestro enemigo.

Advertencia: esta información podría llegar a insensibilizarlo. No desconecte sus emociones al leer esto. Léalo con atención. Este capítulo le presentará nuestra versión de los siete pecados mortales.

PECADO MORTAL NÚMERO 1: EXTREMA POBREZA

- *"Tuve hambre y me diste de comer; tuve sed y me diste de beber; tuve frío y me vestiste". Jesús*

- *"Para que así no haya en medio de ti mendigo; porque Jehová te bendecirá con abundancia en la tierra que Jehová tu Dios te da por heredad para que la tomes en posesión, si escuchares fielmente la voz de Jehová tu Dios, para guardar y cumplir todos estos mandamientos que yo te ordeno hoy"* (Deuteronomio 15:4-5).

- *"Sin falta le darás, y no serás de mezquino corazón cuando le des; porque por ello te bendecirá Jehová tu Dios en todos tus hechos, y en todo lo que emprendas. Porque no faltarán menesterosos en medio de la tierra"* (Deuteronomio 15:10-11).

Todos los años nuestros estudiantes del séptimo grado forman una fila esperando la aguja de la enfermera que vacunará a nuestros hijos contra una larga lista de enfermedades. Todos los días seis mil niños en diferentes partes del mundo donde los estudiantes de séptimo grado no forman una fila, mueren, justamente porque esto no sucede.[7]

> Un compañero en África observaba a un niñito llamado Zacarías, que jugaba todo el día con ramitas, debajo de un árbol. Eventualmente, el sacerdote fue a ver a Zac, y tomó un mango del árbol, para ofrecérselo. Mientras conversaban, el niño jugaba con el mango. Finalmente el sacerdote le dijo a Zac: "Vamos, cómelo". Zac respondió: "No puedo, Padre. Hoy no me toca comer". El niño vivía la realidad de muchas, muchísimas personas en los países más pobres, que tienen tan poca comida que deben rotar turnos para decidir quién come cada día.[8]

Jesús llamaba hambruna al hambre en su forma más cruel. Sin alimento, el ser humano muere. No es de poca importancia que el mundo cristiano sea quien ha liderado la respuesta a la hambruna. *World Vision, Christian Children's Fund, Tear Fund* y otras fundaciones han luchado contra el flagelo que ataca al tercer mundo, mientras el primer mundo disfruta del lujo.

Hasta las organizaciones seculares se alimentan de una perspectiva cristiana en cuanto a que reconocen que hay algo sagrado en la humanidad. No ha sido la filosofía hindú, ni la confucionista ni la islámica las que han disparado esta importante obra, sino por el contrario, ha sido el punto de vista cristiano. Así que, les incumbe a los cristianos saber qué hacemos y cómo podemos ayudar cada uno de nosotros.

La pobreza es algo que nos afecta a todos. Nadie que haya vivido un reavivamiento puede hacer oídos sordos ante la pobreza. Hay pobres en todas partes. Y hablamos de los verdaderamente pobres. Hay algunos que son pobres según los parámetros de occidente, pero que aún así tienen acceso a mecanismos sociales que facilitan la cobertura de necesidades básicas como el alimento, el techo y la ropa.

Hay otros que por causa de adicciones u otras decisiones personales han quedado en la calle y excluidos de estas redes sociales.

Y hay aún otra faz del verdaderamente pobre, personas de las que occidente no sabe casi nada.

Son los pobres del mundo. Los verdaderamente pobres que no pueden hacer nada para cambiar su situación. Necesitan nuestra ayuda.

Una opción moderna es la de encontrar empresarios para la justicia social. Podemos ayudar a crear trabajo y capital según la visión de William Booth. Su visión se convirtió en la red social del mundo occidental.

Pero debemos ir más lejos, al resto del mundo.

Lo que damos por sentado en nuestro sistema de asistencia social ha surgido de la aplicación de este mismo principio de parte de los cristianos, sea del Impero Benevolente o del primitivo Ejército de Salvación. Con el advenimiento de la aldea global nos vemos obligados a hacer que nuestra compasión sangre más allá de nuestras fronteras, con el objeto de ayudar a nuestro prójimo, a medio mundo de distancia.

Hay un llamado a los apóstoles del mercado que no lideran iglesias, que no abren estaciones de misión, que no realizan campañas evangelísticas. Estos apóstoles del mercado no son menos apostólicos que los dones más conocidos del Cuerpo. Son parientes de los reyes rectos del Antiguo Testamento que utilizaron su riqueza, experiencia y autoridad por el bien de los pobres.

¿Dónde están los líderes de negocios que administran empresas multimillonarias, y que entrenarán a estos empresarios de los pobres?

¡Santa Vaca!

El periodista norteamericano Paul Harvey comentó la relación entre las creencias religiosas de las personas y la pobreza. "No hay modo en que usted y yo podamos comprender una sociedad que alimenta a las vacas pero deja morir de hambre a sus bebés", escribe Harvey cuando habla sobre la India y su entendimiento de la adoración a las vacas sagradas en la religión hindú.

> Uno se pregunta qué cultura, si la India o la de las naciones ricas de occidente, tiene más "vacas sagradas". Aunque nuestras vacas sagradas no forman parte de tradiciones religiosas reconocibles, las familias norteamericanas alimentan a su ganado con novecientos kilogramos de grano rico en proteínas, con el objeto de producir ciento veinticinco kilogramos de carne para llevar a su mesa.[9]

Aunque esto parezca impropio de mencionar, quizá le ayude oír el modo en que lo informa la revista Time: esta industria es tan grande que en Texas se producen dieciocho kilogramos de excremento de vaca, por habitante, por día.[10]

El escenario

Lo siguientes cálculos fríos nos presentan las inequidades del mundo en desarrollo, donde hay tantas víctimas mortales y donde la mayoría de las personas viven en la miseria. Lea con sensibilidad. Las estadísticas cortan el aliento.

En 2001 UNICEF calculó que uno punto dos mil millones de personas viven en la pobreza, y que la cantidad aumenta. Estas personas ganan menos de un dólar por día.[11] La mitad del mundo –casi tres mil millones de personas– viven con menos de dos dólares por día.[12] En cctubre de 2003 un nuevo estudio de UNICEF llegó a la conclusión de que más de mil millones de niños en el mundo sufren los efectos debilitantes de la pobreza.[13] Un tercio de la población mundial tiene menos de quince años, y el ochenta por ciento de ellos viven en el tercer mundo.[14]

De hecho, el PBI (Producto Bruto Interno) de los cuarenta y ocho países más pobres, equivale a menos de la riqueza de las tres personas más ricas del mundo. O, para que la comparación se entienda mejor, hay unos pocos cientos de millonarios que tienen más riqueza que los dos punto cinco mil millones de personas más pobres del mundo.[15]

El veinte por ciento de la gente en los países desarrollados –digamos quizá, la mayoría de los que leemos este libro– consume el ochenta y seis por ciento de los bienes que se producen en el mundo.[16]

Dicho de manera grosera: somos cerdos. En 1960, el veinte por ciento de la población de los países más ricos tenía un ingreso treinta veces mayor al del veinte por ciento más pobre. Y en 1997 la diferencia aumentó a un setenta y cuatro por ciento.[17] Rectifico: somos cerdos ricos.

A todos los que vivimos en el mundo occidental nos corresponde hacer algo para mitigar la inequidad. Y, sin embargo, nuestro registro de acciones, como indica la comparación de la "santa vaca", apesta.

Si sumamos a esto que la nación más rica del mundo tenía la brecha más grande entre los ricos y los pobres, más que cualquier otra nación industrializada.[18] Norteamérica no es un ejemplo a seguir. Desastrosamente, el mundo en desarrollo gasta ahora trece dólares en pago de deuda, por cada dólar que recibe en préstamos.[19] Y aquí vemos una comparación similar: cuanto más pobre es el país, mayores posibilidades hay de que el pago de la deuda se extraiga directamente de las personas que no tomaron los préstamos ni recibieron el dinero.[20]

¿Cuáles son las repercusiones de esto? Aquí enumeramos algunas:

- Dos millones de niños mueren cada año porque no son vacunados.[21]
- Diecisiete millones de niños perdieron la vida innecesariamente en 2000, porque los gobiernos del mundo no lograron reducir los niveles de pobreza."[22]

¿Alguna vez tuvo usted diarrea? Es lo que han tenido trescientos mil niños pobres. Y este año han muerto por esa causa.[23] Casi once millones de niños menores de cinco años murieron en 2000, mayormente a causa de enfermedades previsibles.

Deténgase y lea esto nuevamente: casi once millones de niños menores de cinco años murieron en 2000, mayormente a causa de enfermedades previsibles.[24] El avión Boeing 747-100SR tiene capacidad para quinientas cincuenta personas. Es como si se llenara un 747-100SR con niños y luego se echara al océano, cada veinticuatro minutos, todas las horas, todos los días, todas las semanas del año.[25] Que duerma usted bien esta noche.

¿Cómo sabemos que esta situación no mejora? Porque el noventa y siete por ciento del crecimiento de la población mundial ocurre en países en desarrollo.[26] Esto es así a pesar del triste hecho de que el índice de mortalidad infantil por cada mil nacimientos es de siete en el norte de Europa, de cincuenta y uno en Sudamérica y de ciento ocho en África Oriental.[27] Y, como si fuera poco, en China se ha comenzado oficialmente a limitar por ley el nacimiento de niños, con veinte mil abortos en un solo mes, en el verano de 2001.[28] La tragedia es que estas medidas abortivas son apoyadas por el representante en Beijing del Fondo de Población de las Naciones Unidas, Sven Burmester, por haber "logrado lo imposible. El país ha resuelto su problema de crecimiento poblacional".[29]

Responsabilidad

> La Iglesia entenderá que somos llamados no solo a dar a los pobres, sino a estar en relación con ellos. El dar cada tanto para calmar nuestra conciencia se reemplazará por la acción vital, donde nuestras vidas se unan a los pobres, donde veamos que tenemos lecciones por aprender, que solo ellos pueden enseñarnos.[30]

Hoy usted despertó, tomó el desayuno, trabajó durante el día y luego se preparó para leer algo por la noche. Hoy, según el sitio Kids AIDS, mil ochocientos niños se infectaron con VIH.[31] En el tiempo que le toma leer las últimas páginas, cinco personas entre diez y veinticuatro años de edad, habrán adquirido el virus.[32]

Sí, ya tenemos una sección sobre el SIDA. Sí, es un tema de elección de estilo de vida. Pero no se engañe. Es, en gran parte, un tema que tiene que ver con la pobreza. De hecho, el noventa y cinco por ciento de las personas con VIH viven en países en desarrollo.[33] Todos los días, entre cuatrocientos y quinientos habitantes de Zambia se infectan con el virus del SIDA.[34] En 1995 Action International calculó que para el año 2000, dos millones de personas estarían infectadas con VIH. Sin embargo, NETAID informa que solo en 1999, ¡había cinco punto cuatro millones de personas infectadas! Esta es una plaga que crece aceleradamente.[35]

NETAID también informa que en 1999 murieron de SIDA dos punto ocho millones de personas. Hay diez millones de niños huérfanos en África al sur del Sahara, a causa del SIDA. En algunos países el diez por ciento de los niños por debajo de los quince años de edad ha perdido a sus padres a causa del SIDA. La revista TIME calcula que habrá treinta millones más para 2010.[36]

A comienzos del nuevo milenio los expertos predicen que *más personas morirán de SIDA en la próxima década de las que murieron en todas las guerras del siglo XX.*[37] La gran mayoría de estas personas viven en los dos tercios pobres del mundo. Son pobres.

¿Cuán pobres son? Lea las últimas dos oraciones del último párrafo nuevamente. Bien, en el tiempo que le llevó leerlas, alguien murió de hambre. De hecho, según The Hunger Site [El sitio del hambre], cada tres punto seis segundos alguien muere de hambre, y setenta y cinco por ciento de los que mueren son niños.[38] Hoy un niño que nace en el mundo en desarrollo tiene cuatro posibilidades en diez de vivir en extrema pobreza.[39]

Las Naciones Unidas calculan que ochocientos millones de personas viven en condiciones de hambre y desnutrición crónica y persistente, unas cien veces más que quienes mueren de hambre cada año.[40] Diversos países, como Benin, Burkina Faso, la República de África Central, Chad, Etiopía, Guinea, Mali, Nepal, Nigeria y Sierra Leona, están compuestas por poblaciones en las que más de la mitad de las personas viven en la pobreza.[41]

> Las poblaciones rurales se ven obligadas a vivir en mayor pobreza al competir por los escasos recursos naturales. Las mujeres y los niños pasan un promedio de cuatro a seis horas al día buscando leña, y cuatro a seis horas en la semana cargando agua... en todo el mundo, la cantidad de "refugiados ambientales" como estos, parte de la economía de la supervivencia, puede legar a ser de quinientos millones. La cantidad sigue aumentando.[42]

En los últimos veinte años, a medida que la economía mundial crecía en forma exponencial, la cantidad de pobres aumentó a más de uno punto dos mil millones, o una de cada cinco personas, incluyendo a más de seiscientos millones de niños.[43]

Y en los poderosos EE.UU., en 1999, un año marcado por las buenas noticias económicas, había treinta y un millones de estadounidenses con inseguridad alimentaria, lo cual significa que o pasaban hambre, o no sabían de dónde provendría su próxima comida. Doce millones de ellos eran niños.[44]

Según el Informe de Pobreza de las Naciones Unidas en 2000, "la base de la reducción de la pobreza está en organizar a los pobres a nivel de comunidad, el mejor antídoto contra la falta de recursos, uno de los temas centrales de la pobreza. Una vez organizados, los pobres pueden influir sobre el gobierno local y hacerlo responsable".[45] Sin embargo, esto es muy difícil de lograr a causa de la falta de educación.

Casi mil millones de personas a comienzos del siglo XXI son analfabetos.[46] ¡Que vayan a la escuela! Claro que más del veinte por ciento de los niños en edad escolar en los países en desarrollo no asisten a la escuela,[47] y ciento treinta millones de ellos están en edad de asistir a la escuela primaria, pero no tienen acceso a la educación.[48] ¿Qué podemos hacer nosotros? Bueno, aquí va una idea: menos del uno por ciento de lo que gasta el mundo en armamento cada año, es lo que hace falta para que todos los niños puedan asistir a clases en el año 2000.[49] ¡Menos del uno por ciento!

Así que, por ejemplo, utilizando las estadísticas provistas por PRAVDA, tomamos al 3 de mayo de 2001 la cantidad de misiles submarinos que tienen los EE.UU. y Rusia: tres mil seiscientos dieciséis y dos mil veinticuatro, respectivamente.[50] En lo que concierne a los misiles submarinos, los norteamericanos solo tendrían que hacer una reducción de trescientos sesenta y dos, en tanto los rusos solo tendrían que reducirse en doscientos dos. Todavía tendrían cinco mil setenta y séis misiles entre ambos, apuntándose mutuamente. Debiera ser suficiente, ¿verdad?

Hay muchos temas relacionados que causan preocupación, como las malformaciones en bebés nacidos de madres desnutridas, las consecuencias en millones de niños, los embarazos adolescentes en lugares económica y socialmente mal equipados como para que tengan una crianza adecuada.[51] Claramente, como seres humanos y como cristianos, es nuestra obligación pelear para ganar la guerra contra la pobreza, aunque fuera por la única razón de vivir el amor con el que Jesús nos llena, y para mantener la integridad en nuestros esfuerzos evangelizadores. Debemos "involucrarnos".[52]

El Ejército de Héroes se ocupará de enfrentar a este horrible monstruo, de derrotarlo en el poder del Espíritu Santo. La plata y el oro son de Yahvé y Él es el Comandante del Ejército. Él nos dará los recursos y cambiará las voluntades, de modo que los pobres reciban justicia bíblica, rectitud y compasión, para que sean transformados en personas personas.

Pecado mortal número 2: niños encadenados

La especie en mayor peligro

> *"Y los hijos de Israel gemían a causa de la servidumbre, y clamaron; y subió a Dios el clamor de ellos con motivo de su servidumbre. Y oyó Dios el gemido de ellos, y se acordó de su pacto con Abraham, Isaac y Jacob. Y miró Dios a los hijos de Israel, y los reconoció Dios"* (Éxodo 2:23-25).

Esta es la historia de Shankar, un niño encadenado a los seis años de edad:

> "Era muy pequeño, aún lo soy. Tenía que manejar instrumentos muy pesados para cortar los nudos de las alfombras. Muchas veces me lastimaba los dedos cuando la cuchilla resbalaba. Entonces lloraba pidiendo por mi mamá, pero el capataz me pegada. Nunca me llevó al hospital ni me dio remedios. Lo que hacía era llenar la herida con polvo de fósforo, y lo prendía con otro fósforo, para que la piel y la sangre se volvieran a unir. Yo lloraba pidiendo por mi mamá, y entonces él me pegaba otra vez".[53]

Es una aldea global.[54] Así que la reciente guerra de precios entre los fabricantes de barras de chocolate nos afecta a todos. Algunos nos beneficiamos y otros salimos mal. Yo me beneficié. Porque podía comprar mis barras de chocolate favoritas a bajo precio. Pero Víctor no se benefició.[55] Mientras yo disfrutaba, a él lo habían capturado para trabajar como esclavo, largas horas en los campos de cacao de la Costa de Marfil. Literalmente, trabajaba como esclavo para que yo disfrutara de mi golosina. Y claro que el negocio le convino a sus "amos", quienes con otros criminales como ellos, ganaron siete mil millones de dólares el año pasado.[56]

Un tercio de la población mundial tiene menos de quince años de edad.[57] Son dos punto un mil millones de personas. Todo reavivamiento transformador del mundo tendrá sabor a juventud. Y, sin embargo, es esta la especie que mayor peligro corre en el mundo, la especie menos protegida. Los niños se ven atacados por todo tipo de fuerzas, en todo tipo de lugares.

Las estadísticas varían en cuanto a la magnitud del problema del trabajo infantil. UNICEF calcula que entre cien y doscientos millones de niños en todo el mundo trabajan como esclavos o en libertad, algunos para mantener a sus familias.[58] *ChildHope* afirma que "unos trescientos millones de niños de menos de quince años sufren explotación laboral en todo el mundo".[59] Y veintisiete millones de ellos son esclavos.[60] Es evidente que la crisis va en aumento.

Seis centavos al día

John Miller, consejero principal sobre la esclavitud infantil, en la Secretaría de Estado dice: "Gary Haugen es uno de los héroes de nuestro tiempo".[61] El fundador de la Misión Justicia Internacional, Gary Haugen, pone rostro y nombre a una persona invisible:

> Tomemos el caso de otra niña llamada Shawna. Cuando tenía siete años vivía con su familia, muy pobre, en una aldea de India. Su madre iba a tener a su hermanito bebé, y necesitaban unos veinticinco dólares para pagarle al médico. La única manera de obtener el dinero era del prestamista local, que exigió que le vendieran a Shawna. Durante doce horas al día, seis días a la semana, Shawna tenía que enrollar cigarrillos a mano, sentada en el piso. Si no llegaba a enrollar dos mil cigarrillos al día, le pegaban. Su paga era de seis centavos al día.
>
> Después de tres años, cuando la conocimos, Shawna tenía diez años de edad y no había siquiera llegado a pagar una parte de su deuda. Esto se llama esclavitud. Y aunque es ilegal en India, creemos que hay unos quince millones de niños en las mismas condiciones, enrollando cigarrillos, haciendo joyas, fuegos de artificio y rompiendo piedras con martillos.[62]

Tres años no es nada. Misión de Justicia Internacional liberó a un hombre que había sido captado como esclavo cuando contrajo una deuda de cuatro dólares, ¡hacía ya cincuenta y ocho años![63]

Sus hijos habían sido esclavos toda su vida, trabajaban para ayudar a su padre a pagar esa minúscula deuda. Es una epidemia que afecta diferentes regiones del mundo. La MJI y otras fundaciones luchan por traer algo de esperanza a esta situación tan desesperante. World Vision informa que "el sesenta por ciento de los niños de las ciudades de Asia son trabajadores de tiempo completo. La prostitución infantil es uno de los medios de supervivencia más importantes".[64] En África se calcula que el veinticinco por ciento de los niños de entre diez y catorce años de edad se ven obligados a trabajar.[65]

Los informes indican que los niños conforman el diecisiete por ciento de la fuerza laboral de África.[66] Y para India, los cálculos indican que hay ciento veintiséis millones de niños que trabajan.[67] ¡El gobierno calcula que son solamente dieciocho millones![68] En Nigeria solamente, se calcula que hay doce millones de niños que trabajan,[69] y en Asia hay ciento cincuenta y tres millones, ochenta millones en África y diecisiete punro cinco millones en América Latina.[70]

La prostitución y el tráfico de mujeres y niños es el tercer negocio más grande en el mundo. Los únicos otros dos que los superan son el tráfico de drogas y la venta de armas.[71] Son cifras que nos dejan perplejos.

Pero pongámosles nombre y apellido. Conozcamos a Rosie, que trabaja en las plantaciones de caña de azúcar.

"Me llamo Rosie Baroquillo. Comencé a trabajar en los campos de caña de azúcar cuando tenía siete años. Hoy tengo nueve y sigo trabajando allí. Dejé de ir a la escuela porque mi familia no podía gastar el dinero necesario para mi educación. Mi padre ha muerto. El dinero que gano no alcanza para comprar comida. Estoy cansada y con hambre mientras trabajo. Desearía tomar sopa con el arroz que como, porque sin sopa es difícil de tragar."[72]

A veces se las vende a las personas como esclavos virtuales. Muchos niños de India, algunos de los cuales tienen solo cuatro años, terminan como jinetes en las carreras de caballos del Oeste de Asia y los países del Golfo, especialmente en los Emiratos Árabes Unidos, y otras veces son mendigos, en el Haj, el peregrinaje a la Meca.[73]

Precios pasmosos

El fútbol es el deporte más popular en el mundo. Los fanáticos más pobres de todos los países pagan pequeñas fortunas para ver a algunas de las personas más ricas que patean una pelota cosida a mano por niños. En Paquistán, un estudio reciente del *Save the Children Fund* [Fondo Salven a los Niños] descubrió que se usa a más de quince mil niños para coser pelotas de fútbol en forma manual. En India, un informe de una ONG publicado el año pasado, sugiere que se usan más de diez mil niños, pero que la industria de fabricación de artículos deportivos dice que solo conoce que hay setenta niños que trabajan.[74]

En Asia la mayor parte de las pelotas de fútbol se fabrican en condiciones de explotación y miedo. Bajo estricto control de sus empleadores, los niños y adultos de Paquistán e India se ven obligados a coser pelotas a mano, por una paga pasmosamente miserable."[75]

El costo de un café

Como podrá imaginar, estas cifras generan enormes oportunidades de ganancia en el mercado negro, por lo que el negocio del trabajo infantil es una industria que crece todo el tiempo. *Newsweek* ha informado recientemente que en 2000 el gobierno chino atrapó a docenas de traficantes de personas, y liberó a ciento diez mil mujeres y trece mil niños.[76] Unos doscientos mil niños son vendidos cada año en África central y occidental. Estos niños luego trabajan en barcos pesqueros, en granjas, en la prostitución y en talleres clandestinos.[77]

La cantidad de niños traficados, interceptada en la frontera de Benin, aumentó de ciento diecisiete en 1995, a mil ochenta y uno dos años más tarde.[78]

En 1997 la policía de Benin arrestó a cinco africanos occidentales que se preparaban para embarcar noventa niños esclavos a Gabón, después de haberlos comprado en Benin y Togo por apenas un dólar con cincuena, el costo de un café. La situación es tan terrible que la CNN informa que el 17 de abril de 2001 el vocero de UNICEF Alfred Ironside afirmó: "El tráfico de esclavos jamás se ha detenido en África occidental"[79]

Cigarrillos estadounidenses

Hubo una época en que los cigarrillos estadounidenses eran fabricados por esclavos. Hoy hay un cigarrillo para adolescentes, muy de moda, fabricado con el triple del contenido de nicotina, arrollado en hojas con gusto a chocolate y chicle. Estos cigarrillos estadounidenses son fabricados por esclavos, hoy. El programa *"60 Minutes"*, de la CBS, mostró el sistema de niños esclavos de la India, donde se obliga a pequeños de cinco años a enrollar hasta mil *bidis* –así los llaman– por día, sin recompensa alguna, con la permanente amenaza de azotes si no cumplen con lo exigido.[80] Piense en esto la próxima vez que de una pitada al cigarrillo.

"Comiendo mi carne, bebiendo nuestra sangre"

El escándalo más infame de comienzos del tercer milenio se tituló *"Los esclavos del chocolate"*. El 4 de mayo de 2001 la BBC News informó que el gobierno de Costa de Marfil culpaba a las compañías internacionales que fabrican chocolate por mantener artificialmente bajos los precios del cacao, y que al hacerlo obligaban a algunos granjeros pobres a recurrir al trabajo infantil. El primer ministro Pascal Affi N'Guessan los culpó directamente.[81]

Más del noventa por ciento del cacao de la Costa de Marfil –el mayor productor mundial de cacao– se consigue por medio del sudor de los niños esclavos, según *Slavery* [Esclavitud], un documental transmitido en la televisión británica. Cuando los realizadores del documental le preguntaron a un ex esclavo llamado Victor, si alguna vez había probado el chocolate, dijo "no".

Cuando le preguntaron qué les diría a los millones de británicos que comen chocolate todos los días, Victor respondió:

– Si tuviera que decirles algo, no sería algo lindo. Compran algo que yo hago con mucho sufrimiento. Comen mi carne.[82]

O, como dijo Sali Kante, director de *Save the Children*, de Malí:

– La gente que bebe cacao o café, bebe su sangre.[83]

Es en verdad una aldea global. Nuestra conducta, para bien o para mal, afecta a todos. Las personas invisibles deben llegar a ser personas personas. Victor fue creado para ser más que un esclavo de nuestras pasiones.

¿Cómo respondemos inicialmente ante esto? No compremos huevos de pascua, y expliquémosles a los niños por qué no lo hacemos.

PECADO MORTAL NÚMERO 3: HUÉRFANOS DE LA CALLE

Fui un extraño y me invitaste a entrar - Jesús

> Es un frío húmedo. Sea lo que fuere su significado, para mí significa ponerme una bufanda, un sobretodo y guantes. Para Red significa buscar otra caja de cartón, cuanto más gruesa, mejor, para reforzar la choza de cartón que ha levantado alrededor de los conductos de ventilación de subterráneo en Queen's Park, Toronto. Es que echan aire caliente. El truco consiste en hacer que la choza sea hermética para que el aire caliente no salga. Es un objetivo que Red y sus amigos nunca logran. El costo de su fracaso es alto. En una noche muy fría significó la muerte para uno de sus amigos, que se durmió sin la cobertura suficiente. Fue solo una estadística más, otra persona invisible que ya no nos costará dinero de nuestros impuestos.

Un tercio de la población mundial tiene menos de quince años de edad.[84] Y cada vez hay más jóvenes. Se calcula que entre 1998 y 2025 habrán nacido cuatro punto cinco mil millones de niños.[85]

No es de sorprender que estos bebés no nacerán en el mundo occidental, donde hay dinero. De todos los niños que nazcan hoy, un ochenta por ciento pertenece a los países en desarrollo de Asia, África y algunas partes de Europa donde la pobreza prevalece.[86] La urgencia está marcada por la nueva ventana 4/14: ochenta y cinco por ciento de los cristianos son salvos entre las edades de 4 y 14 años.[87]

Mientras estos niños debieran ser salvos en campamentos y en la escuela dominical, buscan comida en los basureros de las grandes ciudades.

La cultura de "tirar y descartar"

Al menos cien millones de niños en el mundo viven por lo menos parte del tiempo en la calle.[88] Según el *New York Times*, el gobierno estadounidense cree que su país aporta casi medio de millón de "descartados sociales" a esta cantidad total.[89]

"El número de niños de la calle en ciudades como Calcuta, el día de hoy puede igualar a la población total de esa misma ciudad en el siglo XIX".[90] En Brasil hay unos doce millones de niños sin techo.[91] ¡Esto equivale a una ciudad de México entera, llena de niños sin hogares!

> Enkhbold, que hoy tiene diez años, ha vivido en la calle durante más de tres años. Su madre se fue cuando los niños eran pequeños. Su padre fue a la cárcel por robo. Enkbold, con seis años, y su hermana de trece, escaparon.
>
> Caminó solo por las calles de la ciudad, aburrido y con frío, cuando otro niño le pidió que se uniera a su grupo, que vivía en un túnel subterráneo. Enkhbold era el más pequeño de los diez niños allí, y por eso lo llamaron "Youngst" (Pequeño). Aunque estaban apretados y el

túnel estaba oscuro y apestaba, era su mejor opción. Enkhold comenzó a mendigar para poder comprar comida y helados, y a veces una vela para iluminar la oscuridad del túnel.

Un día de invierno los trabajadores de World Vision le dieron comida caliente al grupo. Luego les preguntaron si les gustaría vivir en el centro para niños sin hogar. Enkhold pensó: "No sé cómo será ese centro, pero como no me gusta vivir en este agujero, será mejor que vaya con ellos". Así lo hizo, y El Faro hoy es su nuevo hogar.[92]

Hablamos del equivalente a un niño por aula, en el mundo entero. Esta es la cantidad de niños que viven en la calle. Claro que estos niños en su mayoría jamás han visto un aula. Viven el infierno en la Tierra. "En países de Occidente y del Tercer Mundo, el abuso sexual es la principal razón por la que las niñas dejan su casa y buscan vivir en la calle."[93] De los cuarenta millones de niños de la calle en América Latina,[94] se calcula que la mitad es adicta a inhalantes.[95] También se calcula que hay unos ciento treinta mil niños de la calle en Nairobi, que inhalan pegamento, que duermen en las calles y callejones, que son mendigos y que buscan comida, descalzos y casi desnudos.[96] En Ruanda, a causa de la guerra civil hay docientos mil huérfanos.[97]

Sunil tenía doce años, y era hijo de un carpintero. Vivía con sus padres y sus siete hermanos y hermanas en Jayaprakashnagar, la villa de emergencia más cercana a la fábrica de pesticidas de Union Carbide. Cuando el reloj de la estación de tren de Bhopal daba la una de la mañana, el 3 de diciembre de 1984, la familia despertó en su casucha, sintiendo fuego en la boca y la garganta.

Corrieron hacia fuera, y vieron una multitud que corría en pánico por el callejón angosto y oscuro.

La fuerza del torrente humano separó a los niños de sus padres. La familia se desencontró. Sunil oyó que su madre los llamaba, pero luego ya no la oyó más. La nube tóxica era tan densa y ardiente que la gente quedaba casi ciega. Luchaban por respirar, pero los efectos del tóxico eran cada vez más sofocantes. Los gases quemaban el tejido de sus ojos, de sus pulmones, y atacaban su sistema nervioso. La gente comenzó a perder el control de su cuerpo. Se orinaban y defecaban encima. Algunos vomitaban sin control, o tenían convulsiones y caían muertos. Otros se asfixiaban a causa del daño que los gases producían en sus pulmones, y morían ahogados en su propia sangre.

Sunil despertó con terribles dolores, en Hoshangabad. Su cuerpo había sido llevado allí en un camión. Para alegría suya, encontró a Kunkun. Pero su madre y su padre habían muerto.[98]

¿Cómo terminan por lo general estas vidas sin amor de los padres, sin guía ni educación, sufriendo abuso sexual, sin esperanza y en la trampa de las diversas adicciones? No hace falta adivinar. En Bogotá, Colombia, el ochenta y cinco por ciento de los niños de la calle mueren antes de cumplir los quince años.[99] Las vidas de estos niños se apagan antes de que tengan una oportunidad de vivir.

El infame ataque a las Torres Gemelas no solo apagó las vidas de miles de estadounidenses en la Ciudad de Nueva York.

Las repercusiones económicas de estos colapsos afectaron al mundo entero, y la cuenta final de las víctimas, si pudiera calcularse, probablemente incluiría a cuarenta mil de estos huérfanos.[100] ¿Cómo puede suceder esto? ¿Cómo podemos dejar que vivan y mueran en la calle estos niños, mientras tenemos los recursos que hacen falta para cambiar esta situación?

La Capitana Sandra Ryan, del Ejército de Salvación, está convencida de que si cada familia evangélica de Toronto abriera sus puertas a los sin techo, no habría problemas de niños en la calle en esa ciudad. De seguro, la religiosa norteamérica puede hacer aún más. Estos son niños por quienes murió Jesús. Son parte de la cosecha que espera ser cosechada. No hay necesidad de que sigan siendo invisibles. Son nuestros, son nuestros niños. Son almas con quienes podremos disfrutar de la eternidad en el cielo, si podemos llegar a ellos a tiempo.

Pecado mortal número 4: sexo y la ciudad

La horrorosa historia del comercio del sexo

Vamos, edifiquémonos una ciudad (Génesis 11:4, Nimrod y amigos).

Ra Ratt es una frágil niña de catorce años cuya vagina ha sido cosida más de cinco veces para que los clientes creyeran que era virgen. Sus dueños la obligaron a tomar clientes mucho antes de que sanara su herida, para que los hombres creyeran que la sangre era del himen roto.

– Era muy doloroso –dijo estremeciéndose.

El año pasado siguió a un vecino, desde su casa en Preah Vihear, a doscientos kilómetros al noreste de Phnom Penh, para buscar trabajo en la ciudad y así ayudar a su madre, a sus tres hermanas y su hermano. Su padre había muerto.

En la ciudad la llevaron a una casa; le prometieron que al día siguiente empezaría a trabajar en un restaurante.

Pero esa noche descubrió que había sido vendida por mil dólares.

Durante un año vio muchos clientes: coreanos, japoneses, de Singapur, Malasia, Taiwán y también caucásicos.

– Ya ni los recuerdo, porque apenas sale uno, entra el siguiente –dijo.

Trabajaba desde las 08:30 hasta las 22:00, y recibía azotes si no cumplía con su cuota de clientes.

A menudo la llevaban a ver a un doctor que la anestesiaba y le cosía la vagina.[101]

El mundo avanza hacia la ciudad. Es el lugar más solitario del mundo. Sus arquitectos olvidaron agregar el espíritu de comunidad en el diseño. Ofrece un perverso sentido de anonimato, no hay que rendir cuentas allí, y eso hace surgir lo peor que hay en algunas personas. La psiquis del anonimato emerge en reuniones masivas de solitarios, donde puede olvidarse toda atadura, sin temor a repercusiones personales... o eso creen. Es el lugar donde se reúnes los evangelistas de la maldad (ver 2 Timoteo 4:3-4).

Vivimos en un mundo en que los pedófilos pueden navegar por Internet y elegir de un menú de niños en países de América Central. Buscan sus objetivos desde la comodidad de sus hogares. Pueden hacer turs virtuales y planificar su viaje. Pueden pagar *online* con tarjetas de crédito. Y luego pueden volar a su destino de vacaciones y cometer sus indecencias.

– La Internet de hoy también se ha convertido en la feria de la pornografía infantil –explica el Fiscal General de los EE.UU., John Ashcroft.[102]

> La cantidad de pedófilos que acechan a los jóvenes en Internet crece permanentemente, y a veces se hacen pasar por niños para entrar en confianza. En 1996 dieciséis hombres de los EE.UU., Finlandia, Canadá y Australia, parte de un grupo de pedófilos *online* llamado *Orchid Club*, fueron arrestados en los EE.UU. por sus actividades ilícitas. Compartían fotografías caseras, sus experiencias sexuales con niños, y hasta chateaban mientras dos de ellos molestaban a una niña de diez años.[103]

El nuevo terrorismo

La explotación sexual comercial ha sido definida como terrorismo por UNICEF. La Directora Ejecutiva de UNICEF, Carol Bellamy afirmó:

– Millones de niños en todo el mundo se compran y venden como si fueran baratijas, y se utilizan como esclavos sexuales.[104]

Al describir un caso canadiense de 2001, la jueza de la Corte Suprema de Caledonia Británica, Kathryn Neilson, observó:

– Esto demuestra cómo Internet puede utilizarse para la anónima y clandestina explotación sexual de niños y jóvenes.

Y luego se dio vuelta y dejó ir a un ex miembro de la legislatura que había sido acusado de intentar comprar sexo de una niña de once años en Internet.[105]

La segunda adminsitración Bush en los EE.UU. ha priorizado vigilar el comercio sexual infantil "como tema número uno" de su política.[106]

El Secretario de Estado Colin Powell afirma:

> Es el peor tipo de explotación humana. ¿Pueden imaginar a niños que aprenden el alfabeto, o el equivalente en su idioma, que son utilizados como esclavos sexuales de sus depredadores? Es un pecado contra la humanidad, un pecado horrendo.[107]

Pero aclaremos algo: no hace falta volar a Tailandia, a Filipinas ni a América Latina para encontrar niños qie trabajan en las calles. En 1990 *Child-*

Hope calculó que había unos ciento cincuenta mil niños que se prostituyen en los EE.UU.[108] En 1997 los trabajadores sociales calcularon que había trescientos mil niños y niñas que se prostituían, de menos de dieciséis años de edad.[109] ¿Puede entender esto? Según datos del Censo de los EE.UU. de 2000, hablamos de ¡uno de cada doscientos siete niños que se prostituyen en la calle![110]

Dicho en otras palabras, son cuarenta y una prostitutas de menos de dieciséis años, por cada una de las veinte ciudades más grandes de los Estados Unidos.[111]

Los muertos vivos

Las estadísticas mundiales son aún más pasmosas. *World Vision* calcula que hay diez millones de niños atrapados en la industria del sexo: prostitución sexual, turismo sexual y pornografía.[112] Según UNICEF, ¡habrá un millón de niños más que ingresen a esta red, cada año![113] Y es trágico:

– Nada se compara con la mirada muerta en los ojos de un niño que se halla atrapado en un burdel –dice Gary Hauge, de cuarenta años de edad–. En Ruanda los muertos ya se habían ido. Pero en los burdeles de Camboya, son los muertos vivos.[114]

> Sukan le romperá el corazón. Es una niña camboyana de ocho años, vendida por sus padres para poder costear la subsistencia del resto de su familia. Fue llevada de Camboya a Tailandia, justo con otra niña. Y allí la vendieron nuevamente. Los nuevos "dueños" usaron pasaportes falsos para llevar a ambas al Aeropuerto Pearson de Toronto, y pasaron la aduana. Después de un día entero de fotografías pornográficas, se sentaron en un banquito y vieron a una docena de hombres que tomaban dinero de sus billeteras y lo entregaban a su "dueño". Los dos que ofrecieran la mayor cantidad de dinero ganarían el "honor de desflorar a las dos vírgenes niñas".
>
> Después de que los dos hombres con más dinero les robaran su infancia, las niñas fueron sometidas a violaciones durante toda la noche. A la mañana siguiente las llevaron a los EE.UU., cruzando la frontera de Windsor. Les quitaron la ropa y escribieron un número con marcador negro sobre sus omóplatos derechos, y así las empujaron a un salón detrás del escenario de un club. No estaban solas. Sukan y su compañera se sorprendieron al ver que había diecinueve niños de entre ocho y diez años con ellas, todos con números negros en la espalda. Habría un remate de esclavos.
>
> Después de desfilar como ganado y seguir una cantidad de instrucciones –salta, da la vuelta, agáchate, haz poses sexies– las enviaron nuevamente atrás. Cada una fue llevada individualmente para ser rematada. A Sukan la dejaron al final. Le habían dicho que la salud de su familia y su propio futuro dependería de su actuación. Decidió hacer lo mejor que

podía. Bailó, saltó, giró y dio vueltas como si su vida dependiera de ello. Se generó una escalada de ofertas mientras Sukan lo intentaba más y más, dando vueltas, sonriendo, inclinándose... haciendo todo lo posible para aumentar su valor. Finalmente el rematador dijo las consabidas palabras:

– ¡Vendida uno, vendida dos... vendida!

La vida de Sukan, de ocho años de edad, fue comerciada en cuarenta y dos mil dólares, el precio más alto que se haya pagado por una prostituta en ese sitio.[115]

Solo cinco años

Sukan no es la más pequeña. La jefa de la Unidad Anti Tráfico de MJI afirma:

– Nuestros investigadores llegaron a Svay Pak y en diez minutos aparecieron proxenetas que ofrecían: "¿Quiere una pequeña pequeña? Puedo conseguirla para usted".[116]

Es la forma clásica en que se entremezclan los siete pecados mortales. El comercio de esclavos infantiles tiene un gran componente de prostitución. Los niños en situaciones de guerra a menudo son obligados a prostituirse por los soldados adultos. La pobreza también influye para que se prostituyan. Muchos de los niños rescatados de burdeles están infectados con VIH.[117] Y para quienes viven en la calle, este es un modo de vida, un modo de sobrevivir. ¿Y cómo es que llegan a la calle? Una de las razones principales es el abuso sexual.[118]

En un estudio David Finkelhor encontró que el diecinueve por ciento de las mujeres estadounidenses habían sido víctimas de abuso sexual.[119]

Y en otro estudio similar, R y J. Goldman indican que en Australia la cifra llega al veintiocho por ciento.[120]

Una de cada cinco niñas estadounidenses y una de cada cuatro australianas han sido víctimas de abuso. Y la cosa no parece mejorar.

"Yendo a Disney World o algo parecido"

No hace falta imaginar los efectos de esto en los niños. En un estudio de Tai sobre mil doce adolescentes y adultos jóvenes prostituidos, el noventa por ciento de los encuestados desaprobaba la prostitución y su rol en la misma, el cuarenta y tres por ciento se sentía decepcionado, desesperanzado y atrapado, y el cincuenta por ciento sentía que la sociedad los despreciaba.[121] El investigador principal de Misión de Justicia Internacional, Bob Mosier, comenta:

> – Tienes a un niño o niña de ocho años, que te mira sonriente, sabe que en unos minutos probablemente tengas relaciones sexuales con él o ella, por lo que le darás dinero, y por eso sonríen. Quiero decir, su sonrisa me recuerda a la de mis hijos cuando les digo que vamos a ir a Disney World, o algo parecido.[122]

¡Mal comienzo de vida!

El sexo es una industria enorme. En julio de 2003 había doscientos sesenta millones de páginas de pronografía *online*, un aumento del mil ochocientos por ciento sobre las cifras de 1998.[123] Los estadounidenses alquilan más de ochocientos millones de videos y DVDs pornográficos al año. Casi uno de cada cinco videos alquilados es pornográfico.[124]

Un estudio de la Carnegie-Mellon University informa que "el cuarenta y ocho coma cuatro por ciento de las descargas de sitios comerciales de Internet para adultos son de pornografía infantil"[125] ¡Uno de cada dos! Hollywood produce cuatrocientas películas al año. La industria pornográfica hace once mil.[126]

¿Son solo números? Aquí hay más: "Algunos estudios de las Filipinas revelan que las prostitutas mujeres menores de edad han estado embarazadas: una vez, cuarenta y ocho por ciento; dos veces treinta y tres por ciento; tres veces quince por ciento y cuatro veces cinco por ciento, y que el treinta y uno por ciento tiene niños".[127]

En Tailandia la Red Viva calcula que el ochenta por ciento del millón de prostitutas tiene menos de dieciséis años.[128]

Y esto: cincuenta por ciento de las ocho mil quinientas escuelas involucradas en un estudio reciente, admiten que la pornografía por computadora ha estado al alcance de sus alumnos, y hasta de algunos de los niños más pequeños, de ocho años.[129]

En algunos países uno de los problemas es que las prácticas religiosas de algunos países hacen que la prostitución parezca un noble estilo de vida. Por ejemplo, las niñas *davasi*, de la India, dedicadas a los dioses antes de que cumplan diez años, provienen mayormente de la casta más baja de los "intocables". Los padres reciben regalos de plata y la promesa de la reencarnación como Brahmas de la casta superior por entregar a sus hijas al templo. "Casadas" con la diosa del templo a veces la niña es poseída por Satán. La *devadasi* será entonces supuestamente la diosa para los clientes masculinos que paguen para dormir con ellas. La cantidad de *devadasis* no ha podido ser determinada, pero en el estado de Kanataka, India, se calcula que hay cien mil.[130]

Aquí la trampa está en que el barniz de religiosidad disfraza la esclavitud sexual infantil. Y lo que es peor, esto es perfectamente legal, en tanto que los mejores clientes son vistos como hombres santos.

¡Cuánto más se "adora", más santo se es! Hasta el infame Afghan Taliban, malentendido como puntilloso moralista, con gusto se involucró en torcer la religión para explotar a las mujeres sexualmente, según el informa de *TIME* *"Levantando el velo de la esclavitud sexual"*.[131]

Un efecto "secundario" del sexo "libre" es que en los Estados Unidos y en el Reino Unido, un tercio de los nacimientos hoy son producto de parejas que no se han casado.[132] El fruto son niños de una generación que crecerá sin padres.

Hay millones de personas sin rostro, sin padres, invisibles, que son abusadas y maltratadas. Un Ejército de Héroes verá que estos niños se conviertan en personas personas, imponiendo justicia, representando la rectitud y haciendo ejercicio de la compasión.

Pecado mortal número cinco: SIDA y plagas

Estuve enfermo y me visitaste -Jesús

> Es una pesadilla social. Aunque es políticamente incorrecto, es el tema de conversación actual en los bares y los cafés. El escándalo es que todas las muertes parecen ser causadas por la infidelidad. Las jugosas historias se esparcen como el viento en una tarde de julio, sobre quién tiene sexo con quién, y cuándo morirá la pareja. No es solo la muerte, aunque parece el tema preponderante. La desfiguración es también delatora, un estigma a veces peor que la misma muerte. La enfermedad crónica es otro signo de la plaga. Es horrible. No, no son los Estados Unidos en el año 2002. Es Europa en 1494. La plaga se llama sífilis.

Algunas personas llegan a la conclusión de que es Dios quien envía todas las plagas. Por cierto hay precedentes bíblicos. Pero no importa cuál sea la fuente, las víctimas de miles de epidemias han sido especialmente creadas por Dios y necesitan nuestra ayuda.

Todavía hay sífilis en el mundo. Pero ya no es la plaga más temida. Según un informe de agosto de 2001, hay quince millones de nuevos casos de ETS (Enfermedades de Transmisión Sexual) por año en los Estados Unidos, en parte a causa de las falsas garantías provistas por los Centros de Control de Enfermedades a lo largo del tiempo.[133]

Luego de años de promover el "sexo seguro" –dice el congresista Dave Weldon, médico de Florida– los Centros de Control de Enfermedades (CCE) se han visto obligados a admitir que hay poca evidencia científica que respalde las garantías de sus mensajes de sexo seguro.[134] Lo único que protege efectivamente contra estas enfermedades, es la abstinencia.

Un nuevo informe emitido por el Departamento de Salud y Servicios Humanos de los EE.UU. (DSSH), revela que no hay evidencia científica de que los condones prevengan la transmisión de la mayoría de las enfermedades de transmisión sexual.

El informe fue desarrollado por un panel científico que el Congreso hizo crear durante la administración Clinton. El panel fue coauspiciado por el Instituto Nacional de Salud (INS), la FDA (Administración de Alimentos y Drogas), los Centros de Control de Enfermedades y Prevención, y la Agencia de Desarrollo International de los EE.UU.

– Durante un año casi, los CCE han luchado contra la publicación del informe –dijo el Dr. Weldon el 20 de julio–. El informe concluye que no existe evidencia científica de que los condones ofrezcan protección universal contra la gonorrea, la clamidia, la sífilis, los chancroides, tricomoniasis y herpes genital. Claramente los CCE y los defensores del "sexo seguro" han exagerado la efectividad de los condones, y hay decenas de millones de norteamericanos que sufren las consecuencias de decisiones tomadas sobre la base de información inexacta, que ha sido pagada en parte con sus impuestos.

El Dr. Welcon continúa:

> Sesenta y cinco millones de norteamericanos hoy sufren de ETS incurables, y habrá quince millones de nuevos infectados por año, a menos que se informe a los norteamericanos con exactitud para que puedan modificar sus conductas. La mayor parte de la juventud de hoy ha sido mal informada y cree que los condones les ofrecen protección efectiva. Desafortunadamente, millones de adolescentes han recibido información errónea, que hará que tomen decisiones que causarán infecciones incurables, verrugas genitales, daños a las trompas de Falopio, embarazos ectópicos, inflamación pelviana, cáncer de pelvis y hasta quizá la muerte. Los CCE han minimizado estos riesgos, pero creo que si informamos a los adolescentes de que corren estos riesgos –aún si usan condones– podrán tomar mejores decisiones para proteger su salud.[135]

El aumento del SIDA y otras epidemias es pandémico. ¿Por qué tenemos tantas enfermedades infecciosas y contagiosas? Desde el Instituto de Salud de los EE.UU., el Dr. Richard Krause responde:

– No ha sucedido nada nuevo. Las plagas son tan ciertas como la muerte y los impuestos.[136]

Y hemos ganado un nuevo alfabeto: TES, VIH, SIDA, SARS. Parece que algo nuevo sí ha sucedido en los últimos veinte años.

¡Superinsecto!

Los titulares del *National Post* anuncian a los gritos:

– Los investigadores en la lucha contra el SIDA observan un aumento en la resistencia del "superinsecto" del VIH; los tratamientos han fallado.[137]

Martin Schechter, director nacional de la HIV Trials Network de Canadá dice:

– La capacidad del VIH para resistir la medicación es un fenómeno mundial.[138] Según estudios de la Organizacón Mundial de la Salud, las ETS entre las personas jóvenes han aumentado notablemente en los últimos veinte años, y son una de las causas más comunes de enfermedad.[139]

¿Qué significa esto en cifras reales? ¿Qué le parece lo siguiente? Nuevamente la información es provista por la Organización Mundial de la Salud, de que hay al menos doscientos cincuenta millones de nuevos casos de ETS en el mundo, cada año.[140]

Podría haberse prevenido

Unos tres millones de niños mueren cada año de enfermedades previsibles por medio de la vacunación.[141] Esto representa un aumento del cincuenta por ciento con respecto a los datos de los últimos cinco años.[142] Sé que es difícil entenderlo. Así que piense en esto: en 1998, cada día unos treinta y tres mil niños de menos de cinco años murieron por enfermedades que podrían haberse evitado.[143]

La información parece confundirnos. Pero el Fondo para los Niños de las Naciones Unidas calcula que el dinero gastado por los europeos occidentales en cigarrillos, cada seis meses (catorce coma cinco mil millones de libras esterlinas), efectivamente controlaría todas las enfermedades infantiles, cortaría a la mitad la tasa de desnutrición infantil, llevaría agua limpia a todas las comunidades y brindaría educación básica a la mayor parte de los niños del mundo.[144]

La desnutrición es un mamut, un problema complejo. Porque causa el cincuenta y cinco por ciento de las muertes infantiles cada año. Unos diecisiete millones de niños mueren todos los años porque tienen hambre, y por ello no tienen defensas ante enfermedades que por lo general no son fatales.[145]

Hablamos potencialmente del duelo de treinta y cuatro millones de padres, el equivalente a un país del tamaño de Canadá, con su futuro arrasado, su legado destruido, año tras año. La desnutrición también causa discapacidad. Joshua Malina, ex alcalde de Bulawayo, Zimbabwe, se movilizaba arrastrándose en el piso de la choza de su madre, durante sus primeros doce años de vida, sin educación, aislado, hasta que lo conoció un misionero.[146]

La epidemia del SIDA está minando la educación elemental en diversos lugares de África: reduce los fondos disponibles para la educación, obliga a los jóvenes a comenzar a trabajar a edad más temprana, se lleva las vidas de los maestros antes de tiempo. En Costa de Marfil, siete de cada diez muertes de maestros son causadas por el VIH. En 1998 Zambia perdió mil trescientos maestros en los primeros diez meses del año, lo que equivale a dos tercios de los maestros que se reciben cada año.[147]

En Botswana, donde uno de cada tres adultos está infectado con VIH –la tasa más alta del mundo– no menos de dos tercios de los niños de quince años hoy, morirán prematuramente a causa del SIDA.[148]

> Son los inocentes los que sufren más el flagelo del SIDA en África. Los hombres llevan el SIDA a sus esposas, y las mujeres, sin saberlo, se lo pasan a sus hijos al dar a luz. Es el caso de Irene, de cuatro años, que vive en las afueras de Kampala, Uganda.
>
> Su padre, policía, murió de SIDA. Y luego murió su madre, que era enfermera. Ahora es Irene la que está muriendo. Al entrar en su choza encontramos a Irene durmiento en una alfombrita sobre el piso. Los prestadores de servicios de salud del Fondo Cristiano para los Niños, brindan información y capacitación sobre cómo cuidar a los seres

queridos durante las úlitmas etapas del SIDA. Ese día habían venido a enseñarles a los abuelos de Irene cómo cuidarla en sus últimos días. Cuando Irene despertó, la ayudaron a sentarse. Excepto por la sabiduría en su mirada, Irene parece mucho más pequeña que otros niños de cuatro años. Tomé su manita. No la retiró ni hizo esfuerzo alguno. Su mano es pequeña, como una hoja en un día sin viento. No se mueve. Unos días más tarde es difícil entender cómo algo que se sentía tan liviano en mi mano, pesa ahora tanto en mi mente y en mi corazón.[149]

El SIDA, sin embargo, no se detiene en África.

En 1989 el SIDA abrió una nueva ruta de ingreso, comenzando por China, cerca de la frontera con Myanmar. Desde entonces el virus se ha abierto paso por las provincias de Sichuan y Gansu, yendo hacia el norte a Urümqi, una ciudad en los desiertos occidentales de la provincia de Xinjiang. Los compañeros de viaje de la enfermedad son una tripulación ya conocida: traficantes y adictos a las drogas, prostitutas, camineros, trabajadores itinerantes y vendedores. Y cada vez que el SIDA llega, encuentra cómplices que le ayudan a propagarse: negación oficial, ignorancia del público, discriminación y pobreza.[150]

El tema del ISDA y las plagas se complica por la característica particular de la mayoría de las enfermedades. Sus ramificaciones son pasmosas. Tomemos por ejemplo el SIDA.

En todo el mundo han fallecido veintiuno coma ocho millones de personas a causa del SIDA desde el comienzo de la epidemia. Cuatro coma tres millones eran niños.[151] Y la situación empeora todo el tiempo. Mäs de treinta séis coma un millón de personas en el mundo están infectadas con VIH.[152] En 2000, cinco coma tres millones de personas se infectaron. Y en 2000, tres millones de personas murieron de SIDA; quinientas mil –mil cuatrocientas por día– de ellos eran niños.

Y aunque África es el terreno más afectado, el centro de la preocupación, el mundo occidental, no es inmume. En los EE.UU. se calcula que dos jóvenes –de trece a veinticinco años– se contagian VIH cada hora.[153] El equivalente a dos aulas llenas por día. ¡Son trescientos treinta y séis jóvenes por semana!

Bebés descartables, fruto de violaciones

Ciudad del Cabo, en Sudáfrica, es conocida como la ciudad más bella del mundo. Sin embargo, este informe es de una parte de la ciudad que usted no verá cuando vaya como turista. Si es quisquilloso, quizá quiera pasar por alto esta historia.

Por medio de la profecía demoníaca de una hechicera sudafricana muy famosa, las creencias satánicas han saturado el país. Aunque la hechicera ya murió, su mentira sigue viviendo: muchos hombres de Sudáfrica creen que tener sexo con una virgen cura el VIH y el SIDA.[154] ¡Por ello, todos los días durante 2000, cincuenta y ocho niños fueron violados o sufrieron intento de violación![155]

Más del quince por ciento de las violaciones en Sudáfrica se cometen contra niños de menos de once años.[156] Esto equivale a unos siete niños de escuela primaria por día.[157] Algunos ni siquiera están en edad de ir al jardín de infantes. No saben hablar todavía.

> El 11 de noviembre de 2001 una niña de nueve meses de Kimberley, en el norte del Cabo, sobrevivió a violaciones por parte de una banda. Debió someterse a una histerectomía total, y deberá pasar por más operaciones para reparar daños a sus intestinos, dijo un vocero del hospital. La bebé, de Louisville, había sido dejada sin supervisión por parte de su hermano de dieciséis años, cuando seis hombres de Upington supuestamente la violaron. La bebé había pasado por una histerectomía total y sufrió gaves daños en el colon y el ano. Los seis hombres, de entre veintidós y sesenta y seis años, fueron acusados de violación y ataque indecente ante la Corte de Kimberley.[158]
>
> El 31 de octubre una bebé de un mes fue violada supuestamente por sus tíos, en Tweeling, en el Estado Libre del Este. La vocera policíal Loraine Kalp dijo que la madre había dejado la bebé al cuidado de los hombres, mientras visitaba a su suegra. Al volver por la noche, encontró que la bebé lloraba, y cuando la alzó vio que sangraba por abajo. La llevó a una clínica, donde le dijeron que la niña había sido violada y que tenía daño vaginal.[159]

En una situación típica, un hombre con SIDA viola a su sobrina pequeña y luego la echa en un basural. Esta tragedia ha crecido a ritmo alarmante, hasta convertirse en una epidemia.[160] Pero Fiona Brophy, trabajadora social de un pequeño grupo cristiano llamado *Little Angels*[161] se ha hartado de esta despreciable práctica. Little Angels rescata a los bebés de los basureros y cuida a los que aún están vivos.

> ¿Qué sucede con los que no tienen nombre, los miles de cuerpecitos –casi cinco mil por año en Sudáfrica– en diversos estados de descomposición, comidos por los gusanos en lugares sucios, aplastados bajo toneladas de basura, que jamás serán encontrados? ¡Son regalos de vida de Dios, echados a la basura![162]

Fiona quiso mostrar solidaridad con estos bebés violados y descartables. Así que durante un tiempo se mudó a un basural. Quería despertar la conciencia pública sobre este pecado mortal. Soportó el hedor, la fealdad, la desolación de vivir rodeada de bolsas de basura.[163] ¿Qué haría que alguien se mudara a un basural?

- Bebé mujer, a término, en bolsa plástica negra, en estado de descomposición, con cordón umbilical fresco y sin cortar.

• Feto masculino, encontrado en un tacho de la calle Long market, Ciudad del Cabo.
• Infante mujer, a término; los restos son un cuerpo mutilado de una niña recién nacida. Faltan los dos brazos.
• Bebé varón, encontrado envuelto en una bolsa de plástico en un campo. Los pulmones flotan en el agua, lo cual indica que el bebé recién nacido había respirado y estaba vivo.
• Bebé recién nacida, encontrada en un arbusto, envuelta en género, viva cuando la abandonaron, pero murió a causa de la hipotermia.[164]

Fiona explica parte de lo que ha vivido:

> A veces, a causa de la falta de alimento y las circunstancias tan insoportables, perdía la perspectiva. No me importaba porque era una manera de quizá llegar a estar más cerca de sentir lo que se vive viviendo en un lugar peligroso, inhumano, solitario y olvidado. ¡Mis sentimientos iban del amor expansivo por todo el mundo, hasta el pánico más terrible!
> Me preguntaba: "¿Qué hago aquí? No pertenezco a este lugar. ¡Nadie debiera ser descartado!" Estaba convencida de que debemos empezar a saber que somos parte de todos, y no seres separados del mundo. Al levantar y ayudar a los que son marginados, nos estamos ayudando a nosotros mimos. Cada persona que se entrega por medio de su oración y su empatía, es decir, de "sentir" el dolor del otro y dar de lo que tenemos, se convierte en parte de la sanación, de borrar esta separación que nos destruye.

Fiona Brophy y Little Angels levantan a los descartados, sienten su dolor y los rescatan en nombre de Jesús. Son héroes para los bebés violados y descartables.

Claramente, los efectos secundarios del SIDA inspiran más miedo que la enfermedad en sí misma. Un tercio de los niños nacidos de madres con VIH positivo están infectados con el virus, y el ochenta por ciento morirá antes de llegar a cumplir los cinco años.[165] La expectativa de vida al nacer, en el sur de África, que aumentó de cuarenta y cuatro años en 1905 a cincuenta y nueve en 1990, caerá a cuarenta y cinco entre 2000 y 2010, a causa del SIDA.[166]

El aumento de las exigencias de servicios de salud para enfermedades relacionadas con el VIH, ya ha sobrepasado la capacidad de los servicios. En países como Tailandia o Burundi, los pacientes de VIH ocupan de un cuarenta a un setenta por ciento de las camas disponibles en los hospitales más grandes.

Al mismo tiempo, el sector de la salud está perdiendo recursos humanos a causa del SIDA. Un estudio en Zambia muestra un aumento del trece por ciento en las muertes de personal de hospital, en gran parte debido al VIH, en los últimos diez años.[167] Y la cantidad aumenta.

Se considera epidemia a la enfermedad que afecta al cinco por ciento de una población. Entonces, es una plaga oficial. En África al sur del Sahara hay varios países que necesitan una nueva palabra para describir la intensidad de este flagelo.[168] Las Naciones Unidas calculan que setenta millones de personas morirán de SIDA para el año 2022.[169] Esto ya ha alcanzado proporciones de plaga bíblica. Quizá las palabras adecuadas serían “hiper pestilencia”.

> Han pasado casi veinte años desde la muerte de la primera víctima del SIDA en Asia, supuestamente un japonés hemofílico de cuarenta y ocho años, que había recibido una transfusión con sangre contaminada. A pesar de los avances en el tratamiento, este flagelo sigue arrasando regiones y poblaciones. Todos los días en Asia, casi mil doscientas personas mueren a causa de enfermedades relacionadas con el SIDA. Otras dos mil seiscientas cincuenta y ocho se infectan, según UNAIDS, un grupo de las Naciones Unidas que monitorea la enfermedad en el mundo. Hasta países como Japón y Corea del Sur, que responden agresivamente a la amenaza de esta enfermedad, ven que hay un aumento en la cantidad de contagios. Más de siete millones de asiáticos contrajeron VIH o SIDA hasta el año pasado; en 2001 los casos nuevos informados llegaron a un total de algo más de un millón, un aumento del siete por ciento con respecto al año anterior.[170]

Además de las consecuencias físicas obvias y del impacto social de esta hiperpestilencia, el SIDA tiene enorme impacto económico. En Gran Bretaña los costos de tratamiento del SIDA llegaron a ser de aproximadamente doscientos cincuenta millones de libras, en un año.[171] Además, se calcula que se han perdido cuarenta y cinco mil años de productividad debido a muertes prematuras.[172]

Cada una de las mil quinientas muertes por SIDA ha representado pérdidas calculadas en trescientos sesenta mil libras[173] en un año, en un solo país.

Hasta comienzos del siglo el impacto había sido menor.

> Hoy en el continente de África hay casi treinta millones de personas infectadas con el virus del SIDA, incluyendo a tres millones de niños de menos de quince años. Hay países enteros de África donde más de un tercio de la población adulta está infectada. Más de cuatro millones requieren tratamiento médico urgente con drogas. Y, sin embargo, en dicho continente solo cincuenta mil enfermos de SIDA –solo cincuenta mil– reciben la medicación que necesitan.[174]

Bono dice sin ambages:

– Estamos hablando de esto: África. El setenta por ciento del SIDA-VIH está en África. Estamos hablando de un continente en llamas mientras nosotros tratamos de apagarlo con baldes de agua.[175]

En todo el mundo las Naciones Unidas buscó diez mil millones de dólares para aliviar esta crisis. En Abuja, Nigeria, el secretario general de las UN, Kofi Annan apeló a abrir un fondo multimillonario para luchar contra el SIDA en África:

– Necesitamos entre siete y diez mil millones de dólares para luchar efectivamente contra el SIDA –dijo, y agregó–: La guerra contra el SIDA no se ganará a menos que luchemos con todas las armas que tengamos, una batalla mucho más grande de la que podemos pelear con los recursos con que contamos hoy.[176]

El inicio de 2002 vio el nacimiento del Fondo Global para el SIDA, la malaria y la tuberculosis.[177] El presidente de los EE.UU., George Bush, prometió quince mil millones de dólares para atacar estos flagelos.[178]

Los líderes de todo el mundo reconocen que están en guerra.[179] Decenas de millones de personas mueren a causa del SIDA y otras plagas. Y Jesús murió por cada uno de ellos. También murió por Yufa.

¿SIDA o hambre?

> Yufa se apoya contra el umbral de un café bajo la luz rosada de neón. Es una joven proveniente de una granja, y ha estado en el juego del sexo durante solo dos semanas. Lleva puesto un vestido rojo que no es de su talla, y le duelen los pies. Sus hombros pálidos y desnudos son claros, en contraste con su rostro, bronceado por trabajar en los campos. Ha venido de Sichuan en busca de trabajo en una fábrica de Urümqi, porque su esposo murió joven: la dejó con dos niños y "solo el cielo por techo", como dice ella. En Urümqi no había empleo. Un extraño la llevó a un burdel al costado de la ruta, donde Yufa se vende por tres dólares.
>
> – Claro que conozco el riesgo de la enfermedad –dice– pero no soy tan bella, y solo consigo quizá tres clientes a la semana. Si no usan condón, está bien. Lo haré de todos modos. ¿Qué otra opción tengo? Si no, mis hijos morirían de hambre.[180]

No podemos mirar a otro lado, cambiar de canal o dar vuelta la página, hasta que nuestra mente olvide esto. Tony Lawrence no lo hizo.

Circuncidar y evangelizar

En diferentes culturas varían los ritos de iniciación a la adultez. Desde la toga virilis y el bar mitzvah al "paraíso junto a la luz de neón", los jóvenes pasan de la infancia a la adultez por medio de ritos culturalmente aceptados.

Aquí hay uno que quizá usted no conozca:

> El orgullo llena los corazones de los jóvenes vestigos con mantas y vinchas de cuero de oveja, a medida que se acerca su ritual de iniciación. Hace un mes, un cirujano tradicional utilizó una cuchilla para circuncidarlos y marcar así su entrada a la adultez.
>
> – Estoy más que orgulloso. Soy hombre al fin –declara uno de los "abakwetha", la palabra xhosa para iniciados.
>
> – Nadie puede decirme qué hacer. Ni ordenarmem dónde ir –dice el joven, con la cara pintada de blanco con arcilla, símbolo de pureza.

> Mientras tanto, en el Pabellón 14 del Hospital Cecelia Makawane, cerca de allí, una docena de recientes iniciados no tienen nada para celebrar. Son víctimas de circuncisiones infectadas o mal hechas.[181]

Dos veces al año, en junio o julio y en noviembre o diciembre, unos cincuenta mil jóvenes varones iniciados en Sudáfrica solamente dan el paso importante hacia la adultez, mediante la circuncisión que se realiza en el período de iniciación y entrenamiento, en base a su etnia y tradición. Los valores tradicionales incluyen el respeto, la disciplina, el autocontrol, la abstinencia, el liderazgo, la igualdad para hombres y mujeres, y los prinicpios morales.[182]

Sin embargo, lo que debiera ser una ocasión gloriosa para estos adolescentes, muchas veces termina siendo una pesadilla. Porque uno de cada cinco muchachos terminan con sus genitales amputados parcial o totalmente. Muchos de ellos se infectan con el virus del VIH/SIDA, y con hepatitis B, simplemente porque se utiliza el mismo instrumento sin esterilizar, para todos los muchachos.

Están traumatizados. Muchos sufren problemas psicológicos antes y después de la experiencia. No hay asistencia para ellos durante todo este proceso. Muchos no quierren volver a su hogar después de pasar por los inconvenientes de una infección. En lugar de vivir con vergüenza, algunos de estos iniciados –adolescentes alegres que empiezan su vida como adultos– eligen suicidarse.

¿Cuál es la solución? La Grampa Tara.[183]

La Fundación *Seize the Day* [Aprovecha el día] rescata a estos jóvenes de manera holística. Entre otras cosas, Tony Lawrence y voluntarios de Seize the Day reparten un paquete a cada iniciado. El paquete incluye un dispositivo para la circuncisión llamado Grampa Tara, que elimina el riesgo de contagios como la hepatitis, causados por los instrumentos mal esterilizados.[184] Es un dispositivo para circuncisión que elimina el riesgo de contagios.

El programa de Lawrence incluye entrenamiento y certificación de practicantes de circuncisión, por medio de valores basados en la Palabra de Dios. Cada estudiante recibe una Biblia y el evangelio. La solución es circuncidar y evangelizar.[185] Todos podemos hacer algo. A medida que Dios moviliza a héroes ignotos para realizar hazañas que no se difunden, un Ejército de Héroes se alzará para ejercer autoridad espiritual y traer la sanación. Liberará la riqueza de las naciones, de modo de traer los recursos suficientes para sanar estas plagas, en nombre y con el poder de Jesús. Justicia, rectitud y compasión, harán que las personas invisibles y enfermas se transformen en personas personas.

Pecado mortal número 6: ¿Las exigencias de la guerra?

Niños afectados por las guerras

A comienzos del siglo XX, el noventa por ciento de las víctimas fatales de las guerras eran soldados. A comienzos del siglo XXI, el noventa por ciento de las víctimas fatales de las guerras son civiles, la mayoría de ellos, mujeres y niños.[186]

Un niño capta a un adulto en la mira de su escopeta y lentamente dispara. No es una pistola de agua. No es un juego. Alguien ha caído, y a los ojos del niño, algo ha muerto. La misma brutalidad se refleja en los rostros de quince mil niños en Liberia. A los niños se les dan armas AK 47 y se los recluta para pelear en los campos de batalla, en esta guerra civil que ya lleva ocho años. Hay niños de seis años de edad entre ellos.[187]

"Exigencias de la guerra", es una frase ya trillada. Se acuñó para movilizar el sacrificio de los patriotas, para defender los enormes costos de la victoria. La exigencia es "algo que exige o hace urgentemente necesaria la situación, y que presiona a los involucrados"[188] Con toda intención el título de esta sección está entre signos de interrogación. ¿Son los refugiados, las minas, los niños soldados, parte de las exigencias de la guerra? El mundo parece acordar que sí lo son. Y esta conclusión es un pecado mortal.

– Me violaron unos muchachos, no recuerdo cuántos, cuando marchábamos hacia el campo rebelde. Después de mi regreso a Sudán fui esposa de un comandante rebelde, luego de otro comandante, y luego de dos soldados rebeldes mayores. Tuve un niño que murió a los pocos días de nacer. Fui esclava de los rebeldes durante diecinueve meses. No creo que vuelva a casarme.

Son palabras de una joven, hoy de dieciocho años, capturada por el Ejército de la Resistencia del Señor, un grupo rebelde de Uganda.[189]

Y un niño los guiará

El Ejército de la Resistencia del Señor de Uganda, ha reclutado niños de hasta cinco años de edad.[190] No hablamos de unos pocos niños. Casi un cuarto de millón de niños peleó entre 1985 y 1995.[191]

Y es que el Ejército de la Resistencia del Señor tiene una reputación aterradora, porque ha captado a más de veinte mil niños desde su creación.[192] A muchos los convierten en esclavos sexuales de los soldados. Las mujeres "suelen tener como promedio tres niños mientras están cautivas".[193]

La cifra ha aumentado, y hoy hay trescientos mil niños que pelean en conflictos armados en al menos treinta y un países.[194] Los más notorios son Luther y Johnny Htoo, de doce años, y pertenecientes a la etnia karen en Myanmar. Son los líderes del "Ejército de Dios".[195]

"Los rebeldes del Ejército de Dios son cristianos en un país predominantemente budista. Los mellizos son fundamentalistas, y están contra la violencia, los insultos, las drogas y el alcohol"[196] "El Ejército de Dios, que en su momento cumbre contaba con unos ciento cincuenta luchadores, ofreció resistencia menor en una guerra de guerrillas por parte de los rebeldes de la etnia de karen, que peleaban por la autonomía en Myanmar"[197] Se cree que los mellizos "ofrecen a sus luchadores la protección divina en una cruzada que combina elementos del Antiguo Testamento con El Señor de las Moscas".[198]

> Se convirtieron en casi una leyenda en 1997, cuando las tropas de Myanmar llegaron a su aldea, barriendo las áreas de Karen. El grupo de guerrilleros principal, la Unión Nacional de Karen, supuestamente huyó mientras los mellizos reclutaban hombres de la localidad y dirigían un exitoso contraataque. Después de eso, los seguidores de los mellizos dijeron que ellos –que son cristianos– tenían poderes de Dios. Sus seguidores creían que las balas no podían darles, y que las minas no explotarían aunque las pisaran.[199]

El Ejército de Dios no está solo. El Fondo para la Niñez de las UN (UNICEF) calcula que Renamo utilizó unos diez mil niños, algunos tan pequeños como de seis años de edad, en su sangrienta guerra de dieciséis años contra el gobierno marxista en esta nación tan extensa.[200] Al menos treinta y cinco países han reclutado niños en los últimos diez años.[201] Más de quinientos mil niños y jóvenes de menos de dieciocho años han sido reclutados por grupos armados estatales y no estatales en más de ochenta y cinco países del mundo.[202] Algunos de los soldados masculinos del Tamil Tiger, son obviamente menores, porque no han cambiado la voz todavía.

– Me entrenaron para avanzar mientras la batalla está en pleno desarrollo, y a tomar un arma, desarmarla y volver a armarla –explica uno de ellos, de trece años, con voz aguda de púber.[203]

En la década transcurrida desde la adopción de la Convención de los Derechos del Niños, más de dos millones de niños han muerto y más de seis millones han sido heridos o mutilados en conflictos armados. Decenas de miles son víctimas de las minas explosivas. Cientos de miles son obligados a participar de conflictos armados, como esclavos sexuales o changadores.[204] Durante el genocidio de Ruanda en 1994 solamente, se masacraron doscientos cincuenta mil niños.[205]

> Los niños soldados son objeto de malos tratos y explotación sexual. A menudo los obligan a cometer terribles atrocidades, y los azotan o matan si intentan escapar. Son sometidos a rituales brutales y a castigos, trabajos forzados, crueles regímenes de entrenamiento y torturas. A muchos los drogan o emborrachan para agitarlos, y así lograr quebrar sus barreras psicológicas para que luchen o cometan atrocidades.[206]

La investigadora en jefe de Human Rights Watch (Guardia de los Derechos Humanos) Alison Des Forges, una heroína, registra los testimonios de los traumatizados sobrevivientes de un horror en el Congo, la que es en sí misma una tarea traumatizante y peligrosa. Los activistas en defensa de los derechos humanos han sido caputados, torturados y asesinados. A fines de 2002 un hombre pigmeo relató lo siguiente:

> Aproximadamente a unos treinta kilómetros de Mambasa, la milicia atacó un campamento pigmeo. Un hombre llamado Amuzati, que

> cazaba en el bosque, oyó los disparos. Como estaba cerca de su campamento regresó para ver qué sucedía.
> A unos setecientos metros del campamento oyó gritos y llanto, y luego silencio. Se acercó y vio varios milicianos. Vio los cadáveres de su familia, incluyendo a su sobrino de cinco años, con el vientre abierto con un cuchillo. Estaban cortando la carne y comiéndose a las víctimas...[207]

No es de sorprender que "millones de personas han quedado psicológicamente afectadas por la violencia que han soportado o presenciado en su círculo íntimo, y muchos otros han muerto por falta de alimento o servicios médicos."[208] Aquí está el testimonio de una persona profundamente afectada:

> Golpeaban a todos, viejos y jóvenes. Mataron a todos... casi a diez personas, como si fueran perros. Yo no maté a nadie, pero cuando lo vi matar, los niños que estaban con ellos mataban también, con armas (...) nos hicieron beber la sangre de la gente, tomábamos la sangre en un tazón y debíamos beberla. Luego, cuando mataban a la gente nos hacían comer su hígado, su corazón, que sacaban, cortaban en rodajas y freían, y nos hacían comer a nosotros, los niños.[209]

Al menos quince millones de niños han sido desplazados de sus hogares o pueblos, o son refugiados.[210] Entre 1985 y 1995 doce millones perdieron sus hogares como resultado de la guerra.[211] En 1995 solamentte, cincuenta y tres millones de personas –una de cada ciento quince personas en la Tierra– perdieron sus hogares, debieron dejar su ciudad o su país.[212] Las mujeres y los niños por lo general conforman el ochenta por ciento de las poblaciones de refugiados o desplazados.[213] Hoy casi diecinueve millones de personas viven como refugiados.[214] Pero otros mueren, como sucedió de abril a octubre de 1992, cuando los niños muertos en Somalía fueron doscientos mil.[215] De hecho, más de un millón y medio de niños han muerto en guerras, en el mundo entero, durante los últimos diez años.[216]

Hoy hay unos once millones de inmigrantes ilegales en los EE.UU.[217] Más de dos millones de extranjeros se han quedado más allá del tiempo permitido a los visitantes.[218] ¡Y hay tantos más que querrían vivir como refugiados! En el año 2000 unas cuatrocientas cincuenta mil personas pidieron asilo en veinticinco países de Europa,[219] y muchos, muchos más no se detuvieron para pedir permiso. La CIA calcula que alrededor de novecientos mil esclavos se han vendido en fronteras internacionales durante el año pasado, veinte mil de ellos a los EE.UU.[220] Muchos provienen de lugares donde la guerra ha arrasado con todo. La revista *TIME* informa que cada día en los EE.UU. muere un mexicano que intenta filtrarse por la frontera.[221]

Y en marzo de 2001 el único sobreviviente de un barco que traía gente de contrabando al país relató que las personas habían recurrido al canibalismo con tal de sobrevivir.[222] Dicen: la guerra es el infierno. Y parece que hasta la falta de paz es insoportable.

"No más vírgenes"

Jennifer Adoch y Susan Oyella, del brazo, con las espaldas derechas, las cabezas afeitadas, anduvieron descalzas por los caminos polvorientos, sus pies hinchados y lastimados. Caminaron con miles de otros niños: escapaban del peligro de los ataques rebeldes a las aldeas, buscaban un lugar para dormir en el centro de la ciudad. Los niños más pequeños estaban en harapos, las niñas de rosadas mejillas abrazaban sus muñecas de trapo, otros llevaban colchones sobre la cabeza, y aún otros más no llevaban nada. Todos caminaban sin detenerse.
Jeniffer y Susan cantaban una marcha: "La gente de Gulú está sufriendo. La educación es pobre. Las comunicaciones son pobres. No hay más vírgenes en Gulú", cantaban las niñas dulcemente en inglés. "Todas han sido violadas; oigan: ya no hay vírgenes en Gulú".
Los niños son conocidos como "los andariegos de la noche", o "los habitantes de la noche". Unos quince mil pequeños ugandeses caminan cada noche, desde más de trescientas aldeas, algunos más de ocho kilómetros, para llegar a la seguridad de Gulú, distante unos doscientos ochenta kilómetros de la capital, Kampala.[223]

Susan, de dieciséis años, relata el brutal sufrimiento de los niños a manos del Ejército de la Resistencia del Señor en el norte de Uganda:

> Un niño intentó escapar, pero lo atraparon. Le ataron las manos y luego nos obligaron a nosotros, los demás cautivos, a matarlo. Yo me descompuse. Conocía a este niño, porque éramos de la misma aldea. Me negué a hacerlo y me dijeron que me matarían. Me apuntaron con un arma, así que tuve que hacerles caso. Lo veo en mis sueños, y me dice que lo maté por nada… y yo lloro.[224]

Las cicatrices emocionales de la guerra son difíciles de medir. Una encuesta nacional de tres mil niños en Ruanda, en 1995, reveló lo siguiente: más del noventa y cinco por ciento de los niños había presenciado masacres; más de un tercio habían visto cómo mataban a sus famliares; casi todos creían que ellos también morirían; casi dos tercios recibieron amenazas de muerte; y más del ochenta por ciento había tenido que esconderse durante ocho semanas o más.[225]

Aún los que habían sobrevivido seguían temiendo por su vida y tenían problemas de salud. En sesenta y cuatro países se calcula que hay escondidas unas ciento diez millones de minas –asesinas ocultas– una por cada veinte niños en el mundo: esperan que algún pie las haga detonar.[226] Casi ochocientos seres humanos mueren cada mes por esto, y miles más quedan mutilados o discapacitados para toda la vida.[227] Es más que solo cifras:

> "He visto personas a quienes les cortaron las manos, y una niña de diez años, violada y luego abandonada para que muriera, y he visto a muchos hombres y mujeres a quienes quemaron vivos. Muchas veces

lloraba en silencio porque no me animaba a hacer ruido" ("Grace", niña de 14 años, capturada en 1999 por el Frente Unido Revolucionario, un grupo rebelde de Sierra Leona).[228]

Habrá mucho más derramamiento de sangre causado por los adultos que cometen el pecado de permitir y causar que los niños presencien estas situaciones horrorosas. Dios nos llama a actuar con rectitud para ofrecer a "Grace" y a sus compañeros compasión, misericordia y justicia. Dios lo llama a usted a ser un héroe.

Pecado mortal número 7: persecución religiosa

Estuve preso y me visitaste -Jesús

La mayor parte de la cristiandad es destruida por los no cristianos, derrotada, como ganado, y todos los días hay asesinatos. Es el exterminio de los cristianos.

C. 1070, Papa Gregorio VII al rey alemán Enrique IV

...de los cuales el mundo no era digno (Hebreos 11:38)

Apenas podían reconocerlo. Su rostro estaba demacrado, la piel tensa sobre los pómulos. Su cuerpo era apenas un palo vestido. Los ojos se veían enormes, los labios sobresalían en su cara. No podía cerrar la boca, así que se veían los dientes, amarillos. El cabello le cubría la cara y la barba hirsuta y desprolija le daba un aspecto aún peor. Tenía el rostro manchado con sangre seca. Su ropa estaba muy sucia. No pudieron evitar un grito al verlo. Ver esta escena horrorosa hacía llorar a la persona más dura.[229]

El hermano Yun es uno de los líderes heroicos del movimiento de iglesias domésticas de China. Ha sido arrestado más de treinta veces, le aplicaron la picana eléctrica, fue encarcelado varias veces –escapó–, fue golpeado, privado de comida, esposado, le habían orinado encima y lo habían torturado durante años. Su primer encarcelamiento incluyó cien días seguidos en aislamiento, y concluyó con seiscientos conversos entre los ochocientos prisioneros.[230] Como había escapado tantas veces, le rompieron las piernas con una maza, con lo cual "solo la piel le unía los pies a las piernas".[231] Su liberación de la prisión fue después de un milagroso ayuno de setenta y cuatro días. Hoy millones de cristianos sirven en la red de iglesias lideradas por él.[232]

Hay un espíritu asesino que se dedica a eliminar judíos y cristianos. Este espíritu es un actor que lleva diferentes máscaras para diferentes guiones. Ayer era la máscara dogmática comunista. Hoy es la máscara militante musulmana. Mañana ¿será la máscara hindú extremista? ¿Quién lo sabe? Pero las apariencias simplemente disfrazan la identidad de una malvada presencia comprometida con apagar la luz del mundo.

Seguramente no toda persecución religiosa es en contra de los judíos y los cristianos. El informe 2001 de Amnistía Internacional dice: "Se cree que al menos noventa y tres seguidores de Falun Gong han muerto en custodia, y cientos de monjes y monjas budistas siguen detenidos en el Tibet"[233]

El ministro de seguridad pública de China, Jin Chunwang, ha dicho, según una cita en documentos internos de gobierno: "Debemos trabajar más y hablar menos, para destruir al culto en silencio"[234] A pesar de que Amnistía Internacional pasa por alto la persecución a los cristianos en China, hay muchos mártires y héroes.[235] Y esto no es historia antigua. La revista *Newsweek* inforrma lo siguiente, de un período de seis meses en este siglo:[236]

> Los comunistas chinos demolieron mil quinientas casas de adoración, la mayoría cristianas. En India, cientos de cristianos han sido asesinados y sus iglesias destruidas desde el levantamiento de grupos hindúes militantes. En Navidad de 2000, las iglesias en nueve ciudades de Indonesia fueron bombardeadas: mataron al menos a dieciocho creyentes e hiriendo a cien más. Otros noventa cristianos fueron asesinados por negarse a convertirse al islamismo, y unos seiscientos más están detenidos en la isla de Kasiui.[237]

Los terroristas vaciaron cuatrocientas balas en diez minutos en una iglesia de Paquistán; mataron a diecisiete cristianos. Su última palabra, para bendición, fue "Amén".[238]

A comienzos de 2002 el Comité para la Investigación de la Persecución Religiosa en China, con base en Nueva York, publicó una series de documentos internos del gobierno chino, que describían al detalle la supresión de grupos religiosos no autorizados, que incluían esfuerzos por aplastar iglesias católicas clandestinas, utilizar agentes secretos infiltrados en las congregaciones protestantes ilegales, y "medidas forzosas" en contra del movimiento espiritual prohibido Falun Gong.[239]

Y no es algo pasajero. "Una de cada cuatro personas martirizadas a causa de Cristo, en toda la historia, ha muerto durante esta generación".[240] Las cinco vocaciones cristianas más peligrosas –más de tres por ciento de asesinatos– son: obispos, evangelistas, catequistas, distribuidores de Biblias puerta a puerta –colportores– y misioneros extranjeros"[241]

Y las persectivas no son alentadoras. Según el Segundo Congreso de Lausana sobre Evangelización Mundial, en palabras del investigador David Barrett, uno de cada doscientos cristianos puede esperar ser martirizado durante su vida".[242] La reciente escalada del terrorismo con base religiosa sobre Occidente no presenta buenos augurios para los cristianos que viven cómodamente allí.[243]

Los siete pecados mortales no se cometen en el vacío. Las víctimas viven en tierras de impiedad, en regiones que luchan por la paz en medio de tribus que luchan entre sí, en la globalización, en medio de bandas que ponen en ridículo la ley internacional, en medio del terrorismo que se opone a la hegemoniá. Viven en lugares donde la gente mata y roba, y cree que su religión, su política o simplemente su poder, validan sus acciones. Viven en situaciones en que las libertades y decisiones básicas les han sido quitadas.

Baño de sangre del siglo XX

Mientras las guerras han matado a millones, la violencia militar no ha sido la causa principal de la muerte en el siglo XX. Se calcula el número de muertes en batallas, en la totalidad de los conflictos, en treinta y cuatro millones seiscientos cincuenta y cuatro mil. Pero los regímenes totalitarios han matado muchos más, entre sus propios ciudadanos. "El comunismo totalitario, que es sobre la base *per cápita* al menos veinte veces más mortal que la guerra, ha sido responsable de la muerte de al menos de noventa y cinco millones, ciento cincuenta y tres mil seiscientas personas en este siglo".[244]

Muchas de estas muertes fueron por las creencias religiosas. La Enciclopedia Cristiana Mundial calcula que han sido martirizados cuarenta y cinco coma cuatro millones de cristianos en el siglo XX.[245] Los editores David Barrett, Todd Johnson, y Justin Long, analizan esto:

Mártires cristianos, a manos de:

- Ateos: 31.689.000
- Musulmanes: 9.121.000
- Etnorreligiosos: 7.469.000
- Cristianos de nombre (es decir, Iglesia del Estado, Católicos romanos, Ortodoxos, etc, versus evangélicos, etc.): 5.538.000
- Cuasi-religiones: 2.712.000
- Budistas Mahayana: 1.651.000
- Hindúes: 676.000
- Zoroastrianos: 384.000.[246]

El Atlas del siglo XX nos lo explica en mayor detalle:

- 1921-1950: 15 millones de cristianos en campos de prisión.
- 1950-80: 5 millones de cristianos en campos de prisión.
- Ortodoxos: 14,5 millones asesinados por Stalin; 2,7 millones de ellos, mártires (1929-1937).
- Católicos romanos: (1925) 1,2 millones de mártires.
- Cristianos ejecutados por los nazis en campos de concentración: un millón.
- Los nazis exterminaron a 0,5 millón de gitanos.
- Kmer Rouge, matanza de 2 millones (1975).
- Masacre de 40,000 católicos vietnameses (1970).
- Y un largo etcétera.[247]

Stalin lleva la culpa de más de cincuenta y un millones, Mao Zedong, de más de cuarenta y cuatro millones, y Hitler de veinticinco millones y más, más otros treinta y cinco millones de soldados y civiles.[248]

Mientras tanto, los conflictos de tinte religioso –mezclados con elementos tribales en algunos casos– han matado a millones en diversos países:

- En Kinshasa, Congo, desde 1998, 3 millones.
- En Nigeria (1967-1970), 3 millones.
- En Sudán, 2 millones.
- En Vietnam, 2 millones.
- En Camboya, bajo el Khmer Rouge (1975-1978), 1,6 millones.
- En Ruanda y Burundi (1959-1995) al menos 700.000.
- En India y Paquistán (1947) 500.000.
- En Uganda, bajo Idi Amín, 300.000.
- En las Filipinas, 120.000.
- En Eritrea-Etiopía (1998-2000) al menos 70.000.
- En Indonesia, desde 1999, aproximadamente 9.000.
- En Irlanda del Norte, con The Troubles, 3.506.
- Y un largo etcétera.[249]

Muchas regiones están maduras para continuar con la persecución en nuestra generación. Hay puntos calientes donde diferentes religiones compiten, y donde puede haber conflictos en los años por venir. Nada es estático. Tome Lagos, en Nigeria, como ejemplo. Sucede que en 1950 Lagos era una "pequeña comunidad portuaria" con unos doscientos cincuenta mil habitantes. Para 1990 ya había diez millones de personas en la metrópolis de Lagos. En una docena de años más, podrían llegar a ser veinticinco millones.[250]

Hay veinte mil personas por kilómetro cuadrado y la ciudad "sufre desesperadamente a causa de la congestión y la contaminación".[251]

La ciudad y el país están divididos por el Islam y el cristianismo.[252] Y ha albergado algunas de las campañas de evangelización más grandes de la historia.[253] Así que la ciudad ha crecido explosivamente en medio siglo. Es un importante centro regional. Es la base de conflictos religiosos. Y su infraestructura es terrible.

¡Qué clásico ejemplo de un lugar donde invertir nuestras oraciones, dinero y personas! Necesitamos cultivar la fuerza del cristianismo, la fuerza de la doctrina, la misericordia y la justicia social. De los calderos de la persecución nacerán los héroes del siglo XXI.

¿Ingenuidad de la natividad?

No podemos ser ingenuos respecto de la intención de algunos enemigos del cristianismo. Los comunistas militantes persiguen cristianos agresivamente. En 1992 la prensa china controlada por el Estado observó que "la iglesia jugó un rol importante en el cambio" de Europa Oriental, y advertía: "Si China no quiere que esto se repita en nuestra tierra, debemos estrangular al bebé mientras aún está en el pesebre".[254]

No son solo los comunistas. "Los musulmanes militantes creen que los problemas en su sociedad han sido causados porque se apartaron de los estrictos principios del Islam, y que esta tendencia solo podrá revertirse si se retorna al Islam en su forma pura".[255] Y así, en el país musulmán más grande, Indonesia, se organizaron *jihads*, o guerras santas, que han llevado a la destrucción de cientos de aldeas cristianas a manos de los extremistas musulmanes.[256] Han matado pastores, mayormente porque se les paga una recompensa de cinco mil dólares por cada uno que asesinen.[257]

En los estados musulmanes de Medio Oriente las cosas son más sistemáticamente represivas. Por ejemplo: "Un ciudadano saudí cristiano es visto como apóstata del Islam, y por ello automáticamente debe morir"[258] En Myanmar, la Ley Estatal y el Consejo de Restauración del Orden afirma: "El cristianismo debe ser destruido por medios pacíficos y violentos al mismo tiempo"[259] Y con la extensión de la Guerra Santa "La Base" hacia Norteamérica, los occidentales tendrán una visión más cercana y personal de la praxis del Islam.[260]

Acero fundido

Hay unos seis mil crstianos en la notoria "Prisión 15" de Corea del Norte que esperan morir porque son cristianos.[261] La persecución empeora. Un ex prisionero no cristiano dice: "La tortura y las peores formas de ejecución se utilizan en los cristianos. No les dan ropa. Los tratan como animales. Y en las fábricas los mataban echándoles acero fundido encima".[262] En Sudán "millones son afectados por la persecución".[263]

No nos consuela mucho saber que esto era de esperar. *"Y también todos los que quieren vivir piadosamente en Cristo Jesús padecerán persecución"* (2 Timoteo 3:12). Es casi un sacrilegio para las personas de occidente siquiera comentar sobre la persecución que los hermanos y hermanas cristianos sufren como componente habitual de sus vidas en Cristo. Además de las preguntas de rigor, debemos preguntarnos por qué no se nos persigue como a nuestros camaradas, y por qué es que:

1. no estamos al tanto de que suceden estas cosas en una aldea global.
2. por qué no hacemos algo al respecto.

Podemos sentir solaz en el hecho de que mientras miles de cristianos son encarcelados y torturados en China con herramientas como picanas eléctricas, bayonetas y barras de metal, veinticinco mil personas se salvan diariamente.[264] Dios aumenta el fruto.

El ejército de Héroes se encargará de que Dios pueda cumplir su voluntad, y que se haga justicia.

Ciro, el personaje de Judas en The Matrix, quería volver a su antigua vida. Para él la ignorancia significaba la dicha. Habiendo visto el mundo real, y harto de los rigores de la vida de sacrificio, anhelaba el cómodo capullo de la vida estereotipada de la persona común. No funcionó.

Tampoco funcionará para usted. Puede intentar volver a la vida semanal que es típica en su existencia. Pero lo perseguirán las imágenes de Joseph Malina

(SIDA y plagas), de los alumnos de séptimo grado –pobres, sin vacunas– de Victor –el esclavo del chocolate– de los cien millones de niños de la calle, de la niña de once años ofrecida como esclava sexual en Internet, de los mellizos de Myanmar y del Hermano Yun –persecución religiosa–.

Ya no podrá volver atrás. Ya no hay personas invisibles para usted, ni para nosotros. Las hemos visto. Ahora tenemos que decidir si la gran idea de Dios, de convertirlos en personas personas, vale la pena como para que nos movilicemos desde nuestros corazones y recursos para traer justicia, rectitud y compasión a esta situación.

Un Ejército de Héroes lo logrará. Están reclutando ahora. Atrae a los héroes de manera no convencional.

CAPÍTULO DIEZ

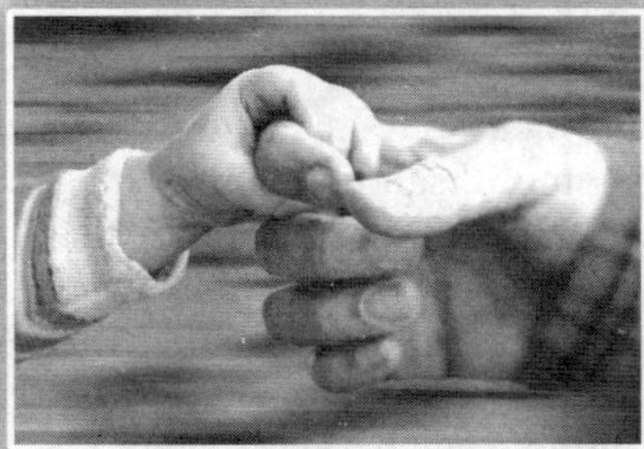

ESTOS PIMPOLLOS SON PARA USTED

He aquí que esta fue la maldad de Sodoma tu hermana: soberbia, saciedad de pan, y abundancia de ociosidad tuvieron ella y sus hijas; y no fortaleció la mano del afligido y del menesteroso (Ezequiel 16:49).

Me volví y vi todas las violencias que se hacen debajo del sol; y he aquí las lágrimas de los oprimidos, sin tener quien los consuele; y la fuerza estaba en la mano de sus opresores, y para ellos no había consolador (Eclesiastés 4:1).

Dios ve a todos los oprimidos. Desde su trono en el cielo mira habia abajo y ve a la niñita violada, al niño obligado a ver cómo matan a su familia, a los niños "comprados" por el precio de un café, esclavizados hasta que ya no rindan ganancias. Mira y no encuentra quién pueda consolarlos.

Dios quiere que sintamos parte de la carga que Él siente, y que ayudemos a llevar el dolor. La dificultad está en cruzar desde nuestra comodidad a su incomodidad. Para cada uno de nosotros es un desafío personal. Una pregunta bisagra que está solo a un paso de distancia. Jesús mismo vivió durante un tiempo en los confines y edictos de su religión.

Pero cuando el Espíritu del Señor descendió sobre Él, decidió que Él debía ocuparse de los asuntos de su Padre. Y eso lo llevó a las prisiones, a los hospitales, a los lugares más pobres (ver Lucas 4:18).

Jesús explicó la teología de esto cuando le respondió a un inteligente abogado judío que le preguntó cómo cumplir los mandamientos de Dios. Su pregunta a Jesús fue: "*¿Haciendo qué cosa heredaré la vida eterna?*" (Lucas 10:25). Es como preguntar "¿qué debo hacer para entrar al cielo?" Los relatos paralelos afirman que Jesús dijo que los mandamientos más grandes y el más importante eran: "*Amarás al Señor tu Dios con todo tu corazón, y con toda tu alma, y con toda tu mente. Este es el primero y grande mandamiento. Y el segundo es semejante: Amarás a tu prójimo como a ti mismo*" (Mateo 22:37-39).

El abogado sabía que la respuesta de Jesús dejaba un hueco enorme. ¿Cuánto es suficiente, cómo lo sabré, quién es mi prójimo? Para aclarar la cuestión, preguntó: "¿Quién es mi prójimo?"

Para retratar a un prójimo Jesús relató la famosa historia del viajero golpeado. Una turba lo había golepado duramente. Un pastor lo evitó, cuando lo vio en la zanja. Un líder religioso también lo evitó. Pero un samaritano se acercó a él y lo ayudó. Limpió sus heridas y olvidó las contradiccciones culturales. Olvidó el costo, la molestia. Y ayudó al hombre golpeado.

En respuesta al pedido de explicación del abogado sobre quién era su prójimo, Jesús explicó su intención en el contexto de la misericordia y la justicia social: justicia, porque los ladrones habían golpeado al hombre, lo abandonaron, lo dieron por muerto; misericordia, porque el buen samaritano se acercó y atendió a las heridas del hombre moribundo. Esto era la compasión extendida en sentido natural, sin milagros, sin sanaciones, nada sobrenatural. Solo la vieja y conocida "equidad del sudor".

Parece que pocas veces notamos el llamado final de Jesús, repetido dos veces: "*Haz esto, y vivirás*" y "*Ve, y haz tú lo mismo*" (Lucas 10: 28, 37).

Parte de la aplicación del primer mandamiento –amar a Dios– se cumple en el segundo mandamiento: amar a tu prójimo. Como dijo Jesús: "*El segundo es semejante*" (Mateo 22:39).

A menudo esta parte de las Escrituras se utiliza como texto de prueba para los ministerior urbanos, o en la vaga y seudo social aplicación de la regla de oro: "Trata a los demás como te gustaría que te traten a ti". Aún más a menudo, significa "sé un buen tipo". Pero, ¿qué hay de la gente real que muere, de los miles de millones de niños en riesgo que están allí, orando a Dios, muriendo por ver que alguien les muestre misericordia?

Niños de verdad, que mueren en nuestra aldea global, que no pueden ser ignorados mientras los evitamos como hizo el sacerdote, como hizo el levita –el pastor y el líder religioso– porque tenían que ocuparse de cosas "más importantes".

Jesús le preguntó al hombre: "*¿Quién, pues, de estos tres te parece que fue el prójimo del que cayó en manos de los ladrones?*" (ver Lucas 10:36). El abogado reconoció que había sido el samaritano. Pero ahora, vea esto: Jesús lo instruye: "Sí... ahora *ve y haz tú lo mismo*".

¿Cómo recibo la vida eterna? "*Ve y haz tú lo mismo*". No es meramente un agregado al evangelio. Es parte del evangelio.

Piense en la parábola de las ovejas y las cabras. ¿Cómo diferenciarlas? El criterio es sencillo, lo que hace uno por los pobres.

Cuando el Hijo del Hombre regrese:

> *Y serán reunidas delante de él todas las naciones; y apartará los unos de los otros, como aparta el pastor las ovejas de los cabritos. Y pondrá las ovejas a su derecha, y los cabritos a su izquierda. Entonces el Rey dirá a los de su derecha: Venid, benditos de mi Padre, heredad el reino preparado para vosotros desde la fundación del mundo. Porque tuve hambre, y me disteis de comer; tuve sed, y me disteis de beber; fui forastero, y me recogisteis; estuve desnudo, y me cubristeis; enfermo, y me visitasteis; en la cárcel, y vinisteis a mí. Entonces los justos le responderán diciendo: Señor, ¿cuándo te vimos hambriento, y te sustentamos, o sediento, y te dimos de beber? ¿Y cuándo te vimos forastero, y te recogimos, o desnudo, y te cubrimos? ¿O cuándo te vimos enfermo, o en la cárcel, y vinimos a ti? Y respondiendo el Rey, les dirá: De cierto os digo que en cuanto lo hicisteis a uno de estos mis hermanos más pequeños, a mí lo hicisteis (Mateo 25:32-40, énfasis mío).*

Y del mismo modo, fue lo que no hicieron los cabritos lo que los convirtió en cabritos: *"De cierto os digo que en cuanto lo hicisteis a uno de estos mis hermanos más pequeños, a mí lo hicisteis"* (Mateo 25:40).

"Hacer y no hacer". No hay mucho más que explicar. Sin embargo, el problema que tenemos en occidente es que toda mención de ministerio a los pobres y necesitados automáticamente genera el estereotipo del adulto drogadicto, vagabundo y sin techo que vive en el callejón. Y aunque frecuente esta imagen borra la descripción bíblica de quiénes son los pobres: las viudas, los huérfanos, los refugiados... los niños en riesgo.

Aunque la mayoría de los cristianos no sienten que su vida eterna depende de su participación en el ministerio de la calle, los temas explotan con terrible impacto, a través del estado alarmante de los siete pecados mortales.

¿Puede usted quedarse sentado y no hacer nada? ¿Afectará esto su salvación? Hacer algo significa mucho más que compadecerse y llorar cuando oramos. Mucha gente se deja llevar por el sentimentalismo, con la emoción que los llena ante la idea de los siete pecados mortales. Se sienten sobrecogidos, tanto que solo pueden ocultar la cara tras las manos.

Algunas personas en el mundo comienzan a hacer más que sentir solamente la carga. La lista incluye a más que solo los Bill Gates y Te Turners que pueden aportar unos cientos de millones para solucionar el problema.[1] Incluye a gente como Craig Keilburger.

Este, impactado al leer que un niño de su edad había sido asesinado en Paquistán por estar en contra de las leyes de trabajo infantil, este niño de doce años que vivía en los suburbios, decidió hacer algo al respecto. Dice: "podemos convertirnos en una generación de observadores pasivos, pero tenemos que ser una generación que actúa" *Kids Can* Free The Children (FTC) [Los niños pueden salvar a los niños], es lo que dcidió hacer. Seis años más tarde FTC tiene más de cien mil miembros en treinta y cinco países, y ha expandido su atención a otros de los siete pecados mortales. Entre otras cosas, FTC ha construido trescientas setenta y cinco escuelas en cuarenta países, y reunido dinero para construir cien más. Ha distribuido doscientos mil equipos de "necesidades básicas", e invertido seis millones y medio de dólares en suministros médicos para niños de cuarenta países. FTC también ha abierto dos centros de paz y liderazgo para la juventud, uno en Kenia y otro en Arizona.[2]

¿La lección? No se necesita ser uno de los hombres más ricos del mundo para marcar una diferencia. Ni siquiera hace falta haber terminado la escuela primaria. Y aparentemente, ¡ni siquiera hace falta ser cristiano!

Si los no creyentes pueden dar ese paso, entonces ¿cuánto más debiéramos nosotros como pueblo que reconoce y acepta el sacrificio de Jesús en la cruz, y que tenemos algo de responsabilidad por el sufrimiento causado por los siete pecados mortales? Debemos salir de nuestra comodidad y entrar en la incomodidad que ellos sufren.

San Francisco dejó una vida de riqueza para andar entre los marginados. Todo comenzó con un encuentro con Dios. Este italiano rico, hijo de un "magnífico", creció con los estereotipos del niño rico, referidos a sí mismo y a los que estaban en la acera de enfrente. Su prejuicio era en contra de los leprosos. Eran horrendos. Y él les temía.

Mientras cabalgaba, Dios hizo que Francisco se encontrara con un leproso. Después de este encuentro con Dios nunca volvió a ser el mismo de antes.

Para Pablo hizo falta una luz enceguecedora que le hiciera caer el suelo, y así viviera el encuentro con Dios que cambió su vida.

Para Ralph Bromley, fueron las palabras en un comercial de cerveza.

ESTOS PIMPOLLOS PARA TI

Ralph inició y lideró un creciente ministerio de misericordia, desde Kelowna, B.C. Canadá. Un día tres caballeros nativos de edad avanzada golpearon a su puerta. Habían oído de un amigo que Ralph se encargaba de encontrar casas para la gente, ¡y ellos buscaban una! Los tres ebrios tenían una experiencia combinada de sesenta años en los sistemas de correccionales del país. Ralph inmediatamente pasó al modo de referencia: "¿Quién será más tonto que yo y aceptará a tres indios borrachos?"

Avanzó por el pasillo para buscar la guía telefónica, e intentó hacer tiempo para poder deshacerse amablemente de esta interrupción, cuando Dios lo detuvo.

– ¡Estos pimpollos son para ti! –le dijo Dios claramente–. Invítalos a pasar a tu casa.

Fue el encuentro con Dios para Ralph. Pronto Ralph tenía a los tres hermanos viviendo en el remodelado garaje del fondo de su casa. Resultó que Ralph terminó por aprender cosas referidas a la chatura, la incongruencia entre la palabra y la acción, y la compasión… o "el amor con las mangas arremangadas", de parte de estos tres viejos sin educación, no salvos, que vivían en la Nación Primera, la tierra de los aborígenes, luego conquistada. Es Isaías 58, de entrecasa.

El ministerio de misericordia iniciado por Ralph se llama *Hope for the Nations* [Esperanza para las naciones]. Tienen un modo poco convencional de hacer las cosas, un modo creativo llamado "el paradigma de la misericordia".

Actuan como mediadores, entre los norteamericanos con los cristianos nacionales en los países en desarrollo. Se ocupan de encontrar hogares adoptivos, de crear hogares para niños, microemprendimientos para cumplir Mateo 28 y Mateo 25 al mismo tiempo. Se conectan por recomendación, con líderes locales creíbles. Por medio de la recomendación invierten en el líder local, le ayudan a establecerse y comienzan por adoptar a un huérfano o iniciar un pequeño negocio. Este modelo prueba que es efectivo.

Hope for the Nations no es responsible de los gastos y, sin embargo, su modelo se repite cada vez que los líderes locales abren nuevas iglesias para predicar el evangelio. Este modelo de células guerrlleras es el aspecto del próximo Ejército de Héroes. Uno de sus líderes es Simón.

SIMÓN

¡Simón es el Che Guevara de Sikkim! Sikkim es un país pequeño, geográficamente desventajado porque constituye un corredor potencialmente estratégico para invadir la India desde China. Predeciblemente, ha sido peón en las maquinaciones políticas del poder mundial. Fue anexado por la India y Simón llegó a ser líder de los luchadores por la libertad. Se la conocía como la mayor amenaza a la causa india, y su cabeza tenía un precio muy alto. Destruyó muchos puentes y barracas del ejército y mató a muchas personas. Este hombre literalmente cavó su propia tumba a punta de fusiles del Ejército de India.

Mientras cavaba, un miembro nacional de *Hope for the Nations* pasó por allí, porque estaba de vacaciones –allí se camina, no hay automótivles–, ¡y convenció a los soldados para que le perdonaran la vida!

Simón escapó. Su objetivo era llegar a Nepal, y mientras evadía a las fuerzas indias, se escondió en una casa vacía. Exhausto, Simón se durmió en la habitación de una niña. Dios quiso que cuando la niña llegó, lo viera a Simón en su cama, dormido. ¡Los padres de la niña asistirían a una conferencia de *Hope for the Nations*, justamente esa noche! Ella lo despertó y le habló sobre Jesús.

Simón escapó a Nepal, pero el mensaje ya había entrado en él. Mientras estaba en Nepal oyó que la India había ofrecido la amnistía a todos los rebeldes, por lo cual volvió a Sikkim.

¿Cómo se gana la vida un terrorista? ¿Qué habilidades posee? ¡Simon entró en *Hope for the Nations*! Recibió a Jesús en su corazón, aprendió a predicar el evangelio, creó iglesias y un orfanato.

Cuando creó este pequeño orfanato oyó la terrible historia de una niña obligada a mirar cómo mataban a sus hermanos y padres con un machete. Fue la primera niña que adoptó.

Su encuentro con Dios

¿Quiénes son los Craig Kielburgers y Bill Gates cristianos? ¿Donde están los empresarios cristianos de la justicia social?

El comandante del Ejército de Héroes es el Dios del Encuentro. ¿Ha tenido usted su encuentro? Está a solo un paso de distancia. Deberá cruzar desde los confines de la religión y la tradición, hacia la divina misericordia por los más frágiles en nuestro mundo.

Pídale a Dios que ablande su duro corazón, y la compasión sangrará de la herida. Habrá tenido su encuentro con Dios, su beso del leproso, su caída en el camino a Damasco, y un comercial de cerveza.

Tenga un encuentro con Dios. Sea un héroe.

CAPÍTULO ONCE

¿QUÉ ES SER HÉROE?

La movilización de la misericordia y la justicia para la cosecha de los últimos tiempos

¿Cuál es la respuesta entonces? ¡Sea un héroe!

A la luz de las instrucciones de Jesús en el ejemplo del buen samaritano de "Ir y hacer lo mismo", en reconocimiento de los tiempos anunciados por los profetas que prometieron una gran cosecha hacia el fin, en respuesta a la desesperación del mundo que enfrenta los siete pecados mortales, queremos inspirar y movilizar a un ejército de diez mil héroes.

Ante todo, nuestro descargo.

Acababa de predicar ante una prestigiosa congregación de la Iglesia de Inglaterra en Oxford. Al día siguiente el Presidente de una organización cristiana que maneja un presupuesto anual de ciento treinta millones de dólares para quinientos mil microemprendimientos entre las personas más pobres, me dijo:

– Debo decir que me desconcertó un poco la idea de que un grupo de gente empiece a abrir y administrar hogares para niños en los lugares más pobres del mundo. Iniciar un orfanato no es la respuesta total a todos los problemas del mundo.

Durante las siguientes dos horas tuvimos oportunidad de conversar más en detalle sobre el tema.

Por supuesto que sabemos que usted y nueve mil novecientos noventa y nueve personas más que sean héroes no son la respuesta total a los problemas del mundo.[1] Sí, claro que necesitamos crear miles de microemprendimientos para crear un mejor nivel socioeconómico. Claro que hace falta erradicar el despotismo político, y hacer que las fuerzas policiales sean capaces de cumplir con su tarea. Sí, debemos crear servicios de salud y educación que sean accesibles a todo hombre, mujer y niño. Sí, es la voluntad de Dios que todos los seres humanos se conviertan de la noche a la mañana y adoren al Señor su Dios. ¡Sí, sí, sí!

Aunque sabemos que el plan de acción de cinco puntos no es la repsuesta total a todos los problemas del mundo, también sabemos que es un comienzo. Y lo que podemos decir con seguridad es que esta es una respuesta bíblica a los problemas del mundo. Es un llamado simple para todo cristiano, esté donde estuviere, para ser exactamente como Jesús nos dijo que fuéramos: buenos samaritanos; discípulos sinceros que aman a su prójimo como a sí mismo. Para ser cristianos. Para ser héroes.

En nuestro escenario, un héroe es simplemente alguien que actúa haciendo lo siguiente:

1. Orando por los pobres: orar la Biblia
2. Invertir en la vida de un niño: auspiciar la vida de un niño.
3. Comenzar o apoyar un proyecto para trabajar con los niños
4. Ser abogado y defensor de las personas invisibles
5. Ir a ver con nuestros propios ojos: vacaciones de héroes.

Reclutar el ejército de héroes

Este ejército de diez héroes amará la misericordia y hará justicia. Cada uno de los miembros del Ejército de Héroes será en verdad un héroe en la vida de otra persona. El héroe es un zelote que salva la vida de otra persona. Piense en uno de los héroes de nuestro capítulo uno, Bono. En este momento de su vida:

> Ha abandonado la música como fuerza política. Cree que su tarea negociando en la trastienda política, es más efectiva y vital que cantar en estadios llenos. "La poesía no hace que nada suceda" escribió una vez el poeta W. H. Auden, y Bono está de acuerdo, aunque con tristeza. "Estoy cansado de soñar. Voy a hacer. Es como si solo tuviéramos que establecer objetivos que podemos ir cumpliendo".[2]

El Ejército de Héroes no se concentra en lo que es una persona, sino en lo que hace… porque el heroísmo tiene que ver con lo que se hace. No se puede ser héroe sentado en un sillón. Ni tampoco haciendo las cosas solo. Rambo y Terminator son solo héroes de cine. Los héroes de verdad trabajan juntos en células, en congregaciones, en iglesias, con responsabilidad, capacitación y estrategia.[3]

Los siete elementos esenciales de Patrick Mc Donald para sanar los siete pecados mortales incluyen la oportunidad de formar parte de una comunidad centrada en Cristo. Lo que es esencial para ellos también lo es para nosotros.[4]

Cinco características de un héroe

1. El héroe ora por los pobres: orar la Biblia

La espiritualidad es la nueva moneda del milenio. Todo el mundo ora a algún dios, pero Yahvé es el Dios que está sobre todos los dioses, el Dios Creador. La oración no se da en un vacío. La oración cristiana es con el Dios cristiano. Es oración bíblica.

El héroe ora la Biblia. ¿Por qué? Porque la Biblia retrata al "Dios Poderoso", el "Dios Héroe" y a su Hijo Héroe. Todo tiene que ver con lo heroico. Dios es el símbolo de lo heroico. El deseo de ser heroico es un noble impulso que Dios ha puesto en nuestro ADN. El heroismo proviene de Dios. La oración glorifica a Dios, nos hace discípulos en nuestros corazones y hace que su voluntad sea en la Tierra. La oración es el comienzo del primer mandamiento, e inevitablemente nos llevará al segundo.[5]

Entonces, si este es el caso, la mejor manera de orar es orar la Biblia. William Booth dijo: "La Biblia es el 'corazón de Dios en papel'". Cuando oramos la Biblia sabemos que estamos diciéndole a Dios de vuelta lo que está en su corazón. El héroe espiritual ora la Biblia porque la oración es su combustible.

Durante años hemos enseñado a orar a la gente. Aunque suena fácil, y casi todos oramos, muchas personas sienten que su vida de oración no es todo lo efectiva que esperan que sea. No saben qué decir, su mente divaga, están demasiado ocupados. Estos son problemas comunes que todos tenemos cuando nos proponemos orar.

Afortunadamente, Dios no nos ha dejado desprovistos de ayuda. Desde Moisés y Josué (c. 1.500 a.C.) Dios nos ha dado un método simple pero poderoso para la oración. A la nación de Israel, Dios le dijo:

> *"Solamente esfuérzate y sé muy valiente, para cuidar de hacer conforme a toda la ley que mi siervo Moisés te mandó; no te apartes de ella ni a diestra ni a siniestra, para que seas prosperado en todas las cosas que emprendas. <u>Nunca se apartará de tu boca este libro de la ley, sino que de día y de noche meditarás en él,</u> para que guardes y hagas conforme a todo lo que en él está escrito; porque entonces harás prosperar tu camino, y todo te saldrá bien* (Josué 1:7-8, énfasis mío).

Este pasaje clave nos presenta la expectativa de Dios y su promesa de éxito y prosperidad a quienes hacen esto. El método se estableció en el corazón de la oración de los judíos. Dicho de manera simple se nos instruye:

- Cómo: meditar, recitación audible
- Qué: en él, el Libro de la Ley
- A quién se dirige: a Dios
- La frecuencia: día y noche.

¡Entonces, oremos la Biblia en voz alta, a Dios, todos los días!

Pareciera que todos tenemos una historia de dificultades con la oración en privado. Es por eso que durante miles de años los fieles han orado siempre la Biblia. El testimonio de David fue: *"Sino que en la ley de Jehová está su delicia, Y en su ley medita de día y de noche"* (Salmos 1:2). David pasaba tanto tiempo meditando la Ley cada día, que se volvió apasionado por la gloria de Dios y por lo que Dios ama. Así que el Espíritu de Dios fue quien lo inspiró a escribir los salmos y crear un lenguaje de oración referido a los pobres (ver Salmos 9:13; 10:14; 2:5; 35:10; 68:5; 69; 72; 82; 74:21; 112:9; 140:12).

Aquí tenemos un clásico caso del intercesor que ora la Biblia y se preocupa por los pobres. Esto vale para todos los profetas, y en última instancia para Jesús mismo.

Como el contenido de la oración es tan importante hemos compilado "Orando la Biblia: Libro de Oraciones", que contiene ochenta y ocho oraciones de los ocho géneros de oración:

- Las teofanías, visiones de Dios
- Los salmos
- Oraciones de sabiduría
- Cantar de cantares
- Oraciones de los profetas
- Oraciones de Jesús
- Oraciones apostólicas
- Himnos de la revelación.

En este libro de oraciones ofrecemos definiciones detalladas de cada uno de los ochos géneros de oración e instrucciones sobre cómo orarlas. Más adelante en esta sección incluimos una oración simple tomada de la sección de "Oraciones de sabiduría".

Ya hemos visto qué decir en nuestras oraciones, pero nos queda otro problema igualmente difícil. ¿Cómo evitar que la mente se distraiga y desvíe de la oración? Es por esta razón que siempre le digo a todos: oren en voz alta.

Muchas personas sienten extrañeza. Preguntan: "¿Por qué?" Y esperan una respuesta profunda.

"La razón para orar en voz alta es simple… ¡para que sepan cuándo han terminado!" Por lo general, les toma un momento entender esto, y luego sonríen. Claro que necesitamos nuestra boca para poner freno a nuestra mente, para afectar nuestros corazones. Como solían decirnos nuestras madres: "Es difícil pensar en otra cosa mientras se habla".

Claro que Dios lo sabía desde el comienzo. Cuando el Señor les ordenó a los israelitar meditar en su Ley, les decía que oraran en voz alta. La palabra hebrea para "meditar" es *hagah*, que significa "imaginar, meditar, llorar, murmurar, rugir, hablar, estudiar, hablar, decir". La *International Standard Bible Encyclopaedia* lo interpreta como "murmurar, en tono profundo, suspirar, murmurar", o *higgayon* "el murmullo o sonido apagado del arpa". Es el sonido de la meditación bíblica. La palabra transmite la idea de "decir una y otra vez, hablar, murmurar, recitar o exhalar aire produciendo sonido". Hay una parte física en esta actividad. El resultado final sería el producto de la meditación.

En el caso de Josué, debían *hagah* –decir una y otra vez– el Libro de la Ley en voz alta a Dios. Recuerde que los dos millones de israelitas que habían dejado atrás la esclavitud egipcia no sabían leer, y que toda la información se transmitía oralmente, por medio de narradores profesionales. Además, no había nada para leer, aún si supieran hacerlo. Básicamente todas las culturas eran orales porque todavía no existían los libros. Por ejemplo, la Ley de Moisés solamente (Éxodo, Levítico, Números y Deuteronomio) habría requerido unos dos metros con cuarenta de piel animal para copiar el texto, y luego habría sido necesario que dos hombres lo enrollaran. Es ridículo imaginar que algún israelita pudiera tener su propio "Libro de la Ley".

No, cada consonante de la Torá tiene una nota musical encima, para que el lector sepa cuál es el sonido con que debe pronunciarse la palabra, y para que los adoradores pudieran recitar la Ley como cántico. Casi un rap hebreo antiguo, si se quiere. Así es que, desde Moisés y Josué: el pueblo de Dios oró la Ley en voz alta.

Finalmente, ataquemos el problema de "estar ocupados": pongamos un horario para la oración cada día. Dios nos instruye a meditar su Ley "día y noche". Todos sabemos que aprendemos a orar orando. Si uno nunca lo hace, jamás aprenderá. El modo en que Israel entendía "la oración de día y de noche" se demuestra por cómo la vivían. Cuando Zacarías fue al lugar sagrado, "*toda la multitud del pueblo estaba fuera orando a la hora del incienso*" (Lucas 1:10). No sabemos cuándo se inició esta práctica, pero cuando Moisés entraba en la tienda de reunión para hablar con Dios, todos los israelitas adoraban a la entrada de sus tiendas (ver Éxodo 33:8-10).

En la época de David sabemos que las oraciones de la mañana y la noche eran la norma en la adoración del Tabernáculo/Templo. David dijo: "*En cuanto a mí, a Dios clamaré; y Jehová me salvará. Tarde y mañana y a mediodía oraré y clamaré, y él oirá mi voz*" (Salmos 55:16-17). El patrón de David para la adoración en el Templo tenía oraciones de mañana y de tarde.

David creía que los sacrificios debían ser acompañados con oraciones de mañana y de tarde, y llamó a "*los hijos de Aarón para ministrar en la casa de Jehová, en los atrios, en las cámaras, y en la purificación de toda cosa santificada, y en las demás obras del ministerio de la casa de Dios; y para asistir cada mañana todos los días a dar gracias y tributar alabanzas a Jehová, y asimismo por la tarde*" (1 Crónicas 23:28, 30).

Daniel llevó adelante esta práctica al punto de la obsesión, mientras estaba cautivo en Babilonia donde bajo amenazas de muerte se negó a abandonar su hábito de orar tres veces al día: "*Se arrodillaba tres veces al día, y oraba y daba gracias delante de su Dios*, como lo solía hacer antes" (Daniel 6:10). Los historiadores nos dicen que después de los setenta años de cautiverio en Babilonia (c. 450 a.C.), Esdras decidió que Israel nunca volvería a provocar tal ira en Dios. Entonces ordenó oraciones diarias, acompañadas de la lectura de la Torá.

Con el tiempo fue costumbre para los judíos orar las dieciocho "bendiciones", junto con lecturas de la Torá, en tres "horarios" de oración en el templo, sinagoga u hogar. Esta costumbre estaba arraigada ya antes del nacimiento de Jesús. Y Jesús, junto con todo judío recto, habría observado también esta práctica diaria. Es interesante pensar que Jesús, su padre José y el padre de José, han de haber orado así; que Pedro, Santiago y Juan crecieron orando en horarios fijos cada día; y que Pablo también seguía el modelo de la oración judía.

La evidencia del Nuevo Testamento es que la oración de "noche y de día" se practicaba en toda la Iglesia temprana, y también por todos los que temían a Dios y estaban ligados al judaísmo. Lucas dice que *"Pedro y Juan subían juntos al templo a la hora novena, la de la oración"* (Hechos 3:1).

Cornelio, un gentil temeroso de Dios, es llamado hombre devoto que *"oraba continuamente"*. El siguiente versículo explica lo que sinifica orar continuamente: *"Este vio claramente en una visión, como a la hora novena del día, que un ángel de Dios entraba donde él estaba, y le decía: Cornelio. Él, mirándole fijamente, y atemorizado, dijo: ¿Qué es, Señor? Y le dijo: Tus oraciones y tus limosnas han subido para memoria delante de Dios"* (Hechos 10:2-4).

Como verá, tanto los judíos como los primeros cristianos oraban al menos tres veces al día. La primera hora iba de las 06:00 a las 09.00; la segunda al mediodía, y la tercera en algún momento entre las 15:00 y las 18:00. Tanto si querían hacerlo o no, tanto si sabían cómo hacerlo o no, tanto si estaban inspirados o no, como adoradores de Dios eran llamados a hacerlo. Jesús y los apóstoles lo hacían, y también nosotros somos llamados a hacerlo. Como ellos, debemos establecer un horario y un lugar para estar cara a cara ante Dios.

Aquí presentamos un ejemplo de oración bíblica que puede usted orar a Dios en voz alta.[6]

Misericordia

Padre Celestial, tú has dicho:

El que oprime al pobre afrenta a su Hacedor;
mas el que tiene misericordia del pobre, lo honra.
El rico y el pobre se encuentran;
a ambos los hizo Jehová.
No robes al pobre, porque es pobre
ni quebrantes en la puerta al afligido;
Porque Jehová juzgará la causa de ellos,
y despojará el alma de aquellos que los despojaren.

Conoce el justo la causa de los pobres;
mas el impío no entiende sabiduría.
A Jehová presta el que da al pobre,
y el bien que ha hecho, se lo volverá a pagar.
Haz que sea yo como Job, quien dijo:
Porque yo libraba al pobre que clamaba,
y al huérfano que carecía de ayudador.
La bendición del que se iba a perder venía sobre mí,
y al corazón de la viuda yo daba alegría.
Yo era ojos al ciego, y pies al cojo.
A los menesterosos era padre,
y de la causa que no entendía,
me informaba con diligencia;
y quebrantaba los colmillos del inicuo,
y de sus dientes hacía soltar la presa.
Calificaba yo el camino de ellos,
y me sentaba entre ellos como el jefe;
y moraba como rey en el ejército,
como el que consuela a los que lloran.
(Proverbios 14:31; 22:2, 22-23; 29:7; 19:17; Job 29:12-13, 15-17, 25)[7]

2. El héroe invierte en la vida de un niño

Sea un héroe en la vida de un niño. Santiago 1:27 dice que la religión pura es *"Visitar a los huérfanos y a las viudas en sus tribulaciones, y guardarse sin mancha del mundo"*. En su llamado por los niños Kofi Annan dijo:

– Por cada dólar gastado en un niño hay una devolución de siete veces esta cantidad para la sociedad.

¿Por qué no lo hacemos, entonces? Hace un tiempo me pregunté si verdaderamente cuidaba de algún huérfano, o si solo hablaba de hacerlo. Me di cuenta de que solo hablaba.

Hoy en muchos lugares hay millones de niños sin techo, huérfanos, y miles de opciones para invertir en la vida de un niño. En África al sur del Sahara la población de huerfanos es de un diez por ciento de la población infantil. Es decir que uno de cada diez niños es huérfano. Hay muchas opciones, pero el héroe se concentrará en el pobre, y el más pobre de los pobres es el huérfano sin techo. Por menos de un dólar al día, el precio de una taza de café, puede usted marcar una enorme diferencia en la vida de un niño. Imagine si cientos de millones de cristianos en todo el mundo invirtieran en la vida de un niño, permitiéndole tener un lugar seguro donde vivir, crecer y desarrollarse. Decídase a ser un héroe hoy y, por ejemplo, auspicie a un huérfano. ¿Necesita una idea de cómo hacerlo, cómo pagar para que sea posible? Vea el Apéndice 3 y www.beahero.org

3. Un héroe inicia y apoya un proyecto para trabajar con niños

Isaías dijo que el ayuno que a Dios le agrada es: "*Que partas tu pan con el hambriento, y a los pobres errantes albergues en casa; que cuando veas al desnudo, lo cubras, y no te escondas de tu hermano*" (Isaías 58:7). La intención es clara: ¡compartir el pan… albergarlos en tu casa… cubrirlo!

Los profetas son claros. Trae al niño a tu casa. Pero sabemos que el problema está en que vivimos aquí y ellos allí. Uno no puede llegar a ellos para traerlos a casa. ¡Así que, obviamente, hay que construir nuestra casa allí y entonces traerlos! Es por eso que todo héroe inicia o apoya un proyecto para trabajar con los niños.

Sea un Héroe tiene muchísimas opciones, desde la construcción de hogares para niños hasta la ayuda para que los proyectos existentes puedan crecer y ayudar a más niños.

Parece tan simple y, sin embargo, la dolorosa verdad es que las necesidades primarias de todo "niño en riesgo" podrían cubrirse en los brazos de padres amorosos y seguidores de Dios que brindaran los elementos de la crianza a través de la estructura básica: el hogar cristiano. La comida es solo la primera de las necesidades básicas. Inmediatamente después de decir que Dios es padre del huérfano y defensor de las viudas, el salmista afirma: "*Dios hace habitar en familia a los desamparados*" (Salmos 68:6).

Piense en esto: un hogar de niños que usted inicie o ayude a crecer, brindará el cuidado permanente que evitará el hambre y la desnutrición debidos a la extrema pobreza, falta de vestimenta, techo, seguridad –en cuanto a lo sexual y lo laboral– medicina, educación y amor.

En Zambia, un estudio reciente demostró que dos tercios de las prostitutas infantiles eran huérfanas a causa del SIDA, y que tenían SIDA. Hay once millones de huérfanos del SIDA al sur del Sahara, y se teme que lleguen a ser veinte millones para el año 2010.[8]

Mientras escribía este libro y volaba a algún lugar para hablar de los "niños en riesgo", se me ocurrió una idea: "¿Qué pasaría si tu primogénito muriera si no iniciaran un negocio en África este año?" Odié esta idea. Intenté pensar en otras cosas, orar contra este pensamiento morboso. Pero no podía dejarlo. Aún si leía una revista, el pensamiento seguía dando vueltas en mi cabeza. Después de unos treinta minutos la idea volvió a mi mente con más fuerza, pero esta vez invertida. Básicamente, Dios me decía: "Wesley, si no inicias un negocio o un hogar en África este año, el primogénito de alguien morirá".

De repente esto marcaba la diferencia. Treinta minutos antes era una teoría, un juego mental. Pero ahora tenía rostro, el rostro de mi hijo. Me di cuenta en ese momento de que si mis hijos o mi hija estuvieran en las calles de Río de Janeiro, de El Cairo o Bangkok, encontraría el modo de traerlos a casa. Claro que sí. Nada podría detenerme. ¿Por qué? Porque son mis hijos. Tenemos que llegar al punto de reconocer que la gran población de niños en riesgo son niños de Dios, y los hijos o hijas de alguien.

Nuestra tesis es simplemente esta: si iniciar o apoyar un proyecto por el bien de los niños salvara la vida de nuestro propio hijo, lo haríamos. ¡Así que hagámoslo! Sea un Héroe existe para ayudarle a usted a lograrlo. Sea un Héro trabaja en conjunto con otras organizaciones y ministerios, expertos que entregan tareas a la gente local de los países en desarrollo, asegurando que la tarea se haga con efectividad y responsabilidad. Dondequiera que vayamos alentamos a las iglesias y a grupos de amigos a complacer al corazón de Dios: le pedimos la sabiduría para iniciar un hogar de niños desde la nada, para los más pobres de los pobres, los huérfanos y los niños de la calle.

Llamamos a quienes tienen la bendición de tener recursos y capacidad de hacer algo por los niños en riesgo, para ser como Job que confesó: *"Porque yo libraba al pobre que clamaba, y al huérfano que carecía de ayudador; a los menesterosos era padre, y de la causa que no entendía, me informaba con diligencia"* (Job 29:12, 16).

Piense en esto: un hogar de niños, o un proyecto que crece brindará la asistencia para cubrir las necesidades primarias de niños locales que antes estaban en riesgo. Esto incluye comida, vestimenta, abrigo, seguridad y protección –sexual o laboral– medicina, educación y, como valor agregado, el Evangelio de Jesucrirsto.

Por supuesto, iniciar un proyecto requerirá de compromiso y organización, y hay que creer que esto es aboslutamente posible para usted y su grupo de amigos. Solo diga ¡sí! Luego avance y hágalo.

¿Qué hace usted?

Contáctenos hoy y diga: "Sí, quiero ser un héroe. Quiero saber cómo iniciar o apoyar un proyecto para trabajar con niños". Sea un pequeña casa para una viuda y sus hijos, más otros niños más, o un hogar más convencional para diez o veinticinco niños, encontrará cantidad de opciones. En algunos casos es un proyecto de intervención donde los obreros tienen veinte minutos en puntos de ingreso a la ciudad, como estaciones de tren, de colectivos, mercados, etc., donde los niños obviamente perdidos y confundidos terminan en las garras de quienes abusarán de ellos y los lastimarán. Los programas de intervención intentan encontrar al niño en cinco minutos y referirlos a iglesias u organizaciones que puedan ayudar. Sean clínicas, hogares de día, alimentación o educación, siempre hay opciones para ayudar. El punto es que usted se decida a hacerlo.

Los costos van desde diez mil a quince mil dólares, para proyectos de niños en escuela primaria o secundaria, hasta proyectos para adultos. La reacción más común es: "No tengo ese dinero" o "No puede hablarme a mí de esto".

Antes de reaccionar así, recuerde que no tiene que financiarlo usted. ¡El mejor abogado que conoce usted es usted mismo! Hay mucha gente en las naciones desarrolladas que quiere dar. Solo necesitan encontrar y creer en una organización o causa creíbles.

Por ejemplo, en 2002 los estadounidenses donaron doscientos cuarenta y un mil millones de dólares[9] a uno coma cuatro millones de obras de caridad.[10] Más de ochenta mil millones de dólares fueron donaciones religiosas,[11] pero esto significa que más de ciento cincuenta mil millones de dólares no se donaron a obras religiosas. Sin duda, gran parte de ambas corrientes de donación fue a proyectos de misericordia como estos. Sorprendentemente, fueron personas, individuos, quienes dieron las tres cuartas partes de este total, ¡más de ciento ochenta mil millones de dólares![12] No fueron empresas, ni subsidios, ni fundaciones, sino personas comunes como usted y como yo.

¡Lo más sorprendente es que siete de diez personas con las que usted trabaja, siete de cada diez madres en la escuela, siete de cada diez familias vecinas, quieren dar![13] El promedio donado por cada hogar es de dos mil trescientos treinta y cinco dólares al año.[14] Recuerde: dos tercios de estos hogares no donan a causas religiosas.[15] Si oyeran hablar de los niños en riesgo, darían. Calculamos que si ha llegado a esta parte del libro, está usted incluido en estas cifras. Le hablamos a usted.

Una vez que su imaginación capta esto, ya no podrá olvidarlo. Quedó en la mente de los evangelistas apostólicos, George Whitefield y John Wesley, hace unos siglos. Eran prodigiosos predicadores: en la cima de su nivel de energía daban varios sermones al día en ministerios muy activos. Sus diarios personales indican que tenían el hábito de pedir una ofrenda para los pobres después de cada sermón. De hecho, Benjamin Franklin cuenta que fue a escuchar predicar a George Whitefield. Este era tan persuasivo que los amigos le advirtieron a Franklin que vaciara sus bolsillos antes de ir a la reunión. Franklin olvidó hacerlo. Cuando Whitefield comenzó a predicar, Franklin pensó que le daría todas las monedas que tenía. Pero al avanzar el sermón, decidió darle también las monedas de plata, y al final, decidio darle todo lo que tenía.

Eso no es todo. Llegó el llamado a hacer la ofrenda para los pobres y ¡el compañero de Franklin le preguntó a la persona sentada junto a él si le prestaba dinero para dárselo a Whitefield![16] En 1737 Whitefield tenía solo veointidós años. Su diario nos informa que predicaba unas nueve veces a la semana.[17] Ese año, en un trimestre anotó ofrendas por casi mil trescientas libras.[18] Al cambio de hoy, una libra equivale a ciento noventa y séis dólares.[19] Así que, mil trescientas libras equivaldría a más de doscientos cincuenta mil dólares de hoy.

Aquí enumeramos algunos datos del mes de octubre de 1740:

- 3 de octubre. Whitefield predicó en Portsmouth y recogió una ofrenda para los huérfanos de 97 libras (unos US$ 19.012 de hoy) Ese mismo día predicó en Hampstead y la ofrenda para los huérfanos fue de 41 libras (US$ 8.036 de hoy)

• 4 de octubre. Whitefield predicó en Newbury y la ofrenda para los huérfanos fue de 80 libras (US$ 15.680 de hoy)
Ese mismo día predicó en Ipswich y la ofrenda para los huérfanos fue de 79 libras (US$ 15.484 de hoy)

• 5 de octubre. Whitefield predicó en Salem y la ofrenda para los huérfanos fue de 72 libras (US$ 14.112 de hoy)

• 6 de octubre. Whitefield predicó en Marblehead y la ofrenda para los huérfanos fue de 70 libras (US$ 13.720 de hoy)

• 9 de octubre. W hitefield predicó en Maulden y la ofrenda para los huérfanos fue de 200 libras (US$ 39.200 de hoy)

• 10 de octubre. Whitefield predicó en Charleston y la ofrenda para los huérfanos fue de 156 libras (US$ 30.576 de hoy)
• Ese mismo día volvió a predicar y la ofrenda para los huérfanos fue de 51 libras (US$ 9.996 de hoy)

• 11 de octubre. Whitefield predicó en Cambridge y la ofrenda para los huérfanos fue de 100 libras (US$ 19.600 de hoy)

• 13 de octubre. Whitefield predicó en Concord y la ofrenda para los huérfanos fue de 45 libras (US$ 8.820 de hoy).[20]

¿Qué le parece esto, para dos semanas nada más? Mientras predicaba el evangelio en dos ciudades cada día, George Whitefield recogió ofrendas para los huérfanos por un total de U$S 194.236. Estos evangelistas sí estaban dedicados a los pobres.

No todos podemos recoger ofrendas. Pero hay modos de reunir dinero. Puede utilizar de su propio dinero. El fenomenal Phil Wall tiene una novedosa idea que lleva la ética de nuestro micro paradigma.[21] Su compañía de liderazgo y desarrollo personal, SIGNIFY, se construyó sobre esta idea. Basado en las parábolas de los talentos (Mateo 25) Phil le entrega diez libras (US$ 1960) a cada persona que asista a una conferencia o seminario, con un desafío: multiplicar este dinero por diez y regresarlo a HopeHIV. Todo el dinero recaudado va a los huérfanos sudafricanos que tienen SIDA.

Necesita usted ser recolector de fondos para los niños en riesgo en su esfera de influencia. Por ejemplo, ¿qué pasaría si lo tomara en serio? Piense en lo siguiente.

Cuadro 15
USTED

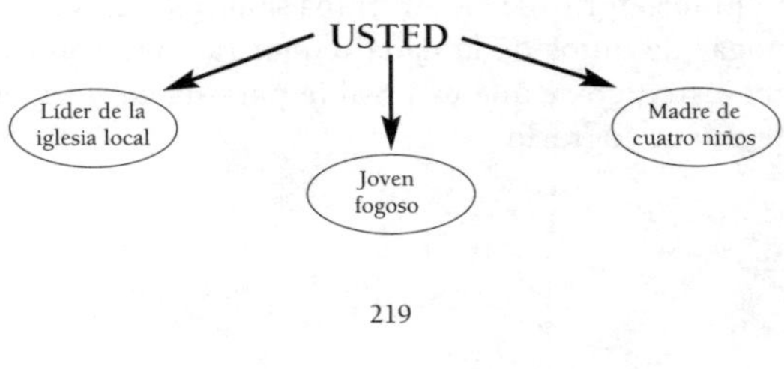

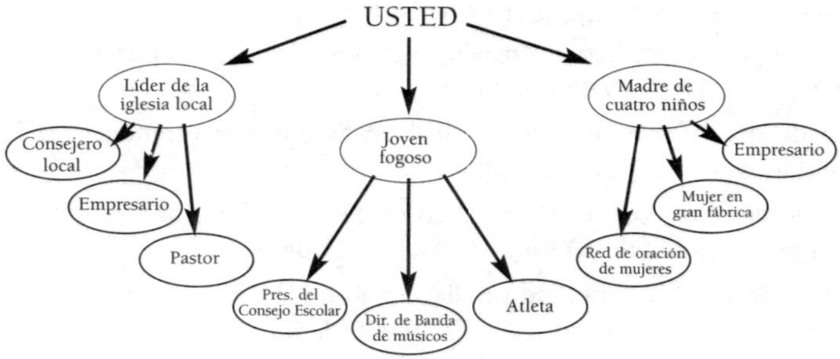

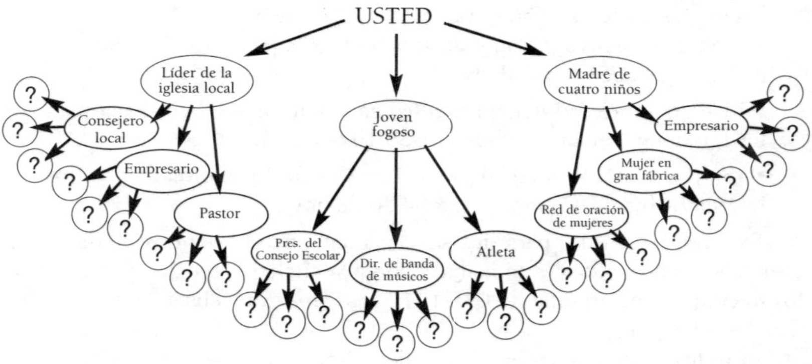

Comience por su lugar de trabajo. Luego piense en su club, las organizaciones a las que pertenece. ¿Qué hay de sus amigos y vecinos? Y, por supuesto, no olvide su iglesia, porque todas las iglesias necesitan un hogar de niños. La organización Sea un Héroe existe para trabajar con usted, para recaudar fondos para crear hogares para niños. Los principios están establecidos. Los obreros esperan. Los niños oran. Lo único que hace falta es que usted diga que sí. Créalo. Usted... puede... hacerlo.

Al trabajar para albergar niños en la casa que usted cree, será un héroe para ellos. Por supuesto, el valor agregado es que los niños en riesgo que están al cuidado de cristianos también oyen y aprenden el evangelio de Jesucristo. Hoy vemos miles de niños que antes estaban expuestos a todo tipo de males, riendo y gozosos porque reciben proteción y cuidado. Han pasado de ser "niños en riesgo" a ser niños seguros y salvos.[22] Por supuesto, crear un hogar de niños de la nada requerirá compromiso y organización, pero debe usted creer que es posible para usted y sus amigos. Diga que sí. Porque puede lograrlo.

4. El héroe defiende a las personas invisibles

Cuando Dios miró a Israel se sorprendió de que no había nadie que construyera una pared y se parara para defender la tierra, para que Él no tuviera que destruirla (ver Ezequiel 22:30). En ese tiempo no había nadie que abogara por los pobres, los necesitados, los huérfanos y las viudas. No había nadie como Job que dijera: *"Porque yo libraba al pobre que clamaba, y al huérfano que carecía de ayudador"* (Job 29:12).

Un héroe es quien se informa, y quien con esa información se convierte en defensor, que busca y organiza la misericordia y la justicia social. El héroe se entera de las necesidades de los demás y luego se convierte en trompeta de esas necesidades. La Biblia dice: *"Libra a los que son llevados a la muerte; salva a los que están en peligro de muerte"* (Proverbios 24:11). Clamar por quienes son injustamente tratados, es la gran idea de Dios. Las personas invisibles son personas personas. Los abogados y defensores son personas comunes como usted y como yo que investigan las necesidades de los pobres, de los sin techo, de los explotados, de los moribundos... y luego abogan por ellos. Se aseguran de que las perosnas invisibles –la viuda, el huérfano y el extranjero– se conviertan en personas personas. Publicitan su caso. Procuran la ayuda de los poderosos. Buscan asistencia. Y a veces lideran actos de desobediencia civil. ¡Sea uno de ellos!

Abogar

Los héroes abogan: *"Abre tu boca por el mudo en el juicio de todos los desvalidos. Abre tu boca, juzga con justicia, y defiende la causa del pobre y del menesteroso"* (Proverbios 31:8-9).[23]

Hable. Dígale a la gente lo que sabe usted. No necesita ser experto, y si ha llegado a este punto en el libro, sabe lo suficiente como para abrumar a otros con información sobre las crisis en el mundo. Hable en el trabajo, en la escuela, en el gimnasio, en su círculo de amigos, en su iglesia, en todas partes.

Por ejemplo, una vez en una conferencia conocimos a una señora que trabajaba para Compassion International. Le pregunté: "¿Cuántas personas de su iglesia auspician a un niño?" Me respondió: "Mejor pregunte cuántas no lo hacen. Una gran proporción de miembros tienen uno o más niños bajo su cuidado". Le dije: "Cuénteme más".

Su pastor era escéptico porque se había quemado una vez al escribirle a su supuesto huérfano y recibir cartas de respuesta, solo para descubrir más adelante que el niño había muerto unos años antes. No quiso saber nada más del asunto. Pero luego, después de ganar la confianza del pastor y mostrar la credibilidad de Compassion Internaitonal que ha auspiciado a más de un millón de niños en treinta años, el pastor volvió a abogar por lo sniños.

Esta señora hizo cambiar a su iglesia. De ser un grupo a quienes no les importaban los niños en riesgo, pasaron a ser una iglesia entera dedicada a cuidar de ellos. ¡Usted puede hacer lo mismo!

Únase a campañas con las que está de acuerdo. Jubilee 2000 reunió cuarenta y ocho millones de firmas de personas como usted. Individualmente quizá no pudieran hacerse oír ante los líderes internacionales, ¡pero con cuarenta y ocho millones de firmas lograron convencer a los G8 para que perdonaran cien mil millones de dólares de deuda!

Cambie la manera en que comercia. Utilice tarjetas de caridad, que envían un porcentaje de sus compras a los niños en riesgo. Optimice los beneficios impositivos por las donaciones que haga cada año.

Para Food for the Hungry (FftH) [Comida para el hambriento], hacer esto es compartir el corazón de Dios por los pobres. FftH sugiere dar a conocer el corazón de Dios por los pobres, establecer vínculos de ministerio entre su iglesia y una comunidad pobre.[24] Es una posibilidad excitante que puede enriquecerse al enviar misioneros de corto y largo plazo, haciendo amigos por correspondencia, "adoptando" familias y asistiendo a niños por medio de intercambios estudiantiles, donando elementos necesarios y orando. Organice el "Ayuno de 30 horas" con su grupo de jóvenes de la iglesia.

Y hay más. Puede escribir a los representantes del gobierno para expresar su preocupación y posición sobre temas como el agua potable para los pobres.[25] Y acompañar esto con eventos de alerta de conciencia en su comunidad. Por ejemplo, un grupo de Sydney caminó seis kilómetros llevando baldes al congresista Brendan Nelson en su oficina, la distancia promedio que deben caminar las mujeres africanas cada día para recoger agua.[26]

Para Refugee Advocacy, puede usted hacer la mayoría de las cosas que mencionamos. Pero también puede ofrecer asistencia personal, práctica, donaciones, eventos, etc.[27]

Día Mundial de la Oración

Una cosa a la que llamamos a todo defensor de los pobres es: influir en su congregación para que participen del Día Mundial de la Oración por los Niños en Riesgo.[28]

Desde 1996 el Día Mundial de la Oración por los Niños en Riesgo se ha realizado el primer sábado y domingo del mes de junio. Los cristianos en más de noventa países organizan reuniones locales de oración para interceder por los niños en riesgo. A comienzos de marzo o abril, intente anotar este día en el calendario de su iglesia. El requerimiento mínimo para el Día Mundial de la Oración por los Niños en Riesgo, es que se realice al menos una reunión de oración el domingo por la mañana, y que se mencionen los "niños en riesgo", en la oración. Es aún mejor si el pastor o ministro da su mensaje sobre este tema.

La Red Viva tiene un paquete de materiales para el "Día de la Oración", para inspirar e informar, y para asistir en la organización de eventos de oracion, además de un mensaje de muestra para el pastor y las notas, y presentación en PowerPoint (ver nuestro sitio www.viva.org).[29]

Levántate, da voces en la noche, al comenzar las vigilias; derrama como agua tu corazón ante la presencia del Señor; alza tus manos a él implorando la vida de tus pequeñitos, que desfallecen de hambre en las entradas de todas las calles (Lamentaciones 2:19).

No se desaliente. Usted puede marcar la diferencia en su círculo de influencia. Recuerde los gráficos que muestran el alcance potencial de su acción por los pobres. Hay solo seis niveles de separación entre usted y su líder nacional, su líder de iglesia, Bill Gates, etc.

¡Vaya y haga algo!

Cuando William Booth caminaba bajo un puente en Londres camino a casa, una noche en el siglo XIX, le impactó la cantidad de gente sin techo que se acurrucaba para guarecerse de la intemperie. Le preguntó a su hijo si conocía esta situación. Bramwell admitió que sí la conocía y recibió una exhortación y un reto de su padre: "¡Ve y haz algo!"

Esto es abogar como cristiano por los pobres: ir y hacer algo.

5. Vaya a ver por sí mismo: tome una vacación de héroe

Es el concepto de la peregrinación y el encuentro. En la antigüedad los héroes cristianos peregrinaban a lugares santos. Durante su peregrinación encontraban a Dios de manera más profunda y significativa. Esto es: ver, tocar, sentir. Abogamos por un peregrinaje a un lugar no santo: los pobres.

Dos amigos nuestros estaban decidiendo qué hacer para su 25to aniversario. Después de pensarlo durante un tiempo, decidieron tomar una vacación misionera, y viajar hasta un pueblo aislado en los Himalayas. Al volver, sintieron una presencia cristiana muy fuerte y fundaron un hogar de niños. Hoy existen iglesias en esa región.

Vaya y vea la pobreza con sus propios ojos. No pase una o dos semanas en la playa o esquiando. Vaya y pase algo de tiempo con sus hermanos y hermanas que no tienen nada. Sienta, toque, huela, saboree y escuche su mundo. Utilice las capacidades que Dios le dio para hacer algo sorprendente: no volverá a ser el mismo de antes. Vaya y trabaje con los pobres. Vaya y haga lo que pueda.

Peregrinación

Del latín: *peregrinum,* con idea de andar una distancia.[30]

En 1990 mil quinientos murieron aplastados en la Meca.[31] Eran musulmanes.

> Se los puede ver desde lejos, un grupo de peregrinos en el camino, levantando polvareda.
>
> Son fáciles de identificar. Llevan ropa de peregrinos, y emblemas. Algunos son rengos o enfermos. Llevan ofrendas, piden sanación y alimento espiritual en el santuario.

A la distancia, se ven otros grupos (esta ruta de peregrinos está muy ocupada en la temporada alta). Y entre los grupos se ven los rezagados, que van hacia su destino de rodillas. Mortifican la carne para asegurarse el favor divino más tarde.

¿Dónde estamos? ¿Son los peregrinos de Chaucer, que van a Canterbury? ¿O devotos del siglo XIII, camino a Santiago de Compostela en el norte de España? ¿Podrían ser peregrinos cristianos modernos que van a Lourdes? No. Estamos en Galia, o en la Bretaña romana. Es el año 100. Trajano ocupa el trono imperial de Roma.[32]

El cristianismo presenta una rica historia de peregrinaciones, desde el siglo I. Los peregrinos nacieron:

> ...de la idea instintiva del corazón humano. Porque los verdaderos peregrinos van hacia los lugares donde nacieron los dioses, o donde los héroes cometieron hazañas, o donde murieron. O a los santuarios donde la deidad hizo milagros. Cuando las teofanías se localizan, los peregrinos aparecen. La Encarnación inevitablemente debía atraer a los hombres a cruzar Europa para visitar los lugares santos, porque la costumbre surge espontaneamente del corazón. Está presente en todas las religiones.[33]

Aunque el advenimiento del protestantismo echó paños húmedos sobre esta pasión, y los turs a Tierra Santa son hoy más recreativos que espirituales, muchos cristianos de hoy siguen sintiendo el "impulso peregrino que los anima".[34]

Peregrinación a Tierra Santa y vacaciones de héroe

Aunque hay mucha superstición ligada a la historia de las peregrinaciones cristianas, y sigue siendo verdad –como decía Agustín– que "Dios está aquí, así que no necesitamos ir hacia allí",[35] la peregrinación a Tierra Santa aún resuena en los corazones de muchos cristianos de hoy.

Pero para esta última generación, llamamos a los héroes cristianos a cambiar la tradición. En lugar de hacer una peregrinación a Tierra Santa, los héroes por venir deberían hacer una peregrinación a la "tierra no santa", que visiten, como nos exhorta Santiago: *"los huérfanos y las viudas en sus tribulaciones"* (Santiago 1:27).

Redondeemos

Esto es lo que sabemos.

La gran idea de Dios es que las personas invisibles también son personas personas.

Los sentidos de Dios, respecto de la compasión y la misericordia, la justicia y la rectitud, se aplican según la tribulación de las víctimas de los siete pecados mortales.

En la historia bíblica y postbíblica Dios ha hecho surgir héroes que pueden dar testimonio de que la faz de la Tierra cambia a medida que se transforman los corazones de las personas.

Habrá una gran cosecha de almas en los últimos tiempos, y la mayoría de estas almas son pobres y jóvenes, y viven en países en desarrollo.

Jesús volverá pronto.

Dios quiere que nos involucremos.

Sea un héroe. Únase a diez mil soldados en el ejército de héroes, para agradar a Jesús.

CÓMO SER HÉROE

¿Convencido? Entonces, casemos al coraje con nuestra convicción y avancemos.

- **Comprométase a orar la Biblia**. Si necesita ayuda, visite beahero.org, donde hallará recursos como Praying the Bible: The Book of Prayers [Orando la Biblia: libro de oraciones].
- **Invierta en la vida de un niño, auspicie, subvencione su crianza**. Entre las muchas opciones del apéndice, encontrará una con la que esté de acuerdo.
- **Inicie o apoye un hogar para niños, o un proyecto que trabaje con "niños en riesgo"**. Nuevamente, puede hacerlo solo o con la ayuda de beahero.org.
- **Abogue en defensa de los marginados.** Hay muchas maneras maravillosas de hacer esto. Un grupo de Australia se sintió tan inspirado por el desafío de Sea un Héroe, que al final de la conferencia crearon El Ala de Justicia del Ejército de Salvación, una herramienta *online* para difundir información y movilizar a la oración, la difusión y la demostración. Para conectarse en su región, visite beahero.org.
- **Vea con sus propios ojos:** vacaciones de héroe. Hay muchas opciones para este desafío. Le tomará un tiempo poder ahorrar para viajar lejos, hacer el esfuerzo de ir a un suburbio en su región durante una o dos semanas, y vivir con la gente de allí. Si necesita ayuda y guía, visite beahero.org.

Estamos movilizando la misericordia y la justicia para la cosecha de los últimos tiempos. Dios puede hacer personas personas de las personas invisibles. Por cierto, la faz de la Tierra cambiará a medida que se transformen los corazones de las personas. Queremos seguir con este movimiento, por lo que nos gustaría que hoy se anote usted con beahero.org.

CAPÍTULO DOCE

UN PARADIGMA PARA LA COSECHA DE LOS ÚLTIMOS TIEMPOS

Las cosas son terribles, pero aún así hay mucho para celebrar. A pesar del informe de los Siete Pecados Mortales (capítulo 9), quizá recuerde usted el relato de la expansión acelerada de la Gran Comisión, de "¿Quiénes son y de dónde vienen?" (capítulo 8).

Dios hizo con Abraham el pacto de bendecir a todas las naciones de la Tierra a través de él (ver Génesis 12:3). Algunos opinan que Dios está cumpliendo su pacto mucho más rápido de lo que esperábamos.[1]

A medida que el pueblo de Dios avance, miles de millones podrán salvarse. ¿De dónde vendrán? De los pobres, los moribundos, los desposeídos.[2] ¿Qué edad tendrán? Serán jóvenes, muchos de ellos niños.[3]

Hemos pensado estratégicamente en cómo encontrar la manera de llegar al grueso de las dos terceras partes del mundo donde la norma son los siete pecados mortales. Estamos en una posición única, para movilizar la misericordia y la justicia, para casar la filantropia con el poder del evangelio y ganar al mundo para Jesús.

Tenemos todo lo que necesitamos. La mejor tecnología, los mejores medios de trnasporte, los mejores métodos y los mejores recursos de toda la historia.

¿Qué nos detiene?

Las respuestas pueden ser personales o corporativas.

Personales

En el ámbito personal, obra la ignorancia, la información, la ayuda práctica para movilizarnos y, lo más importante, el reavivamiento personal. Después de leer este libro los primeros tres impedimentos habrán desaparecido. Debemos ahora ocuparnos del reavivamiento personal.[4]

Jesús profetizó que haríamos cosas más grandes que las que hizo Él (ver Juan 14:12). Veamos. Él predicó que el reino de Dios estaba cerca. Sanó a los enfermos, hizo vivir a os muertos, sanó a los leprosos y echó demonios. Demostró autoridad sobre el cielo –calmando la tormenta–, sobre el agua –caminando sobre ella– y la tierra –maldiciendo a la higuera–. Ejerció el dominio sobre los prejuicios sociales, la intolerancia religiosa y la discriminación racial. Simbolizó la misericordia y la compasión. Y profetizó que su Iglesia hará cosas más grandes aún.

Jesús inició una revolución que todavía no se ha completado. Nosotros somos su estrategia. Él está alineando todo en su lugar. Cuenta con nosotros. Una multitud de testigos está con Él en el cielo, nos observa, nos alienta. Jesús soñó con un Ejército de Héroes móvil, radical, incorruptible y valiente, que no puede ser comprado por el mundo, porque pertenecemos a Jesús, no nos pueden atraer las tentaciones porque nuestra inclinación natural al pecado ha sido crucificada (ver Romanos 6:5-6), un ejército que va por las almas como si fueran hijos propios, un ejército para quienes vivir es Cristo y morir es ganancia, un ejército que muere cada día, con compromiso, guerreros apasionados dedicados a conquistar el mundo.

La justicia no es solo un medio para lograr la misión, no es solo un camino para expresar la compasión que fluye naturalmente del corazón rendido. Es también la medida de la revolución. Cristianos pobres en dos tercios del mundo más cristianos ricos en el mundo desarrollado, esto no equivale a una revolución.

El evangelio deficiente no cambia la faz de la Tierra. Solo el evangelio del Reino trae la transformación. Podemos medir la revolución por la reducción y eventual obsolescencia de los siete pecados mortales: miseria, huérfanos en la calle, esclavitud y trabajo infantil, sexo y la ciudad, SIDA y plagas, efectos de la guerra y persecución religiosa.

Cuando hayamos tratado, diezmado o erradicado efectivamente estos flagelos, sabremos que la revolución está alcanzando su pico máximo. Cuando las personas invisibles del mundo, los pobres, los alienados, los enfermos, los necesitados, las viudas, los huérfanos... recuperen la dignidad para la que fueron creados y se conviertan en personas personas, nos habremos unido a los santos que dieron vuelta el mundo patas arriba. Cuando veamos el reino de Dios establecido en el mundo, la paz, el gozo, el amor, podemos comenzar a escribir los informes de victoria del Ejército de Héroes.

Es cierto, hay tendencias que indican la emergencia de otro conjunto de pecados mortales, como el terrorismo, la devastación del planeta, las peleas tribales, la desinformación, la globalización[5] y la desintegración de la familia.[6] Pero si podemos experimentar el reavivamiento según las líneas de Josías, según Job, según David, las ramificaciones en términos de justicia social debieran abarcarlos también.

Jamás debemos subestimar el potencial dinámico de un grupo pequeño pero comprometido. De hecho, los días del comercio de esclavos estaban contados cuando se reunieron los miembros de la secta Clapham, en la sala de William Wilberforce.

"¿Son tan innecesarios los motivos del cristianismo a esta práctica, que puede uno ignorar sus principios y aún así conservar los motivos con igual fuerza?"[7] Claro que no. El motivo es ganar una cosecha de los últimos tiempos que refleje enorme gloria para Jesús. Para lograrlo, nuestros corazones tienen que estar en sintonía con Dios. Y la faz de la Tierra cambiará a medida que se transformen los corazones de las personas.

Como decía la Madre Teresa: "Somos apenas piedritas arrojadas al mar, que causan ondas pequeñas"[8] Hagamos, entonces, ondas que se expandan hacia la agonía del mundo, para llegar a cada persona, por y para Jesús.

CORPORATIVAS

Es suficiente entonces eso para hacer que personalmente despierte a la acción. Ezequiel descubrió que el río es cada vez más profundo. Mójese los pies en el agua de la ayuda a un niño. Que el agua le llegue a las rodillas cuando trabajan por un hogar para niños. Pronto encontrará que el agua le llega a la cintura. Se sentirá con ganas de llorar y llorará con el río, hasta hundir la cabeza en el agua. Mientras camina, encontrará, como Ezequiel, que hay océanos en los que podrá nadar.[9]

"USTED NO DIO EN LA OFICINA"

La perspectiva occidental alienta la falacia mental que dice: "Ya di en la oficina". Dar el diezmo no es suficiente. Las estadísticas confirman que el cinco por ciento del diezmo recogido en las iglesias de los Estados Unidos va a las misiones.[10] Pero aún ese cinco por ciento no siempre llega a las personas invisibles. Porque debe distribuirse para cubrir gastos de infraestructura, evangelización, discipulado y, recién después, llega a las personas invisibles. Así que usted "no dio en la oficina".

Los términos nublan nuestra visión. Las palabras no dicen la verdad. "Pobre" no es pobre. El pobre bíblico es más que el adicto sin techo que lava las ventanas en un cruce de calles de la ciudad. Nuestra apertura debe expandirse para incluir a los pobres del mundo. Justamente ahora, la perspectiva occidental más común solo ve una pieza del enorme rompecabezas. Amplíe la apertura para ver lo que ve Dios. Él ve al mundo en su totalidad, y no solo a la ciudad de occidente. Debe ampliarse para incluir a las personas invisibles "de otros lugares". Estos pobres no tienen red social, ni acceso a servicios del gobierno, ni recursos más allá de la prostitución, la esclavitud u otros crímenes. No podemos presumir que vemos la imagen completa.

No nos pesa el saber que la tarea no se termina. Al contrario, creemos que si el borracho dejara de beber, el Ejército de Salvación lo alimentará. Pero el niño de Sudán, el de Bangladesh o Nicaragua, no tendrá esta posibilidad. Así que la tarea no está lista.

Vea esto:

> No soy *hippie*. No soy idealista. Vengo *del rock punk*; nunca fui un *hippie* con flores en el cabello. Siempre me dediqué a comerciar: el precio justo, la oferta, la venta. En el negocio que hago hoy con DATA, busco el precio justo de parte de los gobiernos. Es ser obstinado. No es ser soñador, sino actor. Uno empieza con su imaginación, como John Lennon, pero luego tiene que caminar por las calles y ver lo que pasa. No puedo arreglar todos los problemas, pero los que sí puedo, intento arreglarlos.[11]

"Adormecido"

Uno de los pastores de Ruanda que participó de la Conferencia Mundial de Intercesión relató su experiencia. Él y sus dos amigos, todos pastores, estaban preocupados por la creciente fealdad de su sociedad. Sabían que tenían que hacer algo para terminar con el odio étnico. Así que juntos escribieron un artículo para distribuir entre los pastores de ese país. La noche antes de que se imprimiera, comenzó el genocidio. Sus dos coautores fueron asesinados con machetes. Describió el genocidio en el que durante un mes y medio fueron asesinadas ochocientas mil personas: "El mal deshumanizaba a las personas para que pudieran tolerar las increíbles atrocidades sin conmoverse".

De la misma manera, cuando uno mira el rostro de Dios y ora porque se internalicen los atributos de Dios, Pablo predica que nos transformamos a imagen de Dios. Cuanto más miramos a Dios, más humanos nos vovemos.

Comunismo: corazones cautivos

Hace un siglo, cuando la injusticia hacia los obreros alcanzaba su máxima expresión, la gente en todo el mundo protestaba pidiendo un cambio, para que la justicia tocara el corazón de las personas. La justicia proviene del corazón de Dios, y estamos hechos a su imagen. En Europa central y en Rusia, la Iglesia en lugar de trabajar al por mayor, incluyendo los derechos del trabajador,[12] los derechos de la mujer, de los pobres y los extranjeros, se alió con los ricos.

Surgió una falsa reforma que, aunque buscaba justicia, lo único que logró fue la esclavitud. La Iglesia perdió la guerra. Dos generaciones quedaron en el desierto. Stalin asesinó a cincuenta y un millones de personas en su propio pueblo para establecer su propia versión de la utopía. Mao mató a cuarenta y cuatro millones de chinos para imponer su utopía. Hitler mató a veinticinco millones.

¿Por qué los seguían las masas? Querían una paga decente por su trabajo honesto. Querían alimentar a sus hijos, educarlos. Querían terminar con la discriminación y el sistema de clases. El comunismo decía: "Hacemos todo esto por el bien común de todos, para alcanzar nuestra utopía: el cielo en la Tierra, sin Dios". Esta idea encendió los corazones de un tercio del planeta. ¡Desafortunadamente, lo que consiguieron fue el infierno!

Y aquí está la pregunta: ¿dónde estaba la Iglesia? ¿Por qué no lideraba el movimietno por la justicia? ¿Por qué no ganaba terreno, como la Iglesia primitiva?

Si los rectos no trabajan en este mandato global, que no es más que las palabras del evangelio y la justicia de Dios, lo hará el actor ilegítimo –la sociedad secular–. Y mientras reparten el alimento, ganarán autoridad.

Los Objetivos de Desarrollo para el Milenio de las Naciones Unidas[13] para 2015, reflejan el consenso mundial al respecto. Sus objetivos son:

- Erradicar la miseria y el hambre, al menos a la mitad
- Lograr la educación primaria universal
- Promover la igualdad de los sexos, dar más lugar a la mujer
- Reducir la mortandad infantil
- Mejorar la salud de las madres
- Combatir el VIH/SIDA, la malaria y otras enfermedades
- Asegurar el cuidado del medio ambiente
- Desarrollar programas de desarrollo global.[14]

¿Le suena familiar? Se parecen a nuestros "siete pecados mortales". Y hay ciento noventa y un países en las Naciones Unidas que conocen los problemas.

Vivimos horas críticas. El mundo entero sabe qué está mal, y qué es lo que hay que cambiar. Y están decididos a hacer algo al respecto. Si la Iglesia no hace nada, entonces no se hará en el nombre de Jesús. Si el Ejército de Héroes sale a luchar como la Madre Teresa, y gana terreno, los contratos para administrar el dinero, los recursos y la autoridad, nos serán dados.

La espiritualidad en el mundo moderno

En el campo global, en organizaciones como la UN, el Banco Mundial, los G-8 y las cumbres de los G-20, etc. hay creciente entendimiento de que no puede cambiarse el mundo sin atender a los temas espirituales.

En el siglo pasado la religión fue virtualmente ignorada en este nivel, en tanto los que detentaban el poder buscaban mejorar los problemas del mundo por medio de la educación y el dinero. Sin embargo, aunque se gastaron miles de millones de dólares y conocimientos adquiridos en Harvard para solucionar los problemas de las naciones, todo esto no alcanzó para resolver las causas profundas de los problemas, porque el dinero y la educación por sí mismos no llegan a las raíces del fruto del genocidio, de la pobreza y de las plagas como el SIDA. Pero esta visión miope está empezando a cambiar.

Como dice Peter Gardener en su libro, *Praying at the Global Gates* [Orando en las Puertas Globales]:

Los líderes políticos y económicos de hoy atraen a los líderes religiosos al debate global. Se dan cuenta de que la creencia religiosa, con una historia de varios siglos, va más allá de cambiar teorías y políticas. Como se cree que entre el ochenta y el noventa por ciento de la población mundial tiene alguna filiación religiosa, los cambios a nivel global requerirán de la participación de los líderes religiosos.[15]

Como resultado de esta comprensión creciente de la importancia de la religión en los temas mundiales, los líderes de World Faith están "obteniendo acceso sin precedentes al corazón de las puertas globales poderosas".[16]

El Foro Mundial Económico ha traído a líderes religiosos como el budista zen Thich Nhat Hanh a las deliberaciones. En 2001 este maestro budista les enseñó a los participantes del WEF, durante setenta minutos, temas como "la comprensión", y les hizo participar de "un minuto de silencio" para que "pudieran reconocer su respiración, para que la mente volviera a su cuerpo".[17]

Aunque a los cristianos puede desconcertarnos descubrir que este tipo de filosofía tenga acceso directo a los líderes más influyentes del mundo, también debe hacernos ver que este es un momento de grandes oportunidades. Después de todo, si el mundo busca espiritualidad, tenemos el espíritu más poderoso, el Espíritu Santo que vive en nosotros, que nos lidera. En otras palabras, somos quienes más tenemos para ofrecer.

Al iniciar un nuevo milenio el factor espiritual en la ecuación global adquiere más importancia que nunca. Los que lideran buscan conexiones religiosas más fuertes, y hasta planean invitar y hacer participar a líderes religiosos y espirituales en instituciones políticas y económicas.[18]

Esta bien podría ser la mejor hora para la Iglesia, si somos estratégicos para pensar y planificar. Sin embargo, si abdicamos a favor de los cultos, entonces las soluciones que encuentren los líderes mundiales tendrán la influencia del demonio y causarán aún más muerte y destrucción. Es hora de que las Esteres, los Danieles y Josés tomen sus lugares en las cortes del poder, hasta que –como Nabucodonosor– el mundo reconozca que "*el cielo gobierna*" (ver Daniel 4:26).

Lo que está en juego es la autoridad global, y la Iglesia debe tomar su posición para la gran cosecha de los últimos tiempos.

La misericordia y la justicia mueven a las personas. Durante demasiado tiempo hemos transmitido un mensaje que carece de las entrañas del Reino. Durante demasiado tiempo les hemos dado pensamientos y teorías para que se salven, tan solo para dejarlos morir.

El mundo desdeña el mensaje hueco. Si solo hacemos las obras de Jesús, no tendremos que hablar demasiado.

Es fácil tirar la toalla y ver nuestra insignificancia individual a la sombra de los problemas gigantescos. Pero juntos somos peligrosos para el enemigo.

Los héroes de todas las generaciones, como los reavivadores del tiempo de Thoreau "estaban inspirados por una visión de que los fieles son llamados a vivir vidas extraordinarias de solidaridad y servicio, y no sentían vergüenza de anunciarle a la gente que Dios no los llama a ser blandos, sino heroicos".[19]

Necesitamos ver que podemos ser obedientes a Dios y cumplir su propósito para su mundo. En su fuerza podemos aplastar a un ejército (ver Salmos 18:29). En su fuerza podemos romper las fauces del malvado (ver Job 29:17). En su fuerza el Ejército heroico de los últimos tiempos se desplegará para salvar multitudes. Por cierto, la faz de la Tierra cambia a medida que se transforman los corazones de las personas. Sea un héroe. ¡Y que Dios acelere la transformación!

PLANO DE ACCIÓN

Por Patrick McDonald [1]

Estrategia y fuerza: lo que da la victoria en las batallas no es la fuerza sino la estrategia. Wesley y Stephen me pidieron que escribiera una "estrategia para la acción global". Es un breve resumen de "lo que debe suceder" para erradicar la pobreza infantil, y para hacerlo de manera que demos a Jesús el crédito por su provisión y agrado en dicha causa.

Primero, ¡creo firmemente que podemos ser la generación que erradique la pobreza infantil! ¿Se trata de optimismo utópico o de ingenuidad? No. James Grant, el fallecido ejecutivo de UNICEF dijo: **"No se trata de lo que hayamos intentado hacer por terminar con la pobreza, y en lo que fracasamos. Se trata de lo que nunca intentamos todavía"**.

Hoy tenemos –quizá por primera vez en la historia– los recursos, la tecnología y la voluntad política general de proteger y responder a las necesidades de nuestros niños, ¡de todos nuestros niños! Alguien me dijo una vez: "Un punto de vista es solo una vista desde ese punto". Y a menos que tengamos ese "punto de vista" será que podramos erradicar la pobreza infantil en nuestra generación; pero sospecho que volveremos a fracasar ante otra generación de niños hambrientos, sin techo, que sufren.

"La vaca europea promedio recibe dos dólares con veinte centavos de dólar al día, mientras la mitad de la población mundial, unos tres mil millones de personas, tienen que intentar sobrevivir con menos de dos dólares al día". Esto es mucho más de lo que damos como ayuda…". El comercio injusto gobierna el robo a los países pobres de un ingreso por exportaciones de dos mil millones de libras al día; son catorce veces la cantidad que recibimos como ayuda".[2]

India solamente gasta el treinta por ciento de su presupuesto en su ejército, y el tres por ciento en educación. ¿Cuánto cuesta enviar una nave a Marte? Dejemos de pensar que "es imposible cambiar esto", o "que así son las cosas", y sepamos que este tipo de pensamiento es lo que causa nuestra apatía y mediocridad. Puede hacerse. Debe hacerse.

La clave: en segundo lugar, probablemente no haya mejor manera de ayudar a los niños, que movilizando y equipando al movimiento cristiano para que tome acción concertada. Sin importar qué piense la gente de Jesús, no hay otro movimiento que pueda lograr este objetivo de mejor manera.

¿Por qué?

- Porque la Iglesia está presente en todas partes. Un veintiocho por ciento de la población global, organizada en más de tres millones de congregaciones en todo el mundo, son una plataforma ideal para la acción presente y futura.[3]
- Porque la pobreza nos molesta. Ningún otro movimiento ha sido tan claro y coherente en su acción por y hacia los pobres; "la religión pura" es ayudar al huérfano, y dondequiera que haya cristianos y niños en riesgo, hay una respuesta.
- Porque nos importa y nos involucramos personal y colectivamente. En Gran Bretaña las iglesias operan ciento cuarenta y cuatro mil programas de acción social[4]. La iglesia es el más grande proveedor individual de asistencia, en todo el mundo.
- Porque hay un vínculo muy claro entre la pobreza y la moralidad. Si el padre gasta todo el dinero en vino, los niños no desayunarán. El pecado es caro. La codicia y la injusticia van ligadas. Uno no puede alimentar a un niño durante mucho tiempo sin preguntarse también por qué tiene hambre, y casi nadie tiene mejor acceso a "los poderes", ni más peso moral que la Iglesia.

Objetivos de pobreza: la comunidad internacional ha establecido objetivos ambiciosos de erradicación de la pobreza, pero se apoya en la participación de la "sociedad civil", u "organizaciones de fe", incluyendo a las iglesias. Las oportunidades son tan reales como enormes. El desafío es para nosotros, para la comunidad cristiana, para usted, para mí. Creo que ninguna generación de cristianos ha tenido frente a sí una oportunidad tan tangible para lograr nuestra visión a tan grande escala. Veamos lo que hace falta que suceda. ¿Cuál es nuestra tarea?

Como pueblo debemos saber que:

La caridad empieza por casa: ¿De qué sirve ganar el mundo pero perder el alma? Los cristianos en particular están alentados a asegurar el bienestar de sus propios niños. Les legan no solo bienes, sino ambién sabiduría. La infancia dura unos seis mil días. Asegurémonos de que cada día sea importante, y que esos niños crezcan sabiendo perfectamente que usted está allí para ellos. Sienta entusiasmo por lo que los entusiasma. Estúdielos, conózcalos, bendígalos y luego ayúdelos a ser todo lo que Dios tiene planeado para ellos.

Además, es clave un "estilo de vida de justicia". El consumidor promedio en el Reino Unido gastará un millón de libras[5] en bienes de consumo durante su vida. Esto representa poder. Lo que elijamos comprar y el lugar donde compremos afectará las vidas de quienes producen estos bienes. Busque productos de comercio justo. Invierta con ética. Defienda. Hable cuando la pornografía trate de entrar, y al hacerlo asegúrese de que sus hijos sean siempre parte de su misión.

Ellos serán grandes colegas suyos, y pronto harán cosas más grandes de las que haya hecho usted jamás. ¡Es divertido verlos crecer así!

Como iglesias, debemos: Invertir masivamente en los niños. Nuestros presupuestos deben mostrar nuestro conocimiento de su mayoría numeraria y su importancia estratégica. Nuestros esfuerzos de misión en nuestro país y el extranjero deben apuntar a la ventana del "4-14" –años de edad–. ¿Tenemos un pastor para niños de tiempo completo? ¿Los niños de nuestra congregación son parte de la acción, o son simples receptores de nuestra atención? Tenemos mucho para hacer, y podemos hacerlo con poco, especialmente si vemos que los niños mismos son un gran recurso ministerial.

Visión: La gente perece si no tiene una visión. La visión es el catalizador de la grandeza, el combustible del coraje, la energía de lo extraordinario. Tenemos una gran tarea entre manos: simplemente cubramos las necesidades de los niños y demos importancia a la atención de las masas. Hagamos que millones de perosnas sepan. Pero, además, generemos un enorme compromiso de acción. Por medio de nuestro tiempo y nuestros talentos debemos enfrentar el desafío de llegar a una generación de niños, y criarlos. Debemos especializarnos en el mercadeo –no de producto– sino de causa.

Entrada: La visión se apoya en la esperanza. Esperanza de que algo funcione. La gente necesita poder tener acceso a muchas opciones de qué hacer con su nueva pasión. El conocimiento debe reducirse en compromiso sostenido por los resultados.

Dios nos ha dado las maravillosas herramientas del e-mail y los sitios web. Aunque www.viva.org es un buen comienzo, necesitamos un portal de informació más elaborado y más jugoso, que pueda concentrar el compromiso de todos. Con el tiempo, los que consultan podrán utilizar la misma información, y agregar datos para que las personas y las instituciones puedan dar respuesta personalizada según sus aspiraciones.

Equipamiento: Cientos de miles de cristianos trabajan con niños y, sin embargo, no tenemos sistemas de capacitación para los obreros, ni cursos ni diarios ni recompensas para la capacidad demostrada, mediante licencias globales coherentes. Si queremos "ganar el juego" necesitamos capacitación que empiece allí donde está la gente, y entonces construir capacidad, competencia y dependencia de Dios. Esto debe involucrar licencias de programas de servicios, con programas que "estén justamente allí donde usted está".

En un mundo con niveles de educación cada vez más altos, la Iglesia se quedará atrás o, peor aún, no podrá funcionar legalmente por ser obsoleta, a menos que actualicemos los niveles de calidad de nuestro trabajo.

Redes: La acción individual y las iglesias locales son esenciales. Pero esto puede transformar muchas más cosas cuando trabaja en redes: unas treinta y cinco a cincuenta iglesias que se comprometen a coordinar y colaborar en estrategias desarrolladas en conjunto. El mandato de Dios para nuestras comunidades es nada menos que la transformación. Dios no nos ha dado tres zapatos para usar en dos pies. Debemos aceptar el tamaño y la complejidad del desafío y luego ponernos a trabajar para marcar la diferencia.

Comencemos por entender las necesidades de nuestras comunidades, y los recursos –seculares y cristianos– empleados en la respuesta. Entonces podemos establecer objetivos conjuntos más ambiciosos, y comenzar a reunir recursos para la solución.

Esto hará que la iglesia ya no sea un club que canta una vez a la semana, sino que se convierta en el faro que transforma comunidades. De ser "esos que se reúnen los domingos" debemos pasar a ser la comunidad respetada, actores de la sociedad, con proyectos y acción sistémica en contra de la injusticia.

Como movimiento debemos ofrecer:

Defensa: De manera similar debemos atacar los ejemplos sistémicos de injusticia en nuestras legislaciones y prácticas. Los europeos destinan más dinero a alimentar vacas que a enviar alimentos a África, con lo cual impiden que muchos africanos puedan a su vez criar vacas. Entonces nos quejamos de que África ya no tiene esperanza. Que Dios se apiade.

La deuda y el comercio siguen siendo las causas fundamentales de la pobreza, y casi nadie se ocupa de esto.

Provisión: He mencionado esto anteriormente, pero para detallar mi llamado a la acción digo que debemos ocuparnos de:

- Adoptar niños: abrir nuestros hogares a niños que necesiten techo. Los huérfanos existen en todas las sociedades, y casi siempre tienen problemas durante su crecimiento. Aunque las instituciones son algo inevitable, está claro que cuántos más adultos se ocupen individualmente de uno o más huérfanos, tanto mejor será el resultado. Esto ubica al hogar adoptivo en el primer lugar de la lista de soluciones.
  Supervivencia de niños: es una prioridad. Los programas de cuidado de la salud prenatal, postnatal y básica, son de gran valor (por ejemplo: enseñarles a lavarse los dientes, brindar vacunación básica, suplementos vitamínicos). Creo que se obtendrían beneficios reales si estos programas pudieran combinarse en redes que ofrezcan "cuidados de

emergencia", articulándolas con "cuidado primario de la salud", y así ir subiendo en complejidad para llegar a tener clínicas que brinden un servicio completo. Debemos abrir farmacias básicas y clínicas en las iglesias.

- Nutrición: seguridad alimentaria especialmente para niños de menos de cinco años. Esto es un prerrequisito para un desarrollo saludable. Por lo general los alimentos se distribuyen en las escuelas, pero los programas operan en forma aislada. Entregar alimentos así no se combina con la producción local ni con la asistencia técnica a los padres.
- Educación: la educación básica o primaria para todos los niños es algo esencial y conseguible. Los maestros más motivados, con integración entre programas escolares y otras acciones educativas, podrán ser más efectivos si hay coordinadores involucrados. Debemos lograr la apertura de cientos de miles de nuevas escuelas, con fondos adecuados y administración efectiva.
- Refugiados: millones de niños pierden años vitales "entre hogar y hogar", porque crecen unos meses en cada lugar. Sus derechos son ignorados; sus necesidades, directamente obviadas. Los programas para refugiados de las guerras deben dar resultados mejores, pero esto requiere de personal competente, difícil de encontrar justamente debido a la naturaleza intangible de su tarea –negociación, conversación multilateral, mantenimiento de la paz–.
- Explotación: la pornografía infantil en Internet debe terminar, así como el comercio de niños. Aunque hay legislación, debemos causar una revolución moral que elimine las relaciones sexuales con niños. El SIDA parece haber despertado el mito de que las vírgenes en los burdeles son una cura milagrosa. Hay niñas a las que se les ha cosido la vagina muchas veces, porque la virginidad en una niña es más creíble que en una mujer adulta. Se necesita hacer cumplir las leyes, y se necesita una revolución moral. ¡Oremos por ambas cosas!
- Inversión: en resumidas cuentas, mucho depende del aporte voluntario y, aunque eso es bueno, no alcanza. Los niños merecen más que nuestro optimismo. Merecen inversión, compromiso sólido. Debemos destinar más dinero de los impuestos no a las guerras contra terroristas elusivos en blancas túnicas, sino al sufrimiento de una generación entera que muere justo frente a nuestra casa, en la calle.

La OECD ha llamado a los gobiernos a comprometer el cero coma siete por ciento de su presupuesto para desarrollo y asistencia, pero solo algunos países lo cumplen –por lo general son los escandinavos–. EE.UU. solamente, gasta trescientos setenta miles de millones de dólres en equipamiento militar, cuando solo seis mil millones alcanzarían para erradicar el hambre mundial.

Hablamos mucho y hacemos poco con respecto a la pobreza. Oigan... ¡hacemos poco! Es que al final sigue siendo un gran compromiso de pocos, y no un pequeño compromiso de muchos. Esto debe cambiar.

Marco: el movimiento cristiano necesita un marco de acción global. Un marco de acción que pueda monitorear el trabajo y establecer objetivos para lograr individual y colectivamente. Este marco será de gran influencia en la movilización de más acción cristiana por los niños, al elevar nuestras expectativas de lograr lo que Dios desea. El marco global podría ser adoptado por organizaciones, iglesias, familias e individuos, a quienes debemos alentar a formar una estrategia que les permita cumplir los objetivos establecidos. Porque un marco de acción global establecería un conjunto de ideales inspirados por Dios para los niños, y asegurarnos que cada niño tenga la oportunidad, por ejemplo, de conocer a Dios, de vivir en seguridad, de ser amado por al menos un adulto, de comer lo suficiente, de beber lo suficiente, de crecer en salud, de aprender a leer y escribir, de participar en el diseño de su propio futuro, etc.

Este marco complementaría la Convención de los Derechos del Niño, porque amplificaría y aceleraría la participación cristiana en el cumplimiento de los objetivos de esta Convención.

Agentes: el movimiento cristiano tendrá que crear cuerpos agentes de administración que puedan supervisar y administrar contratos comunitarios de provisión de servicio. Esto puede requerir de mayor inversión gubernamental, y reconozco los obstáculos reales que se interponen en la efectiva concreción de este esquema. Pero para trabajar con una multitud de entidades pequeñas, hace falta también administrar. En tanto, si tuviéramos agentes intermediarios que nuclearan grupos de organizaciones, la tensión entre los presupuestos y el servicio prestado sería menor, y se controlaría más fácilmente.

Nuevos paradigmas financieros: el juego no es dar lo que sobra. El juego es hacer de la ayuda una ayuda sustentable. Debemos reconocer que hace falta generar ingresos. Los "negocios del Reino" pueden proveer el capital y los conocimientos que se requieren para crear y hacer crecer negocios que sean sustentables, y puedan destinar sus ganancias a las comunidades necesitadas, destinando también un porcentaje a la caridad. Los niños no pueden pagar por los servicios que requieren.

Los niños cuestan dinero, requieren de inversión, por lo que no podemos pensar en ayudar a los niños en riesgo sin buscar recursos para brindar estos servicios. La base del buen negocio por lo general será el ministerio cristiano, porque históricamente, su trayectoria ha sido favorable. Es una lucha, pero sigue siendo una prioridad que debemos implementar.

La oración precede al poder: y por último, aunque no menos importante, nada de esto sucederá sin la masiva movilización de la oración. ¡La oración precede al poder! Millones de horas/hombre de oración se movilizan en el

Día Mundial de la Oración por Los Niños en Riesgo, y siguen surgiendo nuevas iniciativas de "niños que oran por otros niños", lo que alimenta el interés y la acción del mundo por los niños en riesgo.

El corazón de Dios por los niños: el propósito de Dios al crear y redimir al hombre en la vida en toda su plenitud. Millones de niños crecen en desventaja, destruidos por la pobreza. Esto no condice con el objetivo de Dios, y Él siempre buscará que los niños puedan convertirse en todo lo que Él quiere que sean; esto implica una vida de amor, salud, seguridad, capacidad y oportunidad de servir, y la posibilidad de formar parte de una comunidad que conozca y adore a Dios.

La visión de Dios de la pobreza infantil no es un mero juego socioeconómico de provisión y seguridad de caridad. No solo de pan vive el hombre, y la vida sin propósito o significado no es vida alguna. Dios tiene el objetivo declarado del amor, la vida y la libertad. Sigamos sus pasos y hagamos de esto también nuestro objetivo.

Apéndice uno

Cinco organizaciones

Habiendo leído el libro, esperamos que esté usted inspirado y listo para actuar. Hay muchas organizaciones cristianas que pueden despertar sus sentimientos y atraer su pasión. Hemos estudiado las biografías de cinco de ellas.

Hay nuevas y viejas, pequeñas y grandes, un poco de todo. Apenas es una muestra de lo que hay allí fuera, y la mayor parte de la información está disponible en Internet. No son la última palabra en sus áreas respectivas. Pero sí creemos que viven el mandato que los cristianos tenemos, y con todo amor, apoyamos su acción.

1. Esperanza para las naciones

Huérfanos de hoy... líderes del mañana

Hope for the Nationa (HFTN) [Esperanza para las naciones] fue creado por la coalición de líderes visonarios de la Iglesia Nueva Vida (fundada por Wesley y Stacey Campbell), con la profunda convicción de ayudar a cubrir las necesidades de los niños en situación de riesgo en todo el mundo. Durante su vida, HFTN ha ampliado su escape y afilado su mira. HFTN se ocupa del desarrollo de las comunidades, de la reducción de la pobreza y de la igualdad de sexos en áreas donde estos temas afectan a los niños.

Por medio de su sistema de sociedades saludables, han abierto proyectos en Liberia, India, Kenia, Nepal, México y Myanmar, Tailandia, Rusia e Indonesia. HFTN sigue desarrollando sus redes internacionales para aumentar la eficiencia de los esfuerzos dirigidos a la ayuda de los niños en riesgo de todo el mundo. HFTN tiene tres objetivos: los niños, las comunidades y la autosuficiencia.

Coalición

HTFN cree que la única manera de atacar los problemas de las naciones en desarrollo será por medio de la coalición. Para cada lugar, reunimos una variedad de participantes y recursos a los que llamamos coalición.

Para más información, contáctenos:
Tel en Canadá (250) 712.2007
Fax (250) 862-2942
admin@hopeforthenations.com

2. El Ejército de Salvación en Bangladesh

El Ejército de Salvación en este país desesperadamente pobre, lucha la guerra al estilo salvacionista primitivo. La justicia social en este contexto incluye educación y apoyo, además de ayuda. Muchos programas, incluyendo educación, salud y desarrollo económico, buscan lograr que las personas puedan sentir confianza en sí mismas.

La historia de Hasina

Cuando la familia de Hasina llegó a tener nueve miembros, se hizo difícil para su esposo alimentar a todos. Así que vendieron las cosas de valor e hipotecaron el terreno donde habían construido su casa. Un día conocieron al Supervisor de Desarrollo del Ejército de Salvación, quien escuchó su ihistoria y alentó a Hasina a unirse al proyecto de costura en Daitala. En el proyecto, Hasina aprendió a coser, a administrar el dinero de la familia y a ahorrar para el futuro. Después de un mes de capacitación Hasina recibió su primer encargo de costura, y cuando lo terminoó, cobró su primer dinero. Ha tarabajado duro para ganar todo lo posible y así mantener a su familia. En diez meses pudo saldar la hipoteca y comprar una cabra. "¡Ahora somos felices!" dice Hasina.

Para más información, contáctenos:
Territorial Headquarters House: 40B Road 11 DhanmondiDhaka
Domicilio Postal: GOI Box 985 Dhaka 1000
Tel: (880) (2) 813 817
Fax: (880) (2) 882 3568
E-mail: bangladesh@ban.salvationarmy.org
http://www.salvationarmy.org.bd/Banweb.nsf/fm_homepage?openform

3. HopeHIV [EsperanzaVIH]

HopeHIV se creó gracias a la visión de Phil y Wendy Wall. En 1997 intentaron adoptar una niñita llamada Zodwa, de Ehembeni ("Lugar de Esperanza"), un orfanato para niños con SIDA, en Johannesburgo. Después de nueve meses de restrucciones legales y frustraciones, Phil y Wendy no pudieron lograrlo. En consecuencia, decidieron que como no podían adoptar físicamente a un niño, trabajarían por la adopción financiera de huérfanos con SIDA en África. HopeHIV es parte de la respuesta a dicha visión.

HopeHIV busca adoptar financieramente a la generación de huérfanos con SIDA, y crear conciencia sobre el tema del VIH/SIDA. Recauda dinero y provee resursos para proyectos que cuidan de estos niños.

HopeHIV crea programas basados en aldeas, con capacitación para huérfanos adolescentes, como el Chikimbola Youth Project de Zambia y Masiye Camp de Zimbabwe, para mil huérfanos con SIDA, en comunidades diseñadas para permitirles generar ingresos y capacidad económica. Hope HIV también participa de los programas "Best-Practice", que permiten a los líderes locales de las comunidades implementar proyectos de cuidado de huérfanos dentro de la comunidad.

Para más información, contáctenos
HopeHIV
P.O. Box 1190, Kingston and Surbiton KT2 6 LB
Tel: 02 8288 1196
e-mail: info@hopehiv.org
sitio web: hopehiv.org

4. Viva Network [Red Viva]

Algunas personas trabajan directamente con niños en riesgo, dirige centros para niños de la calle, como consejeros de niños en situaciones de guerra, y adoptan huérfanos. Otros trabajan en su representación, dan dinero, oran, influyen en otras personas y apoyan a quienes trabajan directamente con los niños. El equipo de facilitadores de la Red Viva ayuda a ambos grupos en su relación. Esto les permite trabajar juntos más efectivamente por el bien de los niños en riesgo.

Objetivos:

En servicio y humildemente, Viva network [Red Viva] busca:

- **Aumentar la efectividad**: el sentido de comunidad y la efectividad combinada de la respuesta cristiana ante los niños en riesgo
- Movilizar nuevas iniciativas: entre los niños en riesgo, equipar individuos, grupos e iglesias para la iniciación de ministerios efectivos
- **Hablar**: desafiar a la comunidad en general, crear conciencia sobre los niños en riesgo y alentar a una respuesta efectiva
- **Influir en las políticas:** influir en las decisiones y cambiar las estructuras sociales para marcar una diferencia en las vidas de los niños en riesgo.

Para más información vea el sitio web de Viva Network
http://viva.org/

5. Sea un héroe

El objetivo

Fundada por Wesley y Stacey Campbell, el objetivo de Be A Hero [Sea un héroe] es el de educar, inspirar, equipar y asistir a personas de todas las edades por medio de conferencias, libros, revistas y testimonios, para desafiarlas a "ser un héroe" en las vidas de quienes los rodean, especialmente los pobres, los explotados, los oprimidos y los "niños en riesgo".

El mandato de Be a Hero tiene tres aspectos:

1. Asistir a los niños en riesgo
2. Promover la defensa del pobre y el oprimido, en particular de los "niños en riesgo", y
3. Crear un vehículo para eventos de crisis.

"Be a Hero" cumple este objetivo actualmente, llamando a héroes de todas partes a que tomen acción mediante las cinco características presentadas en el capítulo 11 "Qué es ser héroe".

El Plan

Be a Hero nació de la idea de cubrir la necesidad de una estrategia que conectara a miles de personas que tienen un corazón por los "niños en riesgo", para llegar a las organizaciones que en realidad hacen el trabajo, construyendo orfanatos y escuelas, rescatando a los niños de la esclavitud y alimentando a los pobres. Muchas veces las personas desean hacer algo para ayudar a los niños, pero no saben cómo hacerlo. Be a Hero brinda instrucciones paso a paso sobre cómo reunir a quienes están en nuestra esfuera de influencia, y así juntos hacer algo para salvar y transformar vidas.

Be a Hero no construye orfanatos ni los auspicia. Lo que hace es asociarse con organizaciones que tengan experiencia probada, que sean eficientes, que tengan una relación personal estrecha con nosotros, y que sean buenos administradores de las finanzas. Nuestra función es investigar y examinar organizaciones y proyectos, para asegurarnos de que cumplan con nuestros requerimientos antes de promocionar sus proyectos. Luego "juntamos" a los héroes interesados con un proyecto que encuadre en su visión de lo que les gustaría hacer para salvar "niños en riesgo".

Be a Hero moviliza a disertantes, pastores y a quienes tengan una plataforma –artistas, predicadores, músicos, escritores, etc.– a reclutar a miles de personas que tengan un corazón por los niños en riesgo. Únase al Ejército de Sea un Héroe, hoy (beahero.org).

ORGANIZACIONES QUE ATACAN LOS SIETE PECADOS MORTALES

A esta altura seguramente siente usted más que un leve cosquilleo en su sentido de la justicia. Querrá buscar nuevos caminos para ser un héroe. Para evitar que busque "inventar la rueda" nuevamente, y buscar al azar en Internet, le presentamos una breve lista de organizaciones que se ocupan de atacar los siete pecados mortales.

PECADOR MORTAL NÚMERO UNO: MISERIA

Feed the Children
http:// www.feedthechildren.org,

Childcare International
www.childcare-intl.org

Mission Aviation Fellowship
www.maf.org

Enterprise Development International
www.endpoverty.org

Venture International (Venture Middle East, Inc.)
www.ventureftf.org

PECADO MORTAL NÚMERO 2: NIÑOS ENCADENADOS

Children's HopeChest
www.gospelcom.net/chc

Salvation Army World Service Office (SAWSO)
www.salvationarmyusa.org
www1.salvationarmy.org/sae/www_sae_esp.nsf

Youth with a mission
www.ywam.org/mercy.html
www.jucum.com.ar/

Campolo Ministries
www.tonycampolo.com

PECADO MORTAL NÚMERO 3: HUÉRFANOS DE LA CALLE

World Vision
www.wvi.org/home.shtml

PECADO MORTAL NÚMERO 4: EL SEXO Y LA CIUDAD

Interserve
www.interserve.org

The Future Group
www.youwillbecaught.com

PECADO MORTAL NÚMERO 5: SIDA Y PLAGAS

Tear Fund
www.tearfund.org

Compassion International
www.compassion.com

Christian Children's Fund
www.christianchildrensfund.org

Medical Missionary Association
www.mmahealthserve.org.uk/mma/home.htm

Heal the Nations
www.healthenations.com/index.htm

F.A.M.E
www.medicalmissions@fameworld.org

PECADO MORTAL NÚMERO 6: ¿LAS EXIGENCIAS DE LA GUERRA? NIÑOS AFECTADOS POR LA GUERRA

Children's survival fund
(888) 544-9348

Samaritan's Purse
www.samaritan.org

Center for Bio-Ethical Reform
www.abortionno.org

PECADOR MORTAL NÚMERO 7: PERSECUCIÓN RELIGIOSA

Barnabas Fund
www.barnabasfund.org

Christian Solidarity International
www.csi-int.ch/

International Christian Concern
www.persecution.org

Voice of the Martyrs
www.persecution.com

Apéndice tres

Apadrine un niño

Hay muchas excelentes organizaciones de padrinazgo de niños. Sea un héroe puede facilitar su padrinazgo o ponerlo en contacto con su grupo preferido. Los costos varían según el país, pero en general, unos treinta dólares al mes cubren el alimento y albergue, y otros treinta dólares cubren cuidado de la salud, educación, libros y uniforme.

Diversas agencias se combinan y ofrecen varios compenentes, dependiendo de sus programas. Por ejemplo, Compassion International no funda hogares ni alberga huérfanos, pero trabaja con la iglesia local asistiendo a familias muy pobres, brindando una comida al día en la iglesia para un niño, junto con la educación, enseñanza cristiana y aprendizaje de un oficio.

Tradicionalmente, al recibir su respuesta, las organizaciones le envían un paquete de padrinazgo, que incluye una breve historia y fotografía de un niño en el país que usted ha elegido. Muchas organizaciones también intentan que se mantenga un vínculo periódico por medio de informes o cartas.

Multiplique padrinazgos

¿Quiere una idea buena para multiplicar padrinazgos? Entonces usemos el desafío de Phil Wall, de los 10/10 para trabajar para *Sea un Héroe*.

Presente este tema en su iglesia. Ponga un cartel fuera del templo. Presente los libros. Compre cincuenta copias con un cincuenta por ciento de descuento y véndalas a unos dieciséis dólares. Los primeros veinticinco libros vendidos pagarán la totalidad de los que ha comprado. Y el resto pagará los costos de cuidado de un niño durante un año entero. Y cincuenta lectores más tendrán la oportunidad de unirse a nosotros.

Esto funcionará con su iglesia, sus grupos de célula, sus amigos cristianos y hasta con sus compañeros de trabajo. Contáctese con *Sea un héroe* (www.beahero.org) para más detalles.

BIBLIOGRAFÍA Y NOTAS

Capítulo 1: Increíbles historias de héroes

1 Rolland y Heidi Baker, There Is Always Enough (2003), p. 15.

2 James Allan Francis, "One Solitary Life" (adaptado), (1926), tomado de Internet el 5 de enero de 2004, www.home.att.net/-jrd/one_solitary_life.htm

3 Rolland y Heidi Baker, There is always enough (2003), pp. 16-17.

4 Rolland y Heidi Baker, There is always enough (2003), p. 34.

5 Rolland y Heidi Baker, There is Always enough (2003), p. 44.

6 Tomado de diversas fuentes, como Rolland y Heidi Baker, There is always enough (2003); Mama Heidi (video) 2003; reuniones personales, 14-16 de enero de 2004.

7 Tomado de Internet, 3 de enero de 2004 www.nostalgiacentral.com/pop/liveaid.htm. Es interesante que los evangelistas más populares en 2004 fueran Mel Gibson y Bono.

8 Tomado de Internet, 15 de enero de 2004, de: www.nostalgiacentral.com/pop /liveaid.htm

9 La misión de Bono, TIME, 23 de febrero de 2002.

10 Tomado de Internet, 23 de febrero de 2002: www.time.com/time/sampler /article/0.8599.212605.00.html

11 David Waters, "Commercial Appeal: Bono Hopes You, Too, Will Care, tomado de Internet, 13 de diciembre de 2003 de U2 World: www.u2world.com /news/article.php3?id.article=20255

12 Tomado de Internet, marzo 2001, www.findarticles.com/cf_dls/m25482001 March/73411097/p2/article.jhtml?term=

13 Jubilee 2000, comunicado de prensa. Tomado de Internet, 2 de mayo de 2000, de: www.jubileeplus.org/jubilee2000/jubilee2000_archive/uganda020500.htm

14 DATA sitio Web. Tomado de Internet, 4 de enero de 2004, de: www.data.org /whyafrica/.

15 David Waters (Commercial Appeal: Bono Hoes You, Too, Will Care, tomado de Internet, 13 de diciembre de 2003, de U2World: www.u2world.com /news/article.php3?id.article=20255

16 Cathleen Falsani "Bono Credits Church", Chicago Sun Times, tomado de Internet, 22 de abril de 2004, de U2 World: www.u2world.com/news /article.php3?id_article=20240

17 David Waters, David Waters (Commercial Appeal: Bono Hoes You, Too, Will Care, tomado de Internet, 13 de diciembre de 2003, de U2World: www.u2world.com/news/article.php3?id.article=20255

18 Cathleen Falsani "Bono Credits Church", Chicago Sun Times, tomado de Internet, 22 de abril de 2004, de U2 World: www.u2world.com/news/article.php 3?id_article=20240

19 Cathleen Falsani "Bono Credits Church", Chicago Sun Times, tomado de Internet, 22 de abril de 2004, de U2 World: www.u2world.com/news/article. php3?id_article=20240

20 Cathleen Falsani "Bono Credits Church", Chicago Sun Times, tomado de Internet, 22 de abril de 2004, de U2 World: www.u2world.com/news/article. php3?id_article=20240

21 Tomado de Internet, enero 15, 2004: www.wfn.org/2002/12/msg00088.html.

22 Cathleen Falsani "Bono Credits Church", Chicago Sun Times, tomado de Internet, 22 de abril 2004, de U2 World: www.u2world.com/news/article.php3?id article=20240

23 Comunicación personal, 2 de abril de 2004.

24 Tomado de Internet, 15 de enero de 2004: www.ijm.org/ijm caseSridhar.html.

25 Comunicación personal, 4 de abril de 2004.

26 Comunicación personal, 4 de abril de 2004.

27 ABC Radio Australia. Tomado de Internet el 8 de enero de 2004, www.abc.net.au/ra/asiapac/programs/s635703.htm

28 ABC Radio Australia. Tomado de Internet el 8 de enero de 2004, www.abc.net.au/ra/asiapac/programs/s635703.htm

29 Susan Mc Cleland "Sand Little Girls", Maclean's Magazine, 24 de noviembre de 2003.

30 Poema de Yasmin M. Wahid, del prefacio de: Joyce Ellery e Ivor Telfer, A Task Accomplished, 1992.

31 Tomado de Internet, 8 de enero de 2004: www.thefuturegroup.org

32 Comunicación personal, 12 de abril de 2004.

33 Comunicación personal, 4 de abril de 2004.

34 Comunicación personal, 4 de abril de 2004.

35 "Jim" representa a las personas de IJM, International Justice Mission, IJM: www.ijm.org/ijm case radha.htm. Tomado el 15 de enero de 2004.

36 Sitio de Voice of the Martyrs: www.persecution.com/sabout/index.cfm?action=vom. Tomado el 15 de enero de 2004.

Capítulo 2: Rostros y corazones

1 Aunque algunos dicen, "por mi Dios puedo escalar un muro" (Salmos 18:29)

2 Vine's Expository Dictionary of Biblical words, 1985.

3 Strong's Concordance, 1268, Gibbowr.

4 Vine's Expository Dictionary of Biblical Words, 1985.

5 Tony Campolo, The Triumph of the Religion of Main Street, Partly Right (1995), p. 13.

6 Juan 16:8.

7 James Kennedy y Jerry Newcombe, What if Jesus had never been born? (1994), pp. 3-4.

8 Tony Campolo, The Triumph of the Religion of Main Street, Partly Right (1995), p. 13.

9 David S. Landes, The Wealth and Poverty of nations (1999), p. 174.

10 The Wall Street Journal Editorial Page, "Spiritual Capital", 31 de octubre de 2003. Tomado de www.opinonjournal.com/taste/?id=110004237.
A pesar del cinismo de los intelectuales occidentales posmodernos, que pueden desdeñar el altruismo, el desinteresado interés por el bienestar de los demás, como "el egoísmo genético más acabado". En Pierre Van Der Berghe, en James Dale Davidson y William Rees-Mogg, The Sovereign Individual (1997), p. 266.

11 Heroe's Telethon Raises $ 150 million, Associated Press. 26 de sept. de 2001.

12 Music News All Music News, 26 de septiembre de 2001. Tomado de Internet de: www.music.yahoo.com/music/news/launch/story.html?a:n/music/news/launch/urban/20010926/20/p1&b=n/music/news/launch/urban/20010926/20/p?

13 Tony Campolo, The Triumph of the Religion of Main Street, Partly Right (1995), p. 13.
14 James Kennedy y Jerry Newcombe, What if Jesus had never been born? (1994), p. 34.
15 "Christian History, The Monkey Trial & the Rise of Fundamental-ism", Christianity Today, (Número 55. Vo. XVI, No. 3, 1997) p. 20.
16 James Martineau, citado en James Kennedy y Jerry Newcomb, What if Jesus had never been born? (1994), p. 29.
17 Kenneth Scott Latourette, A History of Christianity, Volumen 1, 1975. Tomado de Internet: www.religion-online.org/cgi-bin/relsearchd.dll/showbook?item_id=532.
18 Henry Chadwick, "Early Christian Community", en John McManners (ed)m, The Illustrated History of Christianity, (1990).
19 Según citado en Patrick Jonstone, The Church is Bigger than You Think (1998), p. 60.
20 Patrick McDonald, Reaching Children in Need (2000), p. 58.
21 "Christian History, Women in the Medieval Church," Christianity Today, (Número 30, Vol X, No. 2) 1991, p. 14.
22 Earle E. Cairns, An Endless Line of Splendor (1986), p. 275.
23 J. Edwin Orr, The Flaming Tongue (1973), p. ix-xiv.
24 Earle E. Cairns, An Endless Line of Splendor (1986), pp. 277-284.
25 Earle E. Cairns, An Endless Line of Splendor (1986), p. 305.
26 Earle E. Cairns, An Endless Line of Splendor (1986), p. 290.
27 Earle E. Cairns, An Endless Line of Splendor (1986), p. 303.
28 Ver sección tres de este libro.
29 "In the wake of the second great awakening", Christian History (Vol. VII, no. 3, 23), 1989. p. 31.
30 "In the wake of the second great awakening", Christian History (Vol. VII, no. 3, 23), 1989. p. 31.
31 "In the wake of the second great awakening", Christian History (Vol. VII, no. 3, 23), 1989. p. 31.
32 "Spiritual Awakening in North America", Christianity Today (Vol. VII, No. 3, Edición 23), 1983. p. 31.
33 J. Stanley Oakes, Jr. "The last hope for the university", en Roy Abraham Varghese, Ed., The Intellectuals Speak Out About god (1984), p. xxii.
34 Tony Campolo, "The Triumph of the Religion of Main Street," Partly Right (1995), p. 20.
35 Donald G. Tewkesbury, The founding of American colleges and universities before the civil war (1979), p. 84.
36 Donald G. Tewkesbury, The founding of American colleges and universities before the civil war (1979), p. 84.
37 J. Stanley Oakes Jr. "The last hope for the university", en Roy Abraham Varghese, ed.The Intellectuals Speak out about God (1984), p. xxii.
38 Jeffrey Shultz y John G. West, Jr. eds. The C. S. Lewis Reader's Encyclopedia (1998).
39 Karen Norton, One Burning Heart (1991), pp. 18-19, 32.
40 Karen Norton, One Burning Heart (1991), p. 32.

41 Patrick McDonald, Reaching Children in need (2000), p. 62.
42 Shi Mai'an y Lao Guazhong, en James Dale Davidson y William Rees-Mogg, The Sovereign Individual (1997), p. 145.
43 2 Pedro 3:9, el arrepentimiento y la fe son necesarios para la salvación.
44 Presidente Dwight D. Eisenhower. 16 de abril de 1953, citado en www.costofwar.com. Tomado el 30 de enero de 2004.
45 Costofwar.com. Tomado de Internet, el 16 de diciembre de 2004.
46 Tomado de Internet, 6 de enero de 2004, de www.warresisters.org/piechart.htm
47 US$ 12 mil millones para Afganistán. Tomado del sitio Web de cost of War, 12 de enero de 2004, de www.nationalpriorities.org/issues/military/Iraw/costofwar.heml.
48 Richard Norton-Taylor, "Cost of Afghan Operation Soars," The Guardian, 20 de diciembre de 2002.
49 "Britain Counts Cost of Iraq War", ABC News Online, 9 de diciembre de 2003.
50 Extrapolado de costofwar.com. Tomado de Internet el 17 de diciembre de 2003.
51 "Found what he's Looking For," TIME Europe, 20 de abril de 2003.
52 Bart Pierce, Seeking our brothers, (2000), p. 9.
53 Newsweek, 16 de abril de 2001.
54 Philip Jenkins, The Next Christendom (2002).
55 Paul Marshall, Their Blood Cries Out (1997), p. 8.
56 Madre Teresa, A simple path (1995), pp. 152-153.
57 James Dale Davidson y William Rees-Mogg, The Sovereign Individual (1997), p. 374.
58 James Wofensohn en "What the World Needs Now", TIME, 26 de enero de 2004.
59 Patrick Johnstone, The Church is bigger than you think (1998). p. 58.
60 Según cita de Patrick Johnstone, The Church is bigger than you think (1998), p. 59. Los siguientes capítulos serán de ayuda al respecto.
61 Intentamos ayudar a galvanizar un marco teológico para la misericordia y la justicia social en estas páginas.
62 Geoff Ryan, "To be or not to be", en Sowing Dragons, 2000.
63 Ernest Becker, citado en Thomas Long, "Beavis and butt-head get saved", Theology Today) vol. 52, No. 2, julio de 1994. Tomado de Internet, de: www.theologytoday.ptsem.edu/search/index-browse.htm

Capítulo 3: La gran idea de Dios

1 Ambedkar Center for Justice and Peace. Tomado de Internet de: www.saxakali.com/communitylinkups/dalit3.htm.
2 Human Rights in India Today, 1992, NCPHR, p. 17.
3 Carla Power, Newsweek, 25 de junio de 2000.
4 Hay numerosos ejemplos en el Antiguo Testamento sobre la venida del Espíritu Santo sobre el pueblo de Dios. **Gedeon**: Jueces 6:34: *"Entonces el Espíritu de Jehová vino sobre Gedeón, y cuando éste tocó el cuerno, los abiezeritas se reunieron con él"*. Jueces 14:6, 19; 15:14; **Sansón**: *"Y el Espíritu de Jehová vino sobre Sansón"*; 1 Samuel 10:9, **Saul**: *"Aconteció luego, que al volver él la espalda para apartarse de Samuel, le mudó Dios su corazón; y todas estas señales acontecieron en aquel día"*; 1 Samuel 16:13; **David**: *"Y desde aquel día en adelante el Espíritu de Jehová vino sobre*

David"; 1 Samuel 19:20: *"Y vino el Espíritu de Dios sobre los mensajeros de Saúl, y ellos también profetizaron"* 2 Reyes 3:15: *"Y mientras el tañedor tocaba, la mano de Jehová vino sobre Eliseo"*. Son solo algunos ejemplos de esta enseñanza.

5 Números 11:20; Jeremías 31:31-34; Oseas 2:16; Joel 2:28-29.

6 Martyrs – Greek – Hechos 1:8.

7 2 Reyes 3:15-16; ver también Isaías 8:11 y Ezequiel 8:1; 33:21-22.

8 Lucas 11:20.

9 Dallas Willard, The Divine Conspiracy (1998), pp. 116-117.

10 Ralph Neighbour, Jr. The Arrival Kit (1993).

11 Dave Andrews, Not Religion but love (2001), pp. 61-62.

12 Strong's Hebrew/Greek Dictionary, 4941.

13 Spiros Zodhiates, The Hebrew-Greek Key word study Bible (1990), p. 1746.

14 Spiros Zodhiates, The Hebrew-Greek Key word study Bible (1990), p. 1746

15 Éxodo 21:1; Levítico 18:5.

16 Números 27:5; Job 23:4.

17 Como en Éxodo 21:9.

18 Isaías 59:15. Dios ve.

19 Strong's Hebrew/Greek Dictionary, 6666.

20 Spiros Zodhiates, The Hebrew-Greek Key word study Bible (1990), p. 1768.

21 Spiros Zodhiates, The Hebrew-Greek Key word study Bible (1990), p. 1768.

22 Por ejemplo, ver Jesús en Juan 14, para varios ejemplos.

23 Por ejemplo Juan 3:36; Hechos 14;1-2.

24 Ex domador de leones. www.surreally.net/fullbleed/exliontamer/archives/000595.html. Tomado de Internet, 24 de enero de 2004.

25 www.nmle.org/essay.html.

26 www.webukonline.co.uk/ddlg.uk/story1.htm. Tomado el 15 de enero de 2004.

27 Strong's Hebrew/Greek Dictionary, 7355.

28 Seattle Post-Intelligencer. 24 de mayo de 2004. Tomado de Internet: www.seattlepi.nwsource.com/honduras/page 01.shtml.

29 Strong's Hebrew/Greek Dictionary, New Testament, de *ptosso*.

30 Por ejemplo, Salmos 74:21; 86:1.

31 Strong's Hebrew/Greek Dictionary, 6041.

32 BBC News. Sin fecha. www.news.bbc.co.uk/hi/english/static/in_depth/world/2001/road_to_refuge/persecution/story.stm. Tomado el 15 de enero de 2004.

33 ¿Cuántos estadounidenses dirán que la tragedia de las Torres Gemelas hizo surgir más pasión y acción que los millares de desastres numéricamente peores en otras partes del mundo?

34 Ver también Jeremías 7:6-7.

35 Operation Blessing, sitio Web. Tomado de Internet el 15 de enero 2004: www.obl.org/programs/diasater_relief/news/2002/dr_2002_'125_afghan_widows.asp.

36 "An Orphan's Story, "BBC News. 27 de noviembre de 2002.

37 The "Y" Factor, tomado de Internet el 27 de enero de 2004: www.neveh.org/winston/yfactor/y-10.html.

38 Lucas 3:10-14; Efesios 4:28.

Capítulo 4: Los héroes de las guerras del Señor

1 Patrick Johnstone, The Church is bigger than you think (1998) pp. 78-79.
2 Patrick Johnstone, The Church is bigger than you think (1998) p. 76.
3 Dom Jean Leclercq, Spirituality of the Middle Ages (1978), p. 61. En el siglo XXI las condiciones del heroísmo son diferentes. Siga leyendo.
4 Patrick Johnstone, The Church is bigger than you think, (1998). pp. 71-72.
5 Patrick Johnstone, The Church is bigger than you think, (1998). pp. 71-72.
6 Dom Jean Leclercq, Spirituality of the middle ages (1978), p. 61.
7 Dom Jean Leclercq, Spirituality of the Middle Ages (1978), pp. 61-62.
8 ¿A quién mejoró Walfroy durante los 30 años sobre el pilar? www.echnyc.com/-panman/simeon.html.
9 Tomado de Internet el 15 de enero de 2004: www.newadvent.org/cathen/06543a.htm y www.myhero.com/hero.asp?hero=mkolbe.
10 Comentario de Job 29:7-17.
11 William Sanford LaSor, David Allan Hubbard, Frederick William Bush, Old Testament Survey (1982), p. 118.
12 Éxodo 12:29,31. Seriamente, fue un encuentro de poder directo que ganó Yahvé, "yéndose".
13 Henry H. Halley, Halley's Bible Handbook (1965), p. 111.
14 En la clásica adaptación fílmica de la historia bíblica, Los Diez Mandamientos.
15 Thomas Cahill, The Gifts of the Jews (1998), pp. 114-115.
16 "Mal", no porque fuera Egipto sino porque oprimió a gente inocente durante generaciones.
17 Strong's Concordance, 2204.
18 Números 5:21-31. Vine's Expository Dictionary of Biblical Words (1995).
19 Por ejemplo: Éxodo 20:5; 34:14; Deuteronomio 5:9. International Standard Bible Encyclopedia (1996) Biblesoft.
20 Es tan importante que dio lugar a los Diez Mandamientos. Ver Éxodo 20:5. Éxodo 34:14. *"Porque no te has de inclinar a ningún otro dios, pues Jehová, cuyo nombre es Celoso, Dios celoso es"*. Ver también Deuteronomio 4:24: *"Porque Jehová tu Dios es fuego consumidor, Dios celoso"*. Ver también Deuteronomio 6:5: *"Y amarás a Jehová tu Dios de todo tu corazón, y de toda tu alma, y con todas tus fuerzas"*.
21 Thomas Cahill, The Gifts of the Jews (1998). p. 105ss.
22 Y Yahvé tiene un Mesías. Así que el cristianismo es la religión existente más antigua.
23 Porque fuimos creados a imagen de Dios. Esto viene de una enseñanza de Paul Cox, Campus Crusade for Christ, EE.UU., 1989.
24 Eugene Peterson, "The Pastor's Sabbath", Leadership (Primavera 1985). p. 54. El exilio fue la respuesta de Dios a su desobediencia, un descanso obligado para la tierra. Ver también Levítico 26:34-35.
25 1 Samuel 1:3; Unger's Bible Dictionary.
26 Charles Spurgeon, Spurgeon's Expository Encyclopedia (1988). p. 14.
27 William Sanford LaSor, David Allan Hubbard, Frederic William Bush, Old Testament Survey (1982), pp. 232-234.
28 1 Samuel 5:9, Septuaginta.
29 1 Samuel 5:6, Septuaginta.

30 1 Samuel 6:19. Septuaginta.
31 Dr. Lightfoot, en Matthew Henry's commentary.
32 Lectura caldea de 1 Samuel 7:6.
33 David tenía intimidad total con Dios. Ver Jason Upton, The Key of David, tomado el 26 de enero de 2004 de Jasonupton.com. Cantamos esta melodía en el primer paso para ser héroes. Lea más para más detalles.
34 La belleza de Dios es que la profecía de Amós (ver Amós 9:11) se expande aquí para incluir a los gentiles. Así que al conectarnos con Dios en la Clave de David –la intimidad– preparamos un ambiente evangelístico que en última instancia atraerá a las naciones a los pies de Jesús. Ver Mike Bicke, International House of Prayer, en Internet: www.Forb.com.
35 Michael L. Brown, Revolution (2000). pp. 59-60.
36 Por supuesto dejó la influencia de Zacarías, se hizo orgulloso con la fama y personalmente, se destruyó. Ver el resto de 2 Crónicas 26 para conocer su patético final. La lección es que su éxito dependía de la intimidad responsable. Mientras fue responsable ante Zacarías y mantuvo intimidad con Dios, fue heroico.
37 Christian Debater ®, P. O. Box 144441, Austin, TX 79715. Phone: (512) 218-8022. www.BibleQuery.org.
38 Extraído de Timeframe 1500-600 BC, (Time-Life Books), y The Bible Knowledge Commentary: Old Testament, p. 1494 Source- Christian Debater (R), P.O. Box 144441, Austin, TX 79714. Phone (5129 218-8022. www.BibleQuery.org
39 Spiros Zodhiates, ed., The Hebrew-Greek Key Study Bible (1990).
40 En términos reales necesitamos comparar a Nínive con lugares como Salem, Oregon.
41 Cuatro años de presión.
42 La langosta devora la cosecha. Juan devoró al devorador de la cosecha. Preparó el camino para la gran cosecha. Los profetas hacen esto. Oí esta enseñanza del evangelista Andrew Shearman, hoy basado en Mobile. Para mayor información ver: www.abundantlifeministry.org/roundtable/membersandministry.htm.

Capítulo 5: la Inglaterra victoriana

1 Lo era, pero usted entiende.
2 Grace Kelley, "Nineteenth Century Medicine" en www.gober.net/victorian/time.html. tomado el 15 de enero de 2004.
3 Mary Johnston, "Irish Emigration", en www.gober.net/victorian/time.htm. Tomado el 15 de enero de 2004.
4 Charles Booth, Life and Labour of the People of London, 1886. Citado en www.gober.net/victorian/time.html. Tomado el 15 de enero de 2004.
5 www.gober.net/victorian/time.html. Tomado el 15 de enero de 2004.
6 Robert F. Haggard, "Jack the Ripper as the threat of outcast London", en University of Virginia, Essays in History (Vol. 35), 1993, p. 1.
7 Robert F. Haggard, "Jack the Ripper as the threat of outcast London", en University of Virginia, Essays in History (Vol. 35), 1993, p. 6.
8 Robert F. Haggard, "Jack the Ripper as the threat of outcast London", en University of Virginia, Essays in History (Vol. 35), 1993, p. 2.

9 Robert F. Haggard, "Jack the Ripper as the threat of outcast London", en University of Virginia, Essays in History (Vol. 35), 1993, p. 4.

10 Judith Walkowitz, Prostitution and Victorian society (Cambridge Univer sity press, 1980).

11 Anthony s. Wohl, Sanitation and Disease in Rich and poor. Tomado el 15 de enero de 2004, de Victorian Web, Internet.

12 Padre e hija murieron por fiebre tifoidea a causa de la contaminación de los desagües.

13 El hijo casi murió.

14 Hablamos de la Reina Victoria. Anthony s. Wohl, Sanitation and Disease in rich and Poor. Tomado el 15 de enero de 2004. Victorian Web.

15 Dale H. Porter, The Thames Embankment: Environment, Technology and society in Victorian London, 1998. tomado de Victorian Web GPL.

16 Edwin Chadwick, Report from the poor Law Commissioners on an Inquiry into the sanitary conditions of the labouring population of Great Britain (1842), p. 370.

17 Walter Besant, All Sorts and conditions of Men – An Impossible Story, 1882. Citado por Deborah Mcdonald, en Victorian Web. Tomado junio 6, 2002. www.landow.stg.brown.edu/victorian/.

18 No había leyes porque los legisladores aparentemente no sabían cómo explicarle a la reina victoria que había homosexualidad entre las mujeres. Ver Bloomsbury Dictionary of English Literature (1997).

19 Megara Bell, The Fallen Woman in Fiction and Legislation. Ver Cathy Edgar en www.gober.net/victorian/reports/prostit.html. Victorian Web. Tomado el 15 de enero de 2004.

20 Judith Walkowith, citada por Megara Bell, The Fallen woman in Fiction and Legislation. Ver Cathy Edgar en www.gober.net/victorian/reports/prostit.hetml. Victorian Web. Tomado el 15 de enero de 2004.

21 Megara Bell, The Fallen Woman in Fiction and Legislation. Ver Cathy Edgar en www.gober.net/victorian/reports/prostit.html. Victorian Web. Tomado el 15 de enero de 2004.

22 "Everyone did it", The Economist, 24 de noviembre de 2001.

23 La sección anterior proviene de Anthony s. Wohl, Opium and Infant Mortality. pp. 35-36. Victorian Web. Tomado el 15 de enero de 2004.

24 Everyone did it", The Economist, 24 de noviembre de 2001.

25 Eric Hobsbawm, Industry and Empire: The Birth of the Industrial Revolution (1999), p. 133.

26 Hansard's Parliamentary Debates (erd Series, Vol XIX), 18 de julio de 1833. p. 912. Tomado de un antiguo libro de historia, Jonathan F. Scott y Alexander Baltzly, eds. Readings in European History since 1814 (Appleton-Century-Crofts, Inc, 1930), incluido en un artículo sin publicar de Laura Del Col, "The Life of the Industrial Worker in Nineteenth Century England". West Virginia University.

27 Había 63 burdeles en Whitechapel. También había muchas "prostitutas informales". Robert f. Haggard" Jack the Ripper as the Threat of Outcast London", en University of Virginia, Essays in History (Vol. 35), 1993. p. 4.

28 John Burnett, The Annals of labour: autobiographies of British Working class people 1820-1920, (1974), de la introducción.

29 Tomado de Report from His Majesty's Commissioners for Inquiring into the Administration and Practical Operation of the Poor Laws (1834), pp. 306-314. Transcripto y añadido por Marjie Bloy. Victorian Web. Tomado el 28 de enero de 2004.

30 David Cody, "Child Labor", The Victorian Web: www.victorianweb.org/. Tomado el 15 de enero de 2004.

31 Tomado de Internet el 15 de abril de 2004, de www.rootsweb.com/-belghist/Flanders/Pages/childLabor.htm. También en Victorian Web. Tomado el 28 de enero de 2004, de Parliamentary Papers, 1842 (Vols. XV-XVII) Apéndice I pp. 252, 258, 439, 461. Apéndice II pp. 107, 122, 204. "El segundo de los tres grandes informes representa los resultados de la investigación sobre las condiciones del trabajo en las minas realizado por la Comisión de Minas de Lord Ashley en 1842. El Acta de Minas de 1842, entonces prohibió el empleo de mujeres y niños de menos de trece años en las minas.

32 Penelope Davies, Children of the Industrial Revolution (1972), p. 27.

33 The Benefit of the Factory Legislation", de Hansard, Parliamentary Debates, 4 de abril de 1879 (3rd. Series, Vol CCXLV) pp. 355-356. Tomado el 28 de enero de 2004 de Victorian Web. El material es tomado de un antiguo libro de historia, readings in European History Since 1814, publicado por Jonathan F. Scott y Alexander Baltzly, en 1930. "Todo hombre que haya estado a las doce en el angosto umbral que sirve de salida para los peones de las grandes fábricas textiles, debe reconocer que sería imposible reunir un conjunto más terrible de hombres y mujeres, niños y niñas. Su piel está pálida y gris, con chatura en las facciones a causa de la falta de adiposidad que dé volumen a las mejillas. De baja estatura, la altura promedio de los cuatrocientos hombres, tomada en diferentes momentos y lugares, es de un metro con sesenta. Sus brazos y piernas son débiles y delgados, y se mueven sin gracia, con las piernas combadas. Una gran cantidad de niñas y mujeres caminan rengueando, con problemas de espaldas torcidas. Casi todos tiene pies planos, con pisada defectuosa, muy diferente de la elasticidad natural de pie y el tobillo. El cabello es débil y lacio, y muchos hombres tienen barba hirsuta, parecida a lo ralo de los pieles rojas de Norteamérica. Su aspecto de deplorable, sin espíritu, con piernas mal formadas y su disposición en general es de "poca seguridad", o "engañados en su proporción"...Laura Del Col "The Life of the Industrial Worker in Nineteenth Century England," Victorian Web. Tomado el 28 de enero de 2004. The Physical Deterioration of the Textile workers (P. Gaskell", The Manufacturing Population of England London 1833), pp. 161-162, 202-203.

34 The Victorian Web. Tomado el 27 de enero de 2204 de www.victorianweb.org/history/hist8.html

35 Parliamentary Papers, 1831-1832 – (Vol. XV) pp. 44, 95-97, 115, 195, 197, 339, 341, 342

36 Jonathan F. Scott y Alexander Baltzly, eds, Readings in European History Since 1814 (Appleton-Century –Crifts, Inc., 1930), incluido en un artículo sin publicar, de Laura Del Col, "The Life of the Industrial Worker in Nineteenth-Century England", West Virginia University.

37 David Cody, "Child labour", tomado el 15 de enero de 2004 de Victorian Web: www.victorianweb.org. Dicho esto, los cristianos tuvieron un papel central en los derechos de los niños. "Luego de la agitación radical, notable en 1831, cuando los Comités de Corto Plazo organizados en su mayoría por evangélicos comenzaron a exigir una jornada laboral de diez horas, una comisión real establecida por el gobierno Whig recomendó en 1833 que se permitiera a los niños de once a dieciocho años trabajar un máximo de doce horas al día; los niños de nueve a once años podía trabajar ocho horas al día, y los niños menores de nueve años no podían trabajar (había niños de tres años que trabajaban hasta ese momento). Esto se aplicó solo a la industria textil, donde se hacía trabajar a los niños a partir de los cinco años, y no al resto de las industrias y ocupaciones. Las minas de hierro y carbón, donde nuevamente, había niños y niñas que comenzaban a trabajar a los cinco años y morían antes de cumplir los veinticinco, los establecimientos gasíferos, los astilleros, la construcción, las fábricas de fósforos, de clavos y los deshollinadores –que Blake utilizaría como símbolo de la destrucción de la inocencia– eran los lugares donde la explotación infantil era más grave. Cuatro inspectores de la corona tenían a su cargo la totalidad de Inglaterra. Tomado el 27 de enero de 2004, de Victorian Web: www.victorianweb.org/history/hist8.html. Tomado de Report From His Majesty's Commissioners for Inquiring into the Administration and Practical Operation of the Poor Laws (1834). pp. 306-314. Transcripto y con agregados de Marjie Bloy.

38 G. Bernard Shaw. Major Barbara: With an Essay as first aid to critics by Bernard Shaw (1907).

39 Frase destacada por los autores. G. Bernard Shaw, Major Barbara: With an essay as first aid to critics by Bernard Shaw (1907).

40 Sangre y Fuego", la bandera tricolor del Ejército de Salvación. El grito de guerra de Sangre y Fuego, proclama la salvación por medio de la sangre de Jesús y la santidad por medio del poder del Espíritu Santo.

41 G. Bernard Shaw. Major Barbara: With an Essay as first aid to critics by Bernard Shaw (1907).

42 Referencia al teatro y la mitología griega, Euripides. The Bacchae, realizado por Fiona Macintosh, comparando el efecto de la adoración del dios griego Dionisio, a la adoración del Ejército de Salvación. Ver Fiona Macintosh, "The Shavian Murray and the Euripidean Shaw: Major Barbara and the Bacchae", Classics Ireland (Vol. 5) 1998, tomado el 15 de enero de 2004, de www.ucd.ie/classics/98/macintosh98.html.

43 Dionisio, Dios de gozo y su culto, tomado el 27 de enero de 2004, de www.archaeonia.com/religion/cults/dionysian.htm

44 Ver Fiona Macintosh, "The Shavian Murray and the Euripidean Shaw: Major Barbara and the Bacchae", Classics Ireland (Vol. 5) 1998, tomado el 15 de enero de 2004, de www.ucd.ie/classics/98/macintosh98.html

Capítulo 6 : Revolución

1 George Scott Railton, en. S. R., compilado por John d. Waldton. Originalmente publicado en Christian Mission Magazine, enero de 1873.

2 Catherine Booth, en J. Rhemick, A New People of god (1984), pp. 202-203.

3 J. Edwin Orr, The Second Great Awakening (1964), p. 62.
4 J. Edwin Orr, The Second Great Awakening (1964), p. 68.
5 Geoff Ryan, "To be or not to be", en Sowing Dragons (2000).
6 Catherine Booth, en St. John Ervine, God's Soldier: General William Booth (1934), Vol. 1. p. 461.
7 Citado por Brian Tuck, Salvation Safari (1993), p. 21.
8 Flora Larson, My Best Men are Women (1974), p. 47.
9 R. G.Moyles, The Blood and Fire in Canada (1977). p. 9.
10 De 251 a 1.552 Cuerpos
11 Notas de Major Ray Herron, Australia School for Youth Leadership, 23 de enero de 2004.
12 Geoff Ryan, "To Be or Not to Be", en Sowing Dragons (2000).
13 "100 Great British Heroes", BBC News, World Edition, 21 de agosto de 2002. "BBC Two Reveals the Nation's 100 greatest Britons of All Time", BBC Press Release, 21 de agosto de 2002.
14 Charity Case", CPA Online, diciembre 2001. COA informa que el Ejército de Salvación recibió casi el doble que las demás organizaciones de caridad de parte de los australianos en 2001. www.cpaaustralia.com.au/03 publications /02 aust cpa magazine/2001/35 dec/3 2 35 12 charitycase.asp. El Ejército de Salvación recibió las donaciones más grandes en nueve de los últimos diez años en Norteamérica. "Buddy, we're sparing fewer dimes", CBS News. Tomado de Internet, 27 de octubre de 2003 de www.cbsnewsonline. El Ejército de Salvación recibió la mayor donación efectuada a una organización cristiana, de parte del fideicomiso de Joan Kroc: US$ 1,5 mil millones. USA Today. Tomado el 20 de enero de 2004, de www.usatoday.com. Se conoce comúnmente como "La obra de caridad preferida de Norteamérica"
15 PM Arthur Maighan, en Stephen Court y Danielle Strickland, Salvationism 101 (2000) p. 29.
16 Cyril Barnes, Words of William Booth (1975).
17 Catherine Booth, The Salvation Army in Relation to the Churches 81883), pp. 31-32.
18 William Booth, Orders and Regulations (1879), de la introducción
19 Catherine Booth, Aggressive Christianity (1881). p. 190.
20 William Booth en respuesta a su propia pregunta, "¿Deben ser todos oficiales?", en Norman Murdock, The Origins of the Salvation Army (1996), p. 141.
21 William Booth, en Bramwell Booth, Talks with officers (1921), p. 102.
22 George Scott Railton, Heathen England (1880), p. 83.
23 Orders and regulations (1879), sección 1:17.
24 Major Wells, California, The War Cry, en John Rhemick, A new People of god (1984), p. 79.
25 R. G. Moyles, The Blood and Fire in Canada (1977), p. 58.
26 William Booth, 1878.
27 Catherine Booth, Papers on godliness (1882), p. 62.
28 Frase destacada por los autores. Isak Dinesan, Letters From Africa 1914-1931. Phoenix Fiction Services, traducido por Anne Born (Chicago: University of Chicago Press, 1984), citado en Geoff Ryan, "To Be or Not to Be" en Sowing Dragons (2000).

29 George Scott Railton, Heathen England, (1887), p. 145.
30 Newcastle Daily Chronicle, 22 de mayo de 1879.
31 Newcastle Daily Chronicle, 22 de mayo de 1879.
32 Catherine Booth, The Salvation Army in Relation to the Churches (1883), pp. 47-48.
33 Catherine Booth, en referencia a 1 Corintios 14, Aggressive Christianity (1881), p. 55.
34 Catherine Booth, Papers on Godliness (1882), p. 124.
35 Catherine Booth, Papers on Aggressive Christianity (1881), p. 32.
36 Newcastle Daily Chronicle, 21 de mayo de 1879.
37 Fuente: The Salvation Army International Heritage Centre. Tomado el 15 de enero de 2004.
38 Sallie Chesham, Preaching Ladies (1983), pp. 6-8.
39 Sallie Chesham, Preaching Ladies, (1983), p. 15.
40 R. G. Moyles, The Blood and Fire in Canada (1977), p. 44.
41 R. G. Moyles, The Blood and Fire in Canada (1977), p. 59.
42 Citado en Brian Tuck, Salvation Safari (1993) pp. 18-19.
43 En original, en R. G. Moyles, The Blood and Fire in Canada (1977), pp. 50-51.
44 Fuente: The Salvation Army International Heritage Centre. Tomado el 15 de enero de 2004.
45 Citado por John Rhemick, A New People of God (1984), p. 205.
46 Frances Power Cobbe, "The Last Revival", The Contemporary Review, 1882.
47 "Rowdy Religion", The Saturday Review, 31 de mayo de 1884.
48 Crime Magazine, www.crimemagazine.com/PRisonsParole/devilsisland.htm. Tomado el 10 de enero de 2004.
49 Crime Magazine. www.crimemagazine.com/PrisonsParole/desilisland.htl. Tomado el 10 de enero de 2004.
50 David P. Nolte "A Heart for What is Right", tomado 11 de enero de: www.kfalls.net/-dnol/ahearforright.html
51 Crime Magazine. www.crimemagazine.com/PRisonsParole/devilsisland.htm. Tomado el 10 de enero de 2004.
52 Crime Magazine. www.crimemagazine.com/PRisonsParole/devilsisland.htm. Tomado el 10 de enero de 2004.
53 Charles Pean, The conquest of Devil's Island (1953).

Capítulo 7: La oscura Inglaterra y la salida

1 The Salvation Army International Heritage Centre. Tomado el 15 de enero de 2004.
2 J. Evan Smith, Booth the Beloved (1949), pp. 123-124.
3 William Booth, In Darkest England and the Way Out (1890), p. 13.
4 Fuente: The Salvation Army International Heritage Centre. Tomado el 15 de enero de 2004.
5 E. Cobham Brewer, Dictionary of Phrase and Fable (1898). The Submerged Tenth, "Lo más bajo del proletariado. Una frase muy popular en la última parte del siglo XIX, del libro del General Booth, In Darkest England". General John Gowans, "Poverty and the Salvation

Army- The Call to the Excluded". Journal of Aggressive Christianity, diciembre de 2003. www.armybarmy.com/JAC. Gowans observa" Eran Los Empobrecidos. Eran "Los miserables" de su época. William se sentía llamado hacia Los Excluidos. Los llamaba "El décimo sumergido". Su pobreza era el agente de su exclusión, la fuente de gran parte de su miseria, la raíz de su alejamiento de Dios."

6 Gulones agregados. Dallas Salvation Army, sitio web: www.salvatioarmydallas.org/aboutus poverty.asp. 27 de enero de 2004.

7 W. T Stead. Catherine Booth (1891), pp. 10-11.

8 Caughey Gauntlett, Today in Darkest Britain (1990), p. 14.

9 Economic History Resources, sitio web www.eh.net/hmit/ppowerbp/. www.xe.com/ucc/convert.cgi. Tomado el 28 de enero de 2004.

10 Fuente: The Salvation Army International Heritage Center. Tomado el 15 de enero de 2004.

11 Economic History Resources. Tomado el 28 de enero de 2004, de www.eh.net/hmit/ppowerbp/ y www.xe.com/ucc/convert.cgi.

12 Economic History Resources. Tomado el 28 de enero de 2004, de www.eh.net/hmit/ppowerbp/ y www.xe.com/ucc/convert.cgi

13 Fuente: The Salvation Army International Heritage Centre. Las cosas han cambiado para mejor. En la primera semana después de la Tragedia de las Torres Gemelas el 11 de septiembre de 2001, el Ejército de Salvación sirvió 485.000 comidas a los trabajadores. Fuente 20/20, TV show, "El Ejército de Salvación asistió a más de 121.000 personas en casi un año desde los ataques terroristas del 11 de septiembre, ofreciendo consejería para la salud mental y el duelo, asistencia financiera y otros servicios sociales básicos. Además, los oficiales, el personal y 107.169 voluntarios del ejército de salvación –más de 1.6 millón de horas/voluntariado– sirvieron casi cinco millones de comidas a obreros y víctimas". Tomado el 22 de agosto de 2002 de www.nwarmy.org/news/articles.arp?Story ID=552

14 Capítulo 4.

15 Parte 2. Capítulo 1.

16 Caughey Gauntlett, Today in Darkest Britain (1990), p. 28.

17 Caughey Gauntlett, Today in Darkest Britain (1990), pp. 158-169.

18 Caughey Gauntlett, Today in Darkest Britain (1990), p. 45.

19 Caughey Gauntlett, Today in Darkest Britain (1990), p. 21.

20 Los salvacionistas no mueren. Ascienden a la Gloria.

21 El Ejército de Salvación predica el evangelio en 175 idiomas en 109 países, y en 2001:

- Operó en 37 hospitales.
- Operó en casi 550 clínicas ambulatorias.
- Sirvió a más de 1,2 millones de pacientes.
- Operó en más de 6.000 escuelas.
- Operó en más de 700 universidades y centros de educación a distancia.
- Operó en más de 12.000 hostales y refugios.
- Operó en más de 960 hogares especiales (mayores, ciegos, niños de la calle, etc.).
- Operó en más de 300 centros de rehabilitación para adictos.
- Operó en más de 1.450 centros de cuidado diurno.

- Visitó a más de 250.000 prisioneros.
- Ayudó a más de 137.000 personas en tribunales.
- Ayudó a más de 52.000 prisioneros al salir de la cárcel.
- Buscó a más de 8.000 personas desaparecidas.
- Operó en más de 1.000 comedores.
- Sirvió a más de 20.000.000 de personas.

Etcétera. El Anuario del Ejército de Salvación, 2003.

22 El dinero estaba reservado para centros comunitarios, ¡no para Cajitas Felices! El Ejército de Salvación recibió una donación de US$ 1,5 mil millones de Joan Kroc. USA Today. www.usatoday.com Tomado el 20 de enero de 2004. Shawna Richer "Big Mac give Sally Ann US$ 1.5 billion", Globe and Mail. Tomado el 21 de enero de 2004.

23 "Great Nottinghamians: William Booth". BBC News. Tomado en octubre de 2002 de: www.bbc.co.uk/nottingham/features/2002/10/william booth great briton shtml.

24 The Salvation Army. International Headquarters Heritage Center. Tomado el 28 de enero de 2004, de: www1.salvationarmy.org/heritage.nsf/36c107e27B0ba7a98025692e0032abaa/e875c5b6377a3ba68025694b004a1202/OpenDocument.

25 The Salvation Army. International Headquarters Heritage Center. Tomado el 28 de enero de 2004, de: www1.salvationarmy.org/heritage.nsf/36c107e27B0ba7a98025692e0032abaa/e875c5b6377a3ba68025694b004a1202/OpenDocument. Y "Great Men of God" en sitio web Christians in Touch. Tomado el 28 de enero de 2004 de www.christiansintouch.com/greatMen.WB.cfm

26 "Great Men of God" en Christians in Touch. Tomado el 28 de enero de 2004 de www.christiansintouch.com/greatMen. WB.cfm

Capítulo 8: ¿Quiénes son y de dónde vienen?

1 Patrick Johnstone, The Church is bigger than you think, (1998), pp. 67-68.

2 Hasta fines de los 1800s, Patrick Johnstone, The Church is bigger than you think (1998) pp. 67-68.

3 El Centro Norteamericano para World Mission en Pasadena, CA, reveló las estadísticas mundiales de misión para 2001. Un tercio de la población mundial es cristiana (2,02 mil millones) Mientras la tasa de crecimiento de la población es de 1,6 %, la tasa de crecimiento cristiano es de 2,6%. Notablemente, la tasa de crecimiento de grupos pequeños dentro del cristianismo es mucho más alta. Los evangélicos crecen un 4,7%, mientras los carismáticos lo hacen en un 7,3%. Otros grupos concuerdan con estas estadísticas: Global Evangelization Movement: www.gemwerc.org/index.htm y www.partornet.net.au/jmm/aame/aame0081.htm 2000.

4 Tomado el 7 de marzo de 2004 de www.pastornet.net.au/jmm/aame/aame0049.htm

5 Tomado el 29 de octubre de 2003 de www.missionfrontiers.org/newlinks/statewe.htm.

6 Mientras tanto los pentecostales y carismáticos crecen a un ritmo explosivo de 7,3%, más de cuatro veces y medio respecto del crecimiento de la población total (más de 2 veces la tasa de crecimiento del islamismo). Los evangélicos no están a la zaga, con un 5,7%, más de tres veces y medio respecto del crecimiento de la población total (más del doble del crecimiento del islamismo). Otros protestantes crecen a casi el doble que la población mundial, 2,9%. Los católicos romanos crecen a una tasa de 1,2%. (tomado el 7 de marzo de 2004 de www.missionfrontiers.org /newslinks/statewe.htm.)

7 Philip Jenkins, The Next Christendom (2002) p. 4.
8 Philip Jenkins, The Next Christendom (2002) p. 4.
9 CMI-World Stats. Tomado el 9 de marzo de 2004 de www.glowministriesinternational.com/cmi/pages/stats.htm.
10 Ralph d. Winter y Bruce A. Koch, "Finishing the Task: The Unreached Peoples Challenge", Mission Frontiers (Junio de 2000), p. 33.
11 Representa casi un 5% de la población mundial, similar al budismo.
12 Wycliffe International. ´Tomado el 7 de marzo de 2004. de www.sycliffe.net.
13 Global Recordings Network. Tomado el 7 de marzo de 2004 de www.gospelrecordings.com
14 Patrick Johnstone, The Church is Bigger than you think (1998), p. 232.
15 Patrick Johnstone, The Church is Bigger than you think (1998), p. 232.
16 The Jesus Film Project. Tomado el 7 de marzo de 2004 de www.jesusfilm.org/progress/translations.html
17 The Jesus Film Project. Tomado el 7 de marzo de 2004 de www.jesusfilm.org/progress/translations.html
18 The Jesus Film Project. Tomado el 7 de marzo de 2004 de www.jesusfilm.org/progress/translations.html
19 The Jesus Film Project. Tomado el 7 de marzo de 2004 de www.jesusfilm.org/progress/translations.html
20 Patrick Johnstone, The Church is Bigger than you think, (1998), p. 230.
21 Wycliffe International. Tomado el 7 de marzo de 2004 de www.wycliffe.net
22 "Status of Global Mission, 2003" en World Evangelization Research Center. Tomado el 9 de marzo de 2004 de www.gem-werc.org/resources.htm.
23 Tomado el 9 de marzo de 2004 de www.backtojerusalem.com
24 Discurso de David Aikman en University of the Nations, Kona Hawaii, 25 de febrero de 2004, también en www.americandaily.com/item/2999. Tomado el 18 de diciembre de 2003.
25 www.backtojerusalem.com/history1.htm. Tomado el 10 de marzo de 2004.
26 Discursos de Loren Cunningham y Peter Wagner, respectivamente. 19 de septiembre de 2003, NLC, Kelowna y 5 de marzo de 2004, Red Deer, Alberta. www.backtojerusalem.com/vision.htm. Tomado el 10 de marzo de 2004.
27 www.backtojerusalem.com/vision.htm. Tomado el 10 de marzo de 2004.
28 Josefo, The Works of Josephus, traducido por William Whiston (HendricksonPublishers, 1987) tomado el 12 de marzo de 2004 de www.pbs.org/wgbh/pages/fronline/shows/religion/maps/primary/josephys.sack.html
29 Josefo, The Works of Josephus, traducido por William Whiston (HendricksonPublishers, 1987) tomado el 12 de marzo de 2004 de www.pbs.org/wgbh/pages/fronline/shows/religion/maps/primary/josephus.sack.html
30 Strong's Concordance: 2347, 3173.
31 "World Bank Global Economic Prospects and the Developing countries, 2002". Sitio Web del Banco Mundial de Desarrollo. Tomado el 2 de enero de 2004.
32 Dan Brewster: "The 4/14 window: Child Ministries and Mission Resources" en Phyllis Kilbourn, ed. Children in crisis, 1996. p. 127
33 Fuentes: ILO Child Labour Statistics; UNICEF, The State of the World's Children, 2002; UN Population Division. El estilo de la presentación de esta información contiene el énfasis del autor y paréntesis para mayor claridad.

Capítulo 9: Siete pecados mortales

1 George Grant, The Micah Mandate (2001), p. 29.

2 Citado en George Grant, The Micah Mandate (2001). p. 221.

3 Bryant L. Myers, "Strategic Trends Affecting Children", en Glenn Miles y Josephine-Joy Wright, ed., Celebrating Children (2003), p. 110.

4 "Listen to the Children Crying," Charisma (junio de 2000).

5 Bryant L. Myers, "Strategic Trends Affecting Children," en Glenn Mils y Josephine Joy Wright, ed., Celebrating Children (2003), p. 110.

6 The Economist, (31 de marzo de 2001).

7 World Vision, en sitio Web de Viva network. Tomado el 1 de octubre de 2003 de www.viva.org/frontline/reference/statistics/health.htm.

8 Tomado el 15 de enero de 2004 de www.staytruetolife.org/seven.asp.

9 Art Beals, Beyond Hunger (1985) p. 29.

10 TIME, (6 de agosto de 2001).

11 UNICEF, "The State of the World's Children 2001," United Nations Development Program Poverty Report 2000, www.undp.org/povertyreport /chapters/chapter 1.

12 The Officer Magazine, (abril de 2000).

13 UNICEF revela según sus estudios que hay mil millones de niños pobres, 21 de octubre de 2003. www.un.org/apps/news/story.asp?NewsID=8622&Cr=child/ Cr1=poverty

14 Bryant L. Myers, "Strategic Trends Affecting Children" en Glenn Miles y Josephine-Joy Wright, ed. Celebrating Children (2003), p. 110.

15 The Officer Magazine, (abril de 2000).

16 The Officer Magazine, (abril de 2000).

17 The Officer Magazine, (abril de 2000).

18 The Officer Magazine, (abril de 2000).

19 The Officer Magazine, (abril de 2000).

20 The Officer Magazine, (abril de 2000).

21 World Vision en Viva Network. Tomado el 3 de julio de 2003 de www.viva.org/frontline/reference/statistics/health.htm.

22 The Officer Magazine, (abril de 2000).

23 World Vision en Viva Network. Tomado el 3 de julio de 2003 de www.viva.org/frontline/reference/statistics/health.htm

24 Resumen de prensa "The State of the World's Children 2001" UNICEF.

25 En 1998 los cinco asesinos infantiles más grandes eran: condiciones perinatales 20%, infecciones respiratorias 18%, diarrea 17%, enfermedades prevenibles con vacunación 15% y malaria 7%. Resumen de prensa "The State of the World's Children 2001," UNICEF.

26 World Population Profile 1998, Thomas McDewitt, International Program Center. US Census Bureau 1999, sitio web en Patrick Mcdonald, Reaching Children in Need (2000) p. 21.

27 United Nations Population Fund, en sitio de Viva Network. Tomado el 3 de julio de 2003. www.viva.org/frontline/reference/statistics/health.htm.

28 Las autoridades provinciales de Guangdong (antiguamente Canton), China, han ordenado que se realicen 20.000 abortos y esterilizaciones recientemente en la empobrecida región de Huaiji, antes de fin de año.

Los oficiales censistas informan que la familia promedio de Huaiji tiene cinco o más hijos, con lo cual las autoridades comunistas tienen una excusa para atacar a la población por desobedecer las leyes de hijo único que rigen en la nación. En The New American, Alert Network (Vol. 17 No. 19) 10 de septiembre de 2001.

29 The New American, Alert Network (Vol. 17. No. 19) 10 de septiembre de 2001

30 Robert Stearns, prepare the way (1999), p. 154.

31 Centers for Disease Control and Prevention, UNAIDS y The World Health Organization. 17 de mayo de 2000. The Kids AIDS Site www.kidsaidssite .com/cgi-bin/web. Ob.../6016113010160 CustomcontentLinkDisplaycomponent0

32 Todos los días, unas 7.000 personas de entre 10 y 24 años en todo el mundo se infectan con el virus. Son cinco jóvenes por minuto. Informe de UNAIDS, 22 de abril de 1998. El sitio Kids AIDS Site. www.kidsaidssite.com/ cgi-bin/web. Ob.../6016113010160 CustomcontentLinkDisplaycomponent0

33 HIV/AIDS Epidemic Update: diciembre 1999 UN/AIDS Joint United Nations Program on HIV/AID. The Kids AIDS site.www.kidsaidssite.com/ cgi-bin/web. Ob.../6016113010160 CustomcontentLinkDisplaycomponent0

34 "World Pulse", action international ministries (3 de octubre de 1995), p. 6.

35 www.appnetaid.netlojix.com/programs/HIV/about jiv.html. Tomado el 4 de julio de 2001.

36 "Orphans of AIDS" TIME, 13 de diciembre de 1999.

37 UNAIDS Security Council, Sesión sobre la crisis del SIDA, New York Times (10 de enero de 2000).

38 The Hunger Site, 2000. www.thehungersite.com/cgi-bin/WebObjectsCTDSites

39 Sitio Viva network. Tomado el 3 de julio de 2003 de www.viva.org

40 Food and Agriculture Organization of the United Nations, The Hunger site. Tomado el 3 de julio de 2003. www.thehungersite.com/cgi-bin/WebObjects/CTDSites .

41 United Nations D development Program Poverty Report 2000. Tomado el 24 de julio de 2003. www.undp.org/povertyreport/chapters/chapter 10.

42 Stuart Hart, "Strategies for a Sustainable World," Harvard Business Review (Enero-febrero 1997) pp. 68-69. Citado en Tom Sine, Mustard Seed vs. McWorld (1999) pp. 64-65.

43 Sitio Viva Network. Tomado el 3 de julio de 2003 de www.viva.org .

44 US Department of Agriculture, Economic Research Service, 1999. tomado de www.thehungersite.com/cgi-bin/WebObjects/CTDSites .

45 United Nations Development Program Poverty Report 2000. Tomado de www.undp.org/povertyreport/chapters/chapter 7

46 The Officer Magazine, (abril de 2000).

47 Sumario de prensa, "The State of the World's Children 2001" UNICEF.

48 State of the World's Children 1999: Educación, UNICEF, según cita de Facts and Figures, 1998, UNICEF, en Patrick McDonald, Reaching Children in Need, (2000), p. 21

49 The Officer Magazine, (abril de 2000).

50 Pravda (versión inglés). www.english.pravda.ru/usa/2001/05/03/4589.html. 3 de mayo de 2001.

51 Unos 177 millones de niños quedan afectados por la desnutrición de las madres embarazadas. Sumario de prensa "The State of the World's Children 2001," UNICEF. CAsi 15 millones de niñas de entre 15 y 19 años

dan a luz cada año. Resumen de prensa “The State of the World's Children, 2001” UNICEF.

52 Rachael Combe no era una persona religiosa, pero su viaje a la India la transformó, y lo relató en Elle, enero de 2002.

53 3 de noviembre de 2003. “The Working World of Children” by Child Workers in Asis (CWA), citado en www.freethechildren.org/youthinaction/child labour personal stories.hetm.

54 Marshall McLuhan.

55 Es su nombre real. Lea más para obtener más detalles.

56 Quentin Hardy, “Hitting slavery Where it hurts”, Forbes.com tomado el 12 de enero de 2004.

57 Bryant Myers “Strategic Trends Affecting Children”, en Glenn Miles y Josephine-Joy Wright, ed. Celebrating Children (2003), p. 110.

58 UNICEF Information Sheet, “All Work and No Play”: The Scourge of child Labour”, en Patrick Mc Donald, Reaching Children in Need (2000), pp. 31-32.

59 Child Hope, Datos de Working Children, en sitio de Viva Network. Tomado el 3 de julio de 2003 de www.viva.org/fronline/reference/statistics/health.htm

60 Quentin Hardy “Hitting Slavery where it hurts”, Forbes.com. Tomado el 12 de enero de 2004.

61 Quentin Hardy “Hitting Slavery where it hurts”, Forbes.com. Tomado el 12 de enero de 2004.

62 Gary Haugen. “Christians, violence and injustice, understanding God's character is critical in our response” Discernment (Winter 2000, vol. 7, no. 1), tomado de www.ijm.org/article vol7.html.

63 Quentin Hardy “Hitting Slavery where it hurts”, Forbes.com. Tomado el 12 de enero de 2004.

64 Marjorie McDermid “Sexually Exploited Children” en Phyllis Kilbourn, ed. Children in Crisis, (1996), p. 35.

65 International Labour Organization, en sitio de Viva Network. Tomado el 3 de julio de 2003 de www.viva.org/frontline/reference/statistics/health.htm

66 International Labour Organization, en sitio de Viva Network. Tomado el 3 de julio de 2003 de www.viva.org/frontline/reference/statistics/health.htm.

67 World Vision, “Children At Risk” Development Education Brochure, en Viva Network. Tomado el 3 de julio de 2003, de www.viva.org.

68 International Labour Organization, en sitio de Viva Network. Tomado el 3 de julio de 2003 de www.worldvision.org/worldvision/mag.nst/stable/WVT girls exploitation 0398.

69 United Nations Children's Fund Information Sheet, 29 de marzo de 1994 , Viva Network. Tomado el 3 de julio de 2003 de www.viva.org/frontline/reference/statistics/health.htm.

70 International Labour Organization, en sitio de Viva Network. Tomado el 3 de julio de 2003 de www.viva.org/frontline/reference/statistics/health.htm

71 Sitio de Viva Network. Tomado el 3 de julio de 2003 de www.viva.org.

72 3 de noviembre 2003 “The Working World of Children” by Child Workers in Asia CWA, citado en sitio web Free the Children: ww.freethechildren .org/youthinaction/child labour personal stories.hetm. Tomado el 17 de julio de 2003.

73 Sitio de Viva Network. Tomado el 3 de julio de 2003 de www.viva.org

74 Fuente: Marcha global contra el trabajo infantil, 11 de julio de 2001, en Viva Network: www.viva.org.
75 Fuente: Marcha global contra el trabajo infantil, 11 de julio de 2001, en Viva Network: www.viva.org.
76 Newsweek (2 de abril de 2001).
77 Sitio Web de UNICEF, 2001.
78 Sitio Web de CNN: www.cnn.com/2001/WORLD/africa/04/16/child slavery/index.html. 16 de abril de 2001.
79 Sitio Web de CNN: www.cnn.com/2001/WORLD/africa/04/16/child slavery/index.htm. 16 de abril de 2001.
80 Sitio web de CBS News www.cbsnews.com/now/story/0%2C1597%2C71386:412%2C00.shtml. 3 de julio de 2003
81 "Compañías chocolateras acusadas de esclavitud", BBC News www.anti-slaverysociety.org. 4 de mayo de 2001
82 "Bitter Pill" ABC News. www.more.abcnews.go.com/sections/world/dailynews/cotedivoire010504 choco.html. 4 de mayo de 2001.
83 "African Children used as Chocolate Slaves", The Province, abril de 2001.
84 Bryant L. Myers, "Strategic Trends Affecting Children" en Glenn Miles y Josephine-Joy Wright, ed. Celebrating Children (2003), p. 110.
85 World Population Profile 1998, Thomas McDewitt, International Program Center. U.S. Census Bureau 1999, website, Patrick McDonald, Reaching children in Need (2000), p. 21.
86 Relay: second quarter, 1998, según cita en Statistics Concerning the Needs of Underprivileged and Street Children Worldwide, Octubre 1998 Street Children Ministries, en Patrick McDonald, Reaching children in Need (2000), p. 21.
87 Dan Brewster, "Children At Risk" because they have not heard the good News. The 4/14 window, en Glenn N.Miles y Josephine-Joy Wright, ed., Celebrating Children (2003), p. 176.
88 UNICEF, 29 de marzo de 1994. www.viva.org/fronline/reference/statistics/street.htm
89 New York Times, 5 de febrero de 1990. www.mongolia.worldvision.org.nz/lightstories.html. Tomado el 15 de enero de 2004.
90 Encyclopedia of World Problems and Human Potential. Union of International Associations, 1994, en Patrick Mc Donald, Reaching Children in Need (2000), p. 23.
91 Sitio Web de Viva Network. Tomado el 3 de julio de 2003, de www.viva.org
92 Sitio web de World Vision. www.mongolia.worldvision.org.nz/lightstories.html. Tomado el 15 de enero de 2004.
93 Phyllis Kilbourn, "Street Children: Who Are They? Where Are They? "En Phyllis Kilbourn, ed. Street Children: A Guide to Effective Ministry (1997), p. 13.
94 Child Hope, según cita en Children at risk: a global education curriculum series, Street children. The Office on Global Education, USA en Patrick McDonald, Reaching Children in Need (2000), p. 26.
95 Growing Up on the rough side. The Gospel Message. 1998, en Patrick McDonald, Reaching Children in Need, (2000) p. 36.

96 Sitio Web de Viva Network. Tomado el 3 de julio de 2003, de www.viva.org

97 Sitio Web de Viva Network. Tomado el 3 de julio de 2003, de www.viva.org.

98 Bhopal medical appeal, 3 de diciembre de 1994. Tomado el 3 de noviembre de 2003 en www.bhopal.net/oldsite/sunil.html.

99 Action International Ministries, en Patrick McDonald, Reaching Children in Need (2000), p. 27.

100 Sitio Web de CNN. www.edition.cnn.com/2001/BUSINESS/asia/10/02/worldbankbiz/index.htm. Tomado el 2 de octubre de 2001.

101 "Virgin Ruse", The Straits Times (Singapur) Interactive, domingo 16 de julio de 2000. Citado en www.bigpond.com.kh/users/ngoforum/child prostitution.htm

102 "Child Porn Rig Ends With 100 Arrests", Reuters, 8 de agosto de 2001.

103 New York Times, 17 de julio de 1999, p. A8 citado en cita de Tom Sine, Mustard Seed vs. McWorld (1999), pp. 73-74

104 UN "Child Sex Trade, a form of terrorism" sitio web de CNN. Tomado el 21 de diciembre de 2001 de www.edition.cnn.com/2001/WORLD/asiapcf/east/12/17/childsex.conference/index.html

105 Globe and Mail. 27 de junio de 2001

106 Colin Powell, "Powell Responds to Cambodia Investigation," NBC News on msnbc.com, 23 de enero de 2004.

107 Colin Powell, en "Children for Sale," NBC News en m snbc.com 30 de enero de 2004.

108 ChildHope, Datos de niñas de la calle, marzo 1990, en Patrick McDonald, Reaching Children in Need (2000), pp. 38-39.

109 Tony Culmane, "Why are Children on the streets" en Phyllis Kilbourn, ed., Street children: a guide to effective ministry (1997), p. 27.

110 USA today www.usatoday.com/graphics/census2000/usdem/usdem.htm.

111 Sitio web del censo: www.census.gov/population/cen2000/phc-t3/tab03.pdf.

112 World Vision, "Children at Risk" no. 4. Development Education Publication en sitio web de Viva Network. www.viva.org/frontline/reference/statistics/sexploit.htm.

113 UNICEF, en sitio de Viva Network. Tomado el 3 de julio de 2003, de www.viva.org/fronline/reference/statistics/sexploit.htm

114 Quentin Hardy, "Hitting Slavery where it hurts", Forbes.com. Tomado el 12 de enero de 2004.

115 Ross A. MacInnes, children in the Game: Child Prostitution- Strategies for recovery (1998).

116 Quentin Hardy "Hitting Slavery where it hurts" Forbes.com. Tomado el 12 de enero de 2004.

117 P. Green calcula que 80% de las niñas rescatadas de los burdeles de Tailandia son VIH positivo. En Prostitution: The Victims, artículo sin publicar, 1994, en Patrick McDonald, Reaching Children in Need (2000), p. 41.

118 Phyllis Kilbourn, "Street Children: Who Are They? Where Are They? "En Phyllis Kilbourn, ed. Street Children: A Guide to Effective Ministry (1997), p. 13.

119 Sexually Victimized Children, New York: Free Press 1979, en Patrick Mc Donald, Reaching Children in Need (2000), p. 41.

120 "The Prevalence and Nature of Child Sexual Abuse in Australia", Australian Journal of Sex, Marriage, and the Family (vol. 9, 1988), p. 4 en Patrick McDonald, Reaching Children in Need (2000), p. 41.

121 Sitio web de Viva. Tomado el 3 de julio de 2003 de www.viva.org

122 "Children for Sale", NBC News en msnbc.com 30 de enero de 2004.

123 La pornografía ocupa un 7% del índice de Google. Pamela Paul, "The Porn Factor", TIME (12 de febrero de 2004).

124 Pamela Paul, "The Porn Factor" TIME (12 de febrero de 2004).

125 Marjorie Mc Dermid, "Sexually Exploited Children" en Phyllis Kilbourn, ed. Children in Crisis (1996), p. 37.

126 Pamela Paul, "The Porn Factor" TIME (12 de febrero de 2004).

127 Sitio web de Viva. Tomado el 3 de julio de 2003 de www.viva.org

128 Sitio web de Viva. Tomado el 3 de julio de 2003 de www.viva.org

129 Sitio web de Viva Networl. Tomado el 3 de julio de 2003 de www.viva.org.

130 Marjorie McDermid "Sexually Exploited Children" en Phyllis Kilbourn, ed. Children in Crisis (1996), p. 34.

131 TIME, 18 de febrero de 2002: "Los talibanes suelen argüir que las brutales restricciones que imponen a las mujeres son en realidad un modo de respetar y proteger al otro sexo. La conducta de los talibanes durante los seis años en que expandieron su dominio de Afganistán revela que esto es completamente falso.

132 Patrick Dixon. The Rising Price of Love (1995), p. 72.

133 CDC Admits Public Misled on Condoms, Safe Sex, The New American (8 de agosto de 2001).

134 CDC Admits Public Misled on Condoms, Safe Sex, The New American (8 de agosto de 2001).

135 CDC Admits Public Misled on Condoms, Safe Sex, The New American (8 de agosto de 2001).

136 Laurie Garrett, The Coming Plague (1994), p. 5.

137 "AIDS Researchers see rise of drug-resistant HIV Superbug" National Post (2 de septiembre de 2001).

138 "AIDS Researchers see rise of drug-resistant HIV Superbug" National Post (2 de septiembre de 2001).

139 Eric Ram, "Preventing and treating HIV and STDs" en Phyllis Kilbourn, ed. Street Children: A guide to effective ministry (1997), p. 111.

140 Patrick Dixon, The Rising Price of Love (1995), p. 124.

141 "Gates Makes $100M donation to fight AIDS", The Globe and Mail (19 de junio de 2001).

142 Dos millones de niños mueren cada año porque no han sido vacunados. Fuente "State of the World's Vaccines and Immunization" WHO/UNICEF, 1996, en Patrick McDonald, Reaching Children in Need (2000), p. 43.

143 The State of the world's children, UNICEF, 1998. Patrick McDonald, Reaching Children in Need (2000).

144 "World Pulse", Action International Ministries, 3 de ctubre de 1995, en Patrick McDonald, Reaching Children in Need, (2000) p. 47.

145 United Nations, en Patrick McDonald, Reaching Children in Need (2000), p. 45.

146 Rachel Hurst, Disabled Peoples International. Presentación ante el comité por los derechos del niño: día del niño discapacitado. 6 de octubre de 1997. p. 3, en Patrick McDonald, Reaching children in Need (2000). pp. 46-47. Es nuestro libro, en una cáscara de nuez. Alguien cuyo corazón ha sido transformado por el evangelio ha ido a ocuparse de los marginados y olvidados, y al hacerlo, ha cambiado los aspectos sociales, físicos, profesionales, relacionales y espirituales, y la calidad de vida. Cuando muchas personas sigan este ejemplo, la faz de la Tierra cambiará.

147 Sitio web de Viva Network. Tomado el 3 de julio de 2003 de www.viva.org.

148 Sitio Web de Viva Network. Tomado el 3 de julio de 2003. de www.viva.org

149 www.christianchildrensfund.org/working for children/health/ hiv aids/irenes hand.cfm. 15 de enero de 2004.

150 Tim Jakes y Susan Jakes "Stalking a Killer" TIME Asia (30 de sept. de 2002).

151 Informe sobre la epidemia global de VIH/SIDA: diciembre 2000 UNAIDS Joint United Nations Programme on HIV/AIDS www.egpaf.org/facts.html. 14 de marzo de 2003

152 Informe sobre la epidemia global de VIH/SIDA: diciembre de 2000 UNAIDS Joint United Nations Programme on HIV/AIDS www.egpaf.org/facts.html. 14 de marzo de 2003

153 Youth Report 2000 - White Office of National AIDS policy, www.egpaf.org/facts.html. 14 de marzo de 2003.

154 Anthony C. LoBaido "Child-Rape Epidemic in south Africa" World Net Daily. 26 de diciembre de 2001. www.worldnetdaily.com/news/article.asp? ARTICLE ID=25806>.

155 Anthony C. LoBaido "Child-Rape Epidemic in south Africa" World Net Daily. 26 de diciembre de 2001. www.worldnetdaily.com/news/article.asp? ARTICLE ID=25806>

156 Anthony c. LoBaido, Little Angels Rescue Victims of Baby Rape, World Net Daily, worldnetdaily.com 17 de abril de 2002.

157 Anthony c. LoBaido, Little Angels Rescue Victims of Baby Rape, World Net Daily, worldnetdaily.com 17 de abril de 2002.

158 Anthony C. LoBaido "Child-Rape Epidemic in south Africa" World Net Daily. 26 de diciembre de 2001. www.worldnetdaily.com/news/article.asp? ARTICLE_ID=25806>

159 Anthony C. LoBaido "Child-Rape Epidemic in south Africa" World Net Daily. 26 de diciembre de 2001. www.worldnetdaily.com/news/article.asp? ARTICLE ID=25806>

160 Anthony c. LoBaido, Little Angels Rescue Victims of Baby Rape, World Net Daily, worldnetdaily.com 17 de abril de 2002.

161 Si quiere enviarle dinero contáctese con www.littleangels.co.za/ .

162 Anthony C. LoBaido, "Searching for throw-away babies", World Net Daily. Worldnetdaily.com, 8 de mayo de 2002.

163 Anthony C. LoBaido, "Searching for throw-away babies", World Net Daily. Worldnetdaily.com, 8 de mayo de 2002.

164 Anthony C. LoBaido, "Searching for throw-away babies", World Net Daily. Worldnetdaily.com, 8 de mayo de 2002.

165 Alison Raider, "Children with HIV/AIDS" en Phyllis Kilbourn, ed. Children in Crisis (1996), p. 44.

166 Sitio Web de Viva Network. Tomado el 3 de julio de 2003 de www.viva.org.
167 Sitio Web de Viva Network. Tomado el 3 de julio de 2003 de www.viva.org.
168 El 70% de los que tienen VIH/SIDA viven en África al sur del Sahara. "Death Stalks a Continent" TIME, 12 de febrero de 2001.
169 "UN: 70 millones morirán de SIDA para el 2022". Cnn.com 2 de julio de 2002.
170 Tim Jakes y Susan Jakes, "Stalking a Killer," TIME Asia. 30 de sept. de 2002.
171 Patrick Dixon, The Rising Price of Love (1995), p. 170.
172 Patrick Dixon, The Rising Price of Love (1995), p. 171.
173 Patrick Dixon, The Rising Price of Love (1995), p. 171.
174 George W. Bush, "State of the Union Address" www.nationalreview.com. /document/document012903.asp. 20 de enero de 2004.
175 "Found what he's looking for" TIMEuropeMagazine. 20 de abril de 2003.
176 UPI, 27 de abril de 2001.
177 "The Health of Nations", The Economist (20 de diciembre de 2001).
178 George W. Bush, "State of the Union Address" www.nationalreview.com /document/document012903.asp. 20 de enero de 2004.
179 La comisión de macroeconomía y salud reveló a fines de 2001 que solamente un 0.01% del PBI de los "países ricos" se destina a "salvar ocho millones de almas al año, de una muerte prematura". En "The Health of nations" The Economist (20 de diciembre de 2001).
180 Tim Jakes y Susan Jakes, "Stalking a Killer" TIME Asia (30 de septiembre de 2002).
181 Mike Cohen, "A Noble Custom?" Associated Press (27 de febrero de 2000).
182 The Seize the Day Foundation. www.nhf.org/applications/donate.htm?FDN=Seize%2Bthe%2BDay%2BFoundation&ProjNum=F11700. 10 de enero de 2004.
183 Ministro EssopPahad, "Opening Remarks: UN committee on the Rights of the Child", (Comité por los Derechos del Niño), Ginebra, Suiza. Presentación del Informe de Progreso de Sudáfrica sobre la Implementación de la Convención de los Derechos del Niño. 25 de enero de 2000.
184 Aziz Hartley, "Botched Circumcisions Get the Chop", The Daily News (7 de enero de 2004).
185 Seize the Day Foundation. www.nhf.org/applications/donate.htm?FDN=Seize%2Bthe%2BDay%2BFoundation&ProjNum=F11700
186 Patrick McDonald, Reaching Children in Need (2000), p. 29.
187 Seren Boyd, Tear Times, 1999, 21, en Patrick McDonald, Reaching Children in Need (2000) p. 28.
188 Microsoft Word Dictionary. PowerBook.
189 Tomado el 3 de noviembre de 2003 de www.freethechildren.org/youthinaction/war_affected_children.htm
190 "Girls under guns: The special situation of girl children affected by armed conflict", un estudio sobre las niñas capturadas por el Ejército de la Resistencia del Señor de Joseph Kony en Uganda del Norte" informe de World Vision International, diciembre de 1995, en Patrick McDonald, Reaching Children in Need (2000). p. 28.
191 Sitio web de warchild.ca. 3 de julio de 2003
192 "Sex Slavery Awaits Ugandan Schoolgirls", BBC News online, 25 de junio de 2003.

193 "Sex Slavery Awaits Ugandan Schoolgirls", BBC News online, 25 de junio de 2003.

194 Sitio web de Child Soldiers www.child-soldiers.org/. 3 de julio de 2003.

195 Tenían 12 años hace unos años, cuando llegaron a ser leyenda por algunas victorias sorprendentes contra los ejércitos de la guerrilla. "Twin Terrors Tamed Boy leaders of Myanmar Rebel Group Surrender to Thailand Authorities", The Associated Press, 16 de enero de 2001.

196 "Twin Terrors of Burma: a look at the 12-year-olds behind god's Army" ABC News, sitio web, The Associated press, 24 de enero de 2000.

197 "Mama's Boys: God's Army Twins Reunited with mother in Thailand", ABC News sitio Web, The Associated Press, 15 de marzo de 2001.

198 "Mama's Boys: God's Army Twins Reunited with mother in Thailand", ABC News sitio Web, The Associated Press, 15 de marzo de 2001.

199 "Mama's Boys: God's Army Twins Reunited with mother in Thailand", ABC News sitio Web, The Associated Press, 15 de marzo de 2001.

200 Sitio Web de Viva Network. Tomado de www.viva.org

201 Sitio Web de Viva Network. Tomado de www.viva.org

202 United Nations Office for the Coordination of Humanitarian Affairs (OCHA) 12 de diciembre de 2003.

203 Frances Harrison, "Sri Lanka's Child Soldiers" BBC News UK Edition. 31 de enero de 2003.

204 Tomado el 15 de enero de 2004 de www.unicef.org/children conflict /past.htm

205 Sitio Web de Viva Network. Tomado el 3 de julio de 2003 de www.viva.org

206 United Nations Office for the Coordination of Humanitarian Affairs (OCHA) 12 de diciembre de 2003.

207 Fergal Keane, "Africa's Forgotten and Ignored War," BBC News UK Edition. 18 de octubre de 2003.

208 www.unicef.org/children conflict/past.htm.

209 Una mujer peruana reclutada por Sendero Luminoso, un grupo guerrillero, a los 11 años. 3 de noviembre de 2003. www.freethechildren.org/youthinaction/war affected children.htm.

210 Tomado el 15 de enero de 2004 de www.unicef.org/children conflict/past.htm

211 State of the World's Children, UNICEF 1995, en Patrick McDonald, Reaching Children in Need (2000), p. 29.

212 Tomado el 3 de julio de 2003 de unicef.org/voy/meeting/war/war-exp2.htm.

213 Tomado el 3 de julio de 2003 de unicef.org/voy/meeting/war/war-exp2.htm.

214 Sitio Web de Viva Network. Tomado el 3 de julio de 2003. de www.viva.org

215 Sitio Web de Viva Network. Tomado el 3 de julio de 2003. de www.viva.org.

216 Sitio Web de Viva Network. Tomado el 3 de julio de 2003 de www.viva.org /frontline/reference/statistics.htm.

217 The Economist (31 de marzo de 2001).

218 TIME (7 de enero de 2002), p. 116.

219 The Economist (31 de marzo de 2001).

220 Quentin Hardy, "Hitting Slavery Where it hurts" forbes.com, 12 de enero de 2004.

221 TIME (12 de junio de 2001).

222 The Economist (31 de marzo de 2001).

223 "Uganda Kids' Scary Flight From Night", Vancouver Sun (viernes 13 de febrero de 2004).
224 United Nations Office for the Coordination of Humanitarian Affairs (OCHA) 12 de diciembre de 2003.
225 Tomado el 3 de julio de 2003 de unicef.org/voy/meeting/war/war-exp2.htm.
226 Tomado el 3 de julio de 2003 de unicef.org/voy/meeting/war/war-exp2.htm.
227 Tomado el 3 de julio de 2003 de unicef.org/voy/meeting/war/war-exp2.htm.
228 Tomado el 3 de noviembre de 2003 de www.freethechildren.org/youthinaction/war_affected_children.htm.
229 Danyun, Lilies amongst Thorn (1991), p. 50.
230 David Hunt, The Heavenly Man, (1999), p. 37.
231 David Hunt, The Heavenly Man, (1999), p. 37.
232 David Hunt, The Heavenly Man, (1999), p. 45.
233 Capítulo sobre Asia y el Pacífico, de web.amnesty.org/web/ar2001.nsf/ref/ASA/regASA?OpenDocument, 2 de febrero de 2002
234 Philip P. Pan, Washington Post Foreign Service, 13 de febrero 13 de 2002
235 La simbólica cobertura de AI respecto del sufrimiento de los cristianos chinos ¿demuestra discriminación anti-cristiana de parte de organizaciones anti-discriminación?
236 Noviembre 2000 a abril 2001.
237 Newsweek (16 de abril de 2001).
238 USA Today (29 de octubre de 2001).
239 Philip P. Pan, Washington Post Foreign Service, 13 de febrero de 2002. Robin Munro, especialista de China en la Escuela de Estudios Orientales y Africanos de Londres… dijo… que podrían estar entre los documentos internos más importantes sobre la persecución en China, que se hayan visto en occidente. "Nunca he visto algo así en tal cantidad", dijo. "Estos documentos son de todas partes del país, todos parecidos, todos draconianos, todos expresando una hostilidad total hacia estos grupos, con la decisión de erradicarlos. El partido ve a estos grupos como amenaza mortal, y harán todo su esfuerzo por eliminarlos". Los documentos se publicaron esta semana como parte de un informe de 141 páginas que muestra los resultados de un estudio inusualmente largo sobre los cristianos en China. El comité dijo que identificó a más de 23.000 personas arrestadas desde 1983 por actividades religiosas no autorizadas, y recogió declaraciones de parte de más de 5.000 víctimas de torturas y persecución en 22 provincias y 200 ciudades".
240 En Sammy Tippit, The Gathering Storm, (1996), p. 151.
241 www.urban-ministries.net/trends.htm. 15 de enero_de 2004.
242 Sammy Tippit, The Gathering Storm (1996), p. 152. Podemos esperar que sean martirizados más de 165.000 este año solamente. Tomado el 5 de noviembre de 2003 de www.pastornet.net.au/mmn.aame0045.htm.
243 Richard John Neuhaus, editor de First Things, dice esto en la edición de agosto/septiembre de 2001, en la sección "Ya que estamos": Quizá recuerde usted hace unos años cuando había tanta repercusión en los medios sobre una serie de incendios en iglesias negras del sur. Resultó ser eso, repercusión en los medios. Pero el Concejo Nacional de Iglesias y otras

organizaciones recaudaron un millón de dólares para reconstruir iglesias que no habían sido incendiadas. El dinero se gastó, por supuesto, en "pelear en contra del racismo". Ahora en Canadá, el ministro de Multiculturalismo (sí tienen ese puesto), Hedy Fry, se alarma por una serie de incendios raciales mutuos entre los grupos. Eso también resultó ser ficción. Aunque Lorne Gunter del Edmonton Journal indica que hubo un año antes una situación de incendios cruzados en Montreal, cuando un grupo de feministas irrumpió en la catedral católica el Día Internacional de la Mujer, algo que desde el ministerio de Multiculturalismo pareció loable. "Las feministas, escondidas detrás de sus capuchas, encendieron cruces hechas a mano, y luego irrumpieron en la catedral. Hubo vandalismo, en las paredes y el altar, y con aerosol pintaron carteles que decían: 'No a Dios. No a los amos". Les pegaron a las monjas de más edad, destruyeron los himnarios y libros de oración y ensuciaron las paredes con toallas sanitarias usadas, esparciendo condones, todo en nombre de la tolerancia. Parece que estas manifestantes no podían soportar puntos de vista sobre el aborto o los derechos de la mujer, que no coincidieran con los suyos. Y como la Iglesia Católica cree que el aborto es pecado y no ordena mujeres sacerdotes, entonces sus catedrales eran el lugar donde eligieron hacer desastres". Probablemente no le sorprenda saber que el Ministerio de Multiculturalismo no dijo nada, absolutamente nada, sobre lo que sucedió en Montreal.

244 Citado en The Politics of Religious Freedom. Tomado el 14 de enero de 2004 de www.web.net/-wifeaont/di2po.html

245 Citado en www.gem-werc.org/gd/gd16.pdf; www.users.erols.com/mwhite28/warstat0.htm#Martyrs. 2001.

246 Barrett et al, World Christian Trends, citado en 20th Century Atlas, tomado el 13 de enero de 2004 de www.users.erols.com/mwhite28/warstar0.htm=Martyrs

247 20th Century Atlas, tomado el 12 de enero de 2004 de: www.users.erols.com/mwhite28/warstar.htm

248 Tomado el 12 de enero de 2004 de: www.users.erols.com/mwhite28/warstar1.htm=Hitler; www.users.erols.com/mwhite28/warstar0.htm=Mao; www.users.erols.com/mwhite28/warstar0.htm=Stalin

249 20th Century Atlas, tomado el 15 de enero de 2004 de: www.users.erols.com/mwhite28/warstar0.htm=Martyrs

250 Philip Jenkins, The Next Christendom (2002) pp. 73, 84, 93, 212.

251 Philip Jenkins, The Next Christendom (2002), pp. 73-74, 93, 212.

252 La parte islámica del país ha instituido la ley Sharia en sus Estados. Para obtener un ejemplo notable de los problemas que ha causado esto, ver www.new24.com/News24/Africa/News/0..2-11-14471420315.00.html. tomado el 23 de septiembre de 2003.

253 1998 – 1-2 millones en la campaña de Redeemed Christian Church of God. 2000 – 1,6 millones en una reunión con Reinhard Bonnke. Ver, por ejemplo el párrafo 9 de www.christianitytoday.comct/2001/002/5.40.html. Tomado el 5 de febrero de 2001.

254 Paul Marshall, Their Blood Cries Out (1997), pp. 10-11.

255 Paul Marshall, Their Blood Cries Out (1997), p. 17.

256 "The Horrors of Jihad", Charisma, junio de 2001.
257 "The Horrors of Jihad", Charisma, junio de 2001.
258 Paul Marshall, Their Blood Cries Out (1997) p. 31.
259 Paul Marshall, Their Blood Cries Out (1997). p. 116.
260 Posiblemente en anticipación la Comisión de Libertad Religiosa Internacional de los EEUU se interesa cada vez más en lo que sucede a los grupos de cristianos en Medio Oriente, los coptos de Egipto, objeto de implacable persecución por parte de los musulmanes militantes, en tanto el gobierno de Mubarakk no hace prácticamente nada. Freedom House ha publicado un libro de 130 páginas, minuciosamente documentado: Massacre at the Millennium, sobre un aspecto de la persecución, el asesinato de 21 cristianos en Al-Kosheh. Para más información, escriba a Freedom House, Center for Religious Freedom 1319, 185th Street, NW, Washington, D.C. 20036. Fuente: First Things (agosto/septiembre de 2001)
261 International Herald Tribune (12 de abril de 2001).
262 Lee Soon Ok, en International Herald Tribune (12 de abril de 2001).
263 "Suffering for Christ in a land of slavery", Charisma (junio de 2001).
264 "Hiding from the Dragon", Charisma (junio de 2001).

Capítulo 10: Esta bud es para usted

1 The Bill and Melinda Gates Fondation ya ha dado o comprometido ya US$ 4,9 mil millones, con un fondo para lucha de US$ mil millones, según TIME (5 de noviembre de 2001).
2 TIME (octubre de 2001).

Capítulo 11: ¿Qué es ser héroe?

1 Ver el plano del epílogo para la Acción Global.
2 "Bono's Mission" TIME Magazine. 23 de febrero de 2002.
3 Si no está usted conectado con una manifestación local del Ejército de Dios (algún tipo de iglesia) entonces es usted un renegado que no es confiable, y su impacto será necesariamente limitado. Así que, anótese. Como dice Billy Graham: "Únase a la iglesia que prefiera".
4 Lo que estamos diciendo es que debe estar usted activamente involucrado en una expresión local del Cuerpo de Cristo. Catherine Booth Jr. definió al cristianismo como heroísmo. Si intenta ejercer su heroísmo solo, su cristianismo no es legítimo. Únase a una comunidad cristiana ortodoxa auténtica.
5 Ver Wesley Campbell y Stacey Campbell. Praying the BIble: The Book of Prayers (2002).
6 Para más enseñanzas, ver Wesley Campbell y Stacey Campbell. Praying the BIble: The Book of Prayers (2002).
7 Wesley Campbell y Stacey Campbell. Praying the BIble: The Book of Prayers (2002)
8 The Economist, Vol. 369 (29 de noviembre a 5 de diciembre de 2003), p. 79.
9 "Giving USA 2003, el Reporte Anual de Filantropia, publicado por AAFRC Trust for Philanthropy. Tomado el 23 de febrero de 2004. www.charitynavigator.orgindex.cfm/bay/content.view/catid/3/cpid/42.htm
10 Charity Holds Its Own in tough times", Giving USA 2003, Reporte anual de filantropía para el año 2002.

11 La mayor parte, en diezmo. Giving USA 2003, reporte anual de filantropía. Tomado el 23 de febrero de 2004. Publicado por el AAFRC Trust of Philanthropy. www.charitynavigator.org/index.cfm/bay/content.view/catid/3/cpid/42.htm. 23 de febrero de 2004.

12 Giving USA 2003, el Reporte Anual de Filantropia, publicado por AAFRC Trust for Philanthropy. Tomado el 23 de febrero de 2004. www.charitynavigator.orgindex.cfm/bay/content.view/catid/3/cpid/42.htm

13 "Charity Holds Its Own in tough times", Giving USA 2003, Reporte anual de filantropía para el año 2002.

14 Informes Actuales de Población, Proyecciones de la cantidad de hogares y familias en los EE.UU.: 1995 a 2010. Texas A & M Universities Libraries. Tomado el 8 de marzo de 2004.

15 "Dando y trabajando como voluntario en cinco países". 15 de enero de 1997. Canadian Fund Raiser: www.charityvillage.com/cv/research/rsta19.html.

16 www.religionworld.org/dd/archiv10/3401.htm

17 George Whitefield, George Whitefield's journals. (1989), p. 88.

18 George Whitefield, George Whitefield's journals. (1989), p. 92.

19 Economic History Resources, sitio web: www.eh.net/hmit/ppowerbp/. www.xe.com/ucc/convert.cgi. Tomado el 28 de enero de 2004.

20 George Whitefield, George Whitefield's journals. (1989) Notas de octubre 1740.

21 Para leer la historia de Phil y Wendy Wall, vaya al Apéndice Uno. HopeHIV.

22 Ver sitio www.hopeforthenations.com; heroesofthenation.com

23 Ver www.viva.org, donde encontrará un excelente recurso

24 www.fh.org/ministryindex/index.shtml. 3 de enero de 2004.

25 www.watermattersaustralia.org/take-action/index.htm. 4 de enero de 2004.

26 www.watermattersaustralia.org/take-action/polliepush-ideas.htm. 4 de enero de 2004

27 www.tear.org.au/advocacy/refugees/taking-acton.htm#d. 2 de enero de 2004.

28 www.viva.org

29 www.viva.org/tellme/events. 5 de enero de 2004.

30 The Catholic Encyclopedia, Volume XII (Robert Appleton Company, 1911). Online Edition Copyright 2003 de K. Knight.

31 Steven Gertz "Christian History Corner: Hajj, Feasts and Pilgrimage". www.christianitytoday.com. 21 de diciembre de 2003.

32 Miranda Althrouse Green "On the Road". British Archaeology (Número 52). Abril de 2000. www.ritarch.ac.uk/ba/ba52/ba52fiat.htm. 4 de enero de 2003.

33 The Catholic Encyclopedia, Volume XII (Robert Appleton Company, 1911). Online Edition Copyright 2003 de K. Knight.

34 Steven Gertz "Christian History Corner: Hajj, Feasts and Pilgrimage". www.christianitytoday.com. 21 de diciembre de 2003.

35 "No es viajando, sino amando que nos acercamos a Dios. A Él, que está en todas partes, nos acercamos no con nuestros pies sino con nuestros corazones". En The Catholic Encyclopedia, Volume XII (Robert Appleton Company, 1911). Online Edition Copyright 2003 de K. Knight. Comparar con Jerome's "no es la hecho de vivir en Jerusalén, sino de vivir allí bien, lo que merece alabanza". Misma fuente.

Capítulo 12: Un paradigma para la cosecha de los últimos tiempos

1 Ver Ralph Winter y Bruce Koch, Finishing the Task, citado el 29 de octubre de 2003. www.missionfrontiers.org/newslinks/statewe.htm.

2 Vea nuestros mapas en el capítulo 8. "¿Quiénes son y de dónde vienen?" Por ejemplo, muchos vendrán del sur de Asia. El sur de Asia es una de las regiones más pobres del mundo. 45% de la población vive por debajo de la línea internacional de pobreza de US$ 1 al día, lo cual comprende al 40% de la población pobre en el mundo. www.lnweb18.worldbank.org/sar/sa.nsf, 23 de octubre de 2003.

3 Casi 2,158 mil millones, según las estadísticas de UNICEF del 29 de octubre de 2003. www.unicef.org/sowc03/tables/table5.htm.

4 Le urgimios a arrepentirse de todo pecado que Dios revele en su vida. Aunque es doloroso, es también esencial para el reavivamiento. Dios es un Padre compasivo que anhela tener una relación de amor con usted. Permítaselo. Busque su rostro. Permítale que su trono esté en su vida. Se transformará. Contáctenos o vea el apéndice para encontrar recursos de ayuda.

5 Ver Tom Sine, Mustard Seed vs. McWorld, para una reflexión penetrante sobre las fuerzas económicas globales y el potencial de evangelio en el siglo XXI, 1999 y "Globalisation and Its Critics", The Economist, 27 de septiembre de 2001, para un punto de vista opuesto.

6 750.000 niños británicos no tienen contacto con sus padres luego de la separación matrimonial. En Gran Bretaña hay 1.300.000 padres solteros o separados. Sitio Web de Viva Network. Tomado el 3 de julio de 2003. www.viva.org.

7 William Wilberforce, Real Christianity (1882), p. 44.

8 Madre Teresa, A Simple Path (1995), p. 159.

9 Patrick McDonald toca los desafíos corporativos de una estrategia global específicamente en el epílogo de este libro "Un plano de acción".

10 www.uscwm.org/mobilization division/pastors web folder/global mission statistics.html. Tomado el 22 de marzo de 2004.

11 Bono, citado en The Hollywood Reporter (21 de febrero de 2003) www.hollywoodreporter.com/tht/article display.jsp?vnu content id=1821629

12 Ver Santiago 5.

13 Septiembre de 2000.

14 1. **Erradicar la extrema pobreza y el hambre**
Objetivo para 2015: reducir a la mitad la cantidad de personas que viven con menos de un dólar al día, y la de quienes sufren hambre. Más de mil millones de personas hoy viven con menos de U$S 1 al día. Africa al sur del Sahara, Latinoamérica y el Caribe, y partes de Europa y Asia Central están cayendo debajo de la línea de pobreza.
2. Lograr educación primaria universal
Objetivo para 2015: asegurar que todo niño o niña complete la escuela primaria. Hay 113 millones de niños que no asisten a la escuela, pero el objetivo es alcanzable. En India, por ejemplo, para el año 2005 debe haber en la escuela el 95% de los niños.
3. Promover la igualdad entre los sexos, dar más participación a la mujer
Objetivos para 2005 y 2015: eliminar la disparidad entre los sexos en la

educación primaria y secundaria, preferentemente para 2005 y definitivamente para 2015.

Dos tercios de la población analfabeta están compuestos por mujeres, y la tasa de empleo entre las mujeres es de dos tercios del total de la de los hombres. La proporción de bancas en los parlamentos está en aumento, alcanza casi un tercio en la Argentina, Mozambique y Sudáfrica.

4. Reducir la mortalidad infantil

Objetivo para 2015: reducir la mortalidad infantil de niños de menos de 5 años en dos tercios.

Todos los años 11 millones de niños mueren antes de cumplir los cinco años, mayormente de enfermedades prevenibles. Aún así, en 1980 la cantidad era de 15 millones, por lo cual se observa una reducción en este problema.

5. Mejorar la salud de las madres

Objetivo para 2015: reducir en tres cuartas partes la cantidad de mujeres que mueren al dar a luz.

En los países en desarrollo, el riesgo de morir al dar a luz es de 1 en 48, pero virtualmente todos los países tienen hoy programas de prevención.

6. Combatir el VIH/SIDA, la malaria y otras enfermedades

Objetivo para 2015: detener y comenzar a revertir el avance del VIH/SIDA y la incidencia de la malaria y otras enfermedades graves. Cuarenta millones de personas viven con VIH, incluyendo a cinco millones infectados recientemente, en 2001. Países como Brasil, Senegal, Tailandia y Uganda, demuestran que la expansión del VIH puede controlarse.

7. Asegurar el cuidado del medio ambiente

Objetivos: -Integrar los principios de desarrollo sustentable en las políticas y programas de los países, revirtiendo la pérdida de recursos ambientales

-Para 2015 reducir a la mitad la proporción de personas sin acceso al agua potable.

-Para 2020 lograr importantes mejorar en las vidas de al menos 100 millones de personas que viven en condiciones de miseria.

Más de mil millones de personas no tienen acceso al agua potable y más de dos mil millones carecen de cloacas o condiciones sanitarias. Durante los 1990s, sin embargo, casi mil milones de personas obtuvieron acceso al agua potable y condiciones sanitarias normales.

8. Desarrollar programas de desarrollo global

Objetivos: Continuar trabajando en sistemas financieros y de comercio que incluyan un compromiso con el buen gobierno, el desarrollo y la reducción de la pobreza, tanto a nivel nacional como internacional.

-Trabajar con las comunidades más necesitadas en los países en desarrollo, y cubrir las necesidades especiales de los países-isla que se encuentran más aislados y son de difícil acceso.

-Trabajar en forma integral con los problemas de la deuda de los países en desarrollo.

-Desarrollar programas de trabajo digno y productivo para la juventud.

-En cooperación con las compañías farmacéuticas, ofrecer acceso a

medicamentos esenciales en los países en desarrollo.
-En cooperación con el sector privado, hacer accesibles los beneficios de las nuevas tecnologías, en especial en informática y comunicaciones. Muchos países en desarrollo gastan más dinero en pagar su deuda que en sus servicios sociales. Los nuevos compromisos de ayuda efectuados en la primera mitad de 2002 podrían significar U$S 12 mil millones adicionales por año para el 2006. www.undp.org/mdg/

15 Peter Gardener, Praying at the Global Gates. p. 19.

16 Peter Gardener, Praying at the Global Gates. p. 19.

17 Peter Gardener, Praying at the Global Gates. p. 19.

18 Peter Gardener, Praying at the Global Gates. p. 19.

19 Henry David Thoreau, Walden (1854) www.xroads.virginia.edu/-HYPER/WALDEN/toc.html.

EPÍLOGO: PLANO DE ACCIÓN

1 Extracto de Child Poverty, Your Challenge, por Patrick McDonald, ver sitio web para más detalles.

2 www.cafod.org.uk/get_involved/campaigning/campaign_issues/trade. 18 de marzo de 2004.

3 Fuente: Peter Brierley, Christian Research Association.

4 Fuente: faithworks.info, investigación 2003.

5 406 libras a la semana x 52 semanas al año x 50 años (un promedio bajo para la vida de gastos de una familia) = 1.055.600 libras. www.statistics.gov.uk/cci/nugget.asp?id=284. 18 de marzo de 2004.

Esperamos que este libro haya
sido de su agrado.
Para información o comentarios,
escríbanos a la dirección
que aparece debajo.
Muchas gracias.

Peniel

Libros para siempre

info@peniel.com

www.editorialpeniel.com